**Gerhard Gnauck,** 1964 in Warschau geboren, hat deutsche und polnische Wurzeln. Aufgewachsen am Rhein, studierte er in Mainz und West-Berlin Osteuropäische Geschichte, Politikwissenschaft und Slawistik und bereiste von 1985 an den damaligen Ostblock. Er promovierte bei Gesine Schwan über das neue Russland, war 1999 bis 2018 Osteuropa-Korrespondent der »Welt« in Warschau und berichtet jetzt von dort für die »Frankfurter Allgemeine Zeitung«.

# Gerhard Gnauck

# Polen verstehen

Geschichte, Politik, Gesellschaft

Klett-Cotta

Nec temere – nec timide
Weder unbesonnen noch furchtsam

Den mutigen Männern und Frauen der
Solidarność-Bewegung

Klett-Cotta
www.klett-cotta.de
© 2018 by J.G.Cotta'sche Buchhandlung
Nachfolger GmbH, gegr. 1659, Stuttgart
Alle Rechte vorbehalten
Printed in Germany
Umschlag: Rothfos & Gabler, Hamburg unter Verwendung
eines Fotos vom Turm des Warschauer Königsschlosses
Karten: Peter Palm, Berlin
Gesetzt von C.H.Beck.Media.Solutions, Nördlingen
Gedruckt und gebunden von CPI – Clausen & Bosse, Leck
ISBN 978-3-608-96296-3

Bibliografische Information der Deutschen Nationalbibliothek:
Die Deutsche Nationalbibliothek verzeichnet diese Publikation in der
Deutschen Nationalbibliografie; detaillierte bibliografische Daten
sind im Internet über <http://dnb.d-nb.de> abrufbar.

# Inhalt

SCHWEDEN

LETTLAND

LITAUEN

*Ostsee*

RUSSLAND

Koszalin

Pomorskie
(Pommern)

Gdańsk

Elbląg

Malbork

Warmińsko-
Mazurskie
(Ermland-Masuren)

Suwałki

Świnoujście

Zachodnio-
pomorskie

Szczecin

(Westpommern)

Olsztyn

Kujawsko-
Pomorskie

Bydgoszcz

Toruń

(Kujawien-
Pommern)

Jedwabne

Łomża

Białystok

Ciechanów

Podlaskie
(Podlachien)

*Oder*
*Odra*

*Warta*

*Wisła*

*Bug*

DEUTSCHLAND

Słubice

Gniezno

Płock

Lubuskie
(Lebus)

Poznań

*Neisse*

Zielona Góra

Wielkopolskie
(Großpolen)

POLSKA (POLEN)

Warszawa

Mazowieckie
(Masowien)

Łódzkie

Łódź
(Lodsch)

Lubelskie
(Lublin)

Dolnośląskie
(Niederschlesien)

Piotrków
Trybunalski

Radom

Lublin

Jelenia
Góra

Wrocław

Chełm

Opolskie
(Oppeln)

Kielce

Zamość

Opole

*Odra*

Częstochowa

Śląskie
(Schlesien)

Świętokrzyskie
(Heiligkreuz)

*San*

Katowice

Kraków

Tarnów

Podkarpackie
(Karpatenvorland)

Rzeszów

Bielsko-Biała

Małopolskie
(Kleinpolen)

Przemyśl

TSCHECHISCHE
REPUBLIK

SLOWAKISCHE
REPUBLIK

UKRAINE

0    50   100 km

Polen 2018

# Von Freiheitskämpfern
# zu Kleinhändlern

## Polenbilder

Wir Deutsche haben ein Problem mit Polen. Schon zum zweiten Mal innerhalb einer Generation. Vor 1989 war alles klar. Die Polen, das waren »Leute, die arm, aber fröhlich sind und gern tanzen«. So lautete in einem westdeutschen Kinderbuch, das ich in Erinnerung habe und das auf wenigen Seiten die Völker Europas vorstellte, die Beschreibung der Polen. Außerdem wusste man, dass diese im Grunde fröhlichen Menschen zutiefst unglücklich über die wechselnden Besatzer und Diktatoren waren, die ihre Armut noch vertieften und gegen deren Herrschaft sie sich immer wieder mutig zur Wehr setzten. Damit konnten sie, wenn es gut ging, manchmal »diese versteinerten Verhältnisse ... zum Tanzen zwingen« (wie Karl Marx gesagt hätte). Leider ging es nicht immer gut. Gewalt siegte über Recht, Fremdherrschaft über Selbstbestimmung, kurz, die feindlichen Kräfte waren stärker, und die Polen mussten für ihren Wunsch, so zu leben wie andere Völker auch, immer wieder einen furchtbaren Preis zahlen. Als das zuletzt der Fall war, nach der gewaltsamen Zerschlagung der Solidarność, der Demokratiebewegung in den 1980er-Jahren, halfen ihnen die Deutschen: mit Lebensmittelpaketen und Hilfstransporten. Das tat beiden Seiten gut, auch den Deutschen, deren Angehörige ja vielfach als Soldaten Unglück und Leid über ihre polnischen Nachbarn gebracht hatten.

Manche Deutsche haben sich damals, in den 1980er-Jahren, von den Polen ein wenig anstecken lassen. Womit, das hat eine deutsche Journalistin damals stellvertretend für viele so beschrieben:

»Wir suchten bei unseren östlichen Nachbarn diese Leichtigkeit, Spontaneität und Herzlichkeit, diesen Geist des Widerstands und der Aufopferung, den wir an unseren Landsleuten, die im Geist des Rationalismus, des Kalküls und der Effizienz erzogen waren, so schmerzlich vermissten. Bei uns entscheiden über die Anerkennung (eines) Menschen sein Einkommen und seine berufliche Stellung, in Polen dagegen sein Mut und seine Unbeugsamkeit. Bei uns wird eine pragmatisch flexible Haltung belohnt, in Polen eine fundamentalistische. Bei uns ist das öffentliche Leben eher überorganisiert, in Polen dagegen herrschte – selbst unter totalitären Verhältnissen – auf vielen Gebieten Anarchie. An Polen gefiel uns das, was wir selbst nicht hatten. [...] Auch die deutschen Korrespondenten in Polen waren emotional stark engagiert und hielten sich selbst manchmal für die ›polnische Lobby‹ im Westen, für Anwälte des östlichen Nachbarn, dessen bedingungslose Freiheitsliebe auf den Gesichtern der westdeutschen Entspannungspolitiker oft ein zorniges Stirnrunzeln hervorrief.«

Und dann das: Der Ostblock brach zusammen, die Berliner Mauer wurde mit kleinen Hämmern in Stücke geschlagen, die Sowjetunion zerfiel friedlich in ihre Bestandteile – Ereignisse, an deren Eintreten zu Lebzeiten kaum jemand geglaubt hatte, am allerwenigsten die Deutschen, die doch entlang der Mauer am deutlichsten hätten spüren müssen, wie unnatürlich die gewaltsame Teilung Europas war. Polen spielte eine Schlüsselrolle in diesem Völkerherbst des Jahres 1989. Dort siegte die friedliche Revolution als erste, nämlich schon im Frühling. Und was geschah mit den Deutschen? Zitieren wir noch einmal die erwähnte Journalistin:

»In jüngster Zeit habe ich an mir und anderen deutschen Kollegen festgestellt, dass unser Verhältnis zu Polen, seit es frei und demokratisch ist, abgekühlt ist. Ein Polen, das nicht mehr leidet, ist uns innerlich fremd geworden. [...] Was ist geschehen, dass diese Liebe verblasst ist? Wenn ich meine Reaktion auf eine einfache Formel bringen sollte, würde ich sagen: Auf Bewunderung ist Enttäuschung gefolgt.«[1]

Sie müsse sich sogar stark bremsen, »damit die Enttäuschung nicht in Aggression umschlägt«, fügte die Journalistin noch hinzu. Im milderer Form habe auch ich damals Ähnliches verspürt: ein Befremden, eine Entfremdung. Polen war ein anderes Land geworden. Die Verhältnisse hatten heftig getanzt, und die Polen wurden – durch die tiefgreifenden Veränderungen ihres Alltags, ihres Daseins, ihrer täglichen Dinge – irgendwie zu anderen Menschen. Vielleicht hat ein polnischer Witz, der damals mit den Klischees spielte und zugleich eine Art Rollentausch unter den Völkern beschrieb, diesen Umbruch gut beobachtet: »Kinder, Kinder, was hat sich die Welt verändert! Die Deutschen kämpfen für den Frieden. Die Juden führen Krieg. Und die Polen handeln.« Die Polen waren von einem Volk der Freiheitskämpfer zu einem Volk der Kleinhändler geworden, wie man auf den »Polenmärkten« an der Oder und selbst im Herzen Berlins feststellen konnte.

Der Philosophiestudent Józef, den ich drei Jahre zuvor als Kriegsdienstverweigerer und Aktivisten der Oppositionsgruppe »Freiheit und Frieden« kennengelernt hatte, kam plötzlich mit einem Kleinlaster voller Dosenbier zu mir nach Berlin, um es einem Getränkehändler anzubieten. (Wir bekamen am Telefon Antworten wie diese: »Von Polen kaufen wir kein Bier.«) In kurzer Zeit wurden in unserem östlichen Nachbarland zwei Millionen Firmen gegründet. Die beschriebenen positiven Züge wie Spontaneität, Herzlichkeit und Widerstandsgeist wurden von eher unangenehmen Eigenschaften, wie sie der Kapitalismus mit sich bringt, in den Hintergrund gedrängt. Und viele Deutsche, die mit Polen zu tun hatten, wussten nicht, wie ihnen geschah, und waren enttäuscht.

Dann gingen ein paar Jahre ins Land. Die polnische Gesellschaft krempelte die Ärmel hoch und packte hart an. Noch heute haben die Polen die längsten Arbeitszeiten in der EU. Kein Wunder – sie hatten ja auch, anders als die ehemaligen DDR-Bürger, keinen reichen Onkel, der ihnen das Geld rüberschob und neues Personal gleich dazu. Trotzdem ging es aufwärts. Es ruckelte und rumpelte heftig, aber es ging voran. Das haben viele Deutsche zunächst nicht mitbekommen. Kein Wunder: Bis heute (Stand 2018) sind zwei Drittel der Deutschen, die sich gerne die Reiseweltmeister nennen, noch nie in dem Nachbarland gewesen. Hierzulande erzählte man sich lieber Polenwitze, wie es sie – mit anderen »Themen« – seit langer Zeit auch in Amerika gab. Dort erinnerten diese Witze in ihrer Schlichtheit an die deutschen Ostfriesenwitze; meist war vom »dummen«, primitiven oder betrunkenen Polen die Rede. In Deutschland drehten sich die Witze dagegen um das Thema Kriminalität. »Heute gestohlen, morgen in Polen.« Talkmaster Harald Schmidt fand die Witze zeitweise so witzig, dass er sie in seine Sendungen einbaute. Die Fixierung der deutschen Öffentlichkeit auf die Kriminalität der Polen hielt jedoch zahllose Deutsche nicht davon ab, Hunderttausenden polnischer Frauen und Männer ihre Wohnungsschlüssel anzuvertrauen, damit sie dort tagsüber unbeobachtet putzen und bügeln, handwerkern und malern konnten.

Ein paar Jahre gingen ins Land, im ehemaligen Jugoslawien, in Russland und in manchen seiner Nachbarländer wurden Kriege geführt – die Polen arbeiteten weiter. Bald war klar, dass Demokratie und Marktwirtschaft bei Deutschlands östlichen Nachbarn keine Eintagsfliegen bleiben würden. Nach und nach freundeten sich die bisherigen Nato-Länder mit der Idee an, ihre beitrittswilligen Nachbarn in das Bündnis aufzunehmen. Viele deutsche Politiker erklärten die Bereitschaft, in dieser

Entwicklung »Polens Anwalt« zu sein. Im Jahr 1999 wurde ein Traum Wirklichkeit: Polen war in der Nato mit einem starken »Erzfeind« im selben Bündnis, Deutschland war nun auch von Osten her von Partnern umgeben – ein seltener Glücksfall in der europäischen Geschichte, der vielen heute bereits zur Selbstverständlichkeit geworden ist.

## Der europäische Nachbar

Ein paar Jahre gingen ins Land, und Polen wurde 2004 Mitglied der Europäischen Union. Gleichzeitig mit neun kleineren Ländern, die zusammengerechnet weniger Einwohner hatten als Polen allein. Jetzt wurde der Bündnispartner auch Teil eines gemeinsamen Rechts- und Wirtschaftsraums. Während bisher vor allem die »alten« EU-Länder vom wirtschaftlichen Ost-West-Austausch profitiert hatten, wuchs jetzt allmählich auch der Nutzen für die neuen Länder. Nach einer längeren Anlaufphase wurde Polen zum Netto-Empfänger mehrerer Milliarden Euro EU-Gelder pro Jahr.

Noch ein paar Jahre gingen ins Land. Jetzt kamen bei denen in Deutschland, die zumindest eine schwache Ahnung hatten von dem, was östlich der Oder geschah, ähnliche Gefühle auf wie damals, vor 1989: ein freundlicher Blick, Anerkennung, Staunen, Bewunderung. Was sich jetzt bei den Nachbarn tat, das hatte so gar nichts mehr zu tun mit dem aus dem 19. Jahrhundert überkommenen deutschen Bild. »Schaffe, schaffe, Häusle baue« scheint eine gute Beschreibung der neuen Entwicklung zu sein. Nicht nur Häuser wurden gebaut, auch zahlreiche private Hochschulen wurden gegründet. Die Zahl der Studenten vervielfachte sich. Die Kriminalitätsrate halbierte sich binnen weniger Jahre. Dass dieses Land als einziges in der EU mit ununterbrochenem Wachstum durch die 2008 beginnenden internationalen Krisen steuerte, machte erst recht Eindruck. Der deutsch-polnische Handel war 2017 mit 110 Milliarden Euro auf einem neuen Rekordstand, wobei Polen, anders als vor 20 Jahren, heute viel mehr exportiert als importiert. Damit hat der deutsch-polnische Handel zwei Drittel des deutsch-französischen erreicht und ist fast doppelt so umfangreich wie der deutsch-russische.

Und plötzlich, zum zweiten Mal innerhalb einer Generation, befindet sich Polen wieder im Umbruch, in einer Metamorphose. Und wieder hat sich das Verhältnis der Deutschen zu ihren Nachbarn deutlich abgekühlt: Als die von Jarosław Kaczyński gegründete Partei PiS 2005 (damals nur für zwei Jahre) und dann wieder 2015 an die Macht kam, schnellte die Zahl der Bundesbürger, die allgemein »Abneigung« gegenüber »den Polen« empfanden, jedes Mal nach oben. In umgekehrter Richtung ist das bis heute nicht der Fall, obwohl die meisten Polen über manche Entscheidungen deutscher Politiker heftig den Kopf schütteln. Dort ist die Sympathie für »die Deutschen« 2018 auf die Rekordmarke von 56 Prozent geklettert, die Abneigung auf elf Prozent geschrumpft.[2] Ist es enttäuschte Liebe, die hier in Zahlen gefasst ist? Und warum diese Abkühlung in Deutschland? Längst geht es um mehr als nur um die Bewertung bestimmter polnischer Politiker. Schon wieder müssen wir uns fragen: Was ist passiert? Warum folgte auf Bewunderung nach kurzem Abstand – schon zum zweiten Mal – Enttäuschung? Spätestens hier sollte die Perspektive gewechselt und gefragt werden: Welche Erbschaft belastet aus polnischer Sicht dieses Nachbarschaftsverhältnis und hat womöglich zu der heutigen Entwicklung beigetragen?

Es gibt von West nach Ost ein Gefälle des Respekts. Das Wort »Osten« hat in Europa einen schlechten Klang; viele Völker blicken auf ihre östlichen Nachbarn herab. Das galt oder gilt sogar innerhalb Deutschlands für das Verhältnis von »Wessis« und »Ossis«, eine Erscheinung, die älter ist als die Teilung Deutschlands. Im Deutschen Reich sagte man über die Ostpreußen: »Dort wo auftaucht der Masur, enden Bildung und Kultur.« Auch zwischen Deutschen und Polen gibt es dieses Gefälle. Stereotype wie »polnische Wirtschaft« und »polnischer Reichstag« prägten lange die Wahrnehmung. Vor allem die erste Redewendung, die sich 1784, in der Zeit der Teilungen Polens, erstmals bei dem Gelehrten und Weltumsegler Georg Forster findet, hat zumindest bis zum Ende des 20. Jahrhunderts weitergewirkt.[3]

Im Jahr 1795 verschwand der Staat, der auf diese Weise beschrieben wurde, durch Gebietsannexionen vonseiten Russlands, Preußens und Österreich-Ungarns für mehr als ein Jahrhundert von der Landkarte. Russland und Preußen-Deutschland bekämpften in späteren Jahrzehnten das Polentum, die polnische Kultur, den polnischen (Land-)besitz und die katholische Konfession der Polen massiv. Doch als 1918 die drei Imperien zusammenbrachen, betrat ein neuer polnischer Staat wie selbstverständlich wieder die Bühne der Geschichte. Da sich in Deutschland kaum eine politische Kraft mit dem Verlust des preußischen Teilgebiets abfinden wollte, herrschte zwischen der Weimarer Republik und der Polnischen Republik ein permanenter Spannungszustand. Ausgerechnet die Machtergreifung der Nationalsozialisten brachte hier für einige Jahre eine taktisch begründete Entspannung. Mit der Expansionspolitik des Dritten Reiches in den Jahren 1938/39 ging diese allerdings schnell zu Ende.

Was folgte, ist bekannt: der Hitler-Stalin-Pakt, der wenige Tage später den Ausbruch des Zweiten Weltkriegs ermöglichte. Es folgte die abermalige Aufteilung Polens, diesmal nicht unter drei Nachbarn, wie einst, sondern unter zweien. Doch 1941, mit dem deutschen Überfall auf die Sowjetunion, kam das gesamte polnische Territorium unter eine einzige, die deutsche Besatzungsherrschaft. Menschen, Sachwerte und Kulturgüter wurden systematisch ausgebeutet oder vernichtet. Als wäre das noch nicht genug, leisteten sich die aufoktroyierten kommunistischen Herrscher in Polen nach 1945 eine Ungeheuerlichkeit: Viele Widerstandskämpfer gegen die nationalsozialistische Besatzung landeten, weil sie das neue System ablehnten, abermals im Gefängnis. Männer des Widerstands wie Kazimierz Moczarski

oder Władysław Bartoszewski wurden mit deutschen Kriegs-
verbrechern in eine Zelle gesperrt und oft noch schlechter behandelt als diese. Moczarski, der über seine Zellengespräche mit
Jürgen Stroop, dem »Henker des Warschauer Ghettos«, ein bemerkenswertes Buch geschrieben hat[4], wurde am Ende begna-
digt, viele andere wurden gefoltert, hingerichtet und anonym
verscharrt. So wurde dem Land nicht nur seine Unabhängigkeit
und selbstbestimmte Entwicklung geraubt, sondern auch sein
Gedächtnis amputiert. Das steckt dahinter, wenn seit 1989 aus
Polen zu hören ist: »Wir wurden nicht gehört« oder: »Wir haben
gelitten, aber das wurde nicht anerkannt.«

Deutschland dagegen wurde nach 1945 – erst in der verklei-
nerten Form der »alten Bundesrepublik«, dann vereint – wieder
zu einem wohlhabenden, hochentwickelten und zumindest
potenziell mächtigen Land. Einen solchen Nachbarn zu haben
ist nicht leicht. Viele Völker in Europa sind gegenüber ihren
jeweiligen westlichen Nachbarn von einer Art Minderwertig-
keitskomplex geplagt; so auch die Polen gegenüber den Deutschen. Das ist bei Weitem nicht das einzige Gefühl, das sie gegen
die Deutschen hegen, aber es spielt eine wichtige Rolle. Wie
vielschichtig der polnische Blick auf Deutschland heute ist, hat
wie kein anderer der Schriftsteller Andrzej Stasiuk ausgedrückt:

»Jetzt bedienen die Regierenden die polnischen Komplexe,
vor allem den Deutschland-Komplex, ein wichtiges Element
der polnischen Identität. Die Deutschen waren seit Jahrhunderten der mächtige Feind im Westen, der Erbfeind. Und
zugleich kamen von dort zivilisatorische Vorbilder, in Verwaltung, Handwerk und anderem. Deutsche Siedler haben
unsere Städte aufgebaut. Ewige Antipathie und zugleich Bewunderung. Eine sehr schwierige Beziehung, nicht wahr? Im
20. Jahrhundert legten die Deutschen mein Land in Schutt
und Asche, ermordeten Millionen unserer Bürger und organisierten hier den Holocaust. Als hätten sie diesen Boden mit

16

einem Fluch, mit etwas endgültig Diabolischem zeichnen wollen. Wenige Jahrzehnte vergehen, und meine Landsleute fahren zu Hunderttausenden nach Deutschland auf der Suche nach Arbeit und einem besseren Leben. Wer die deutsche Saite anschlägt, kann Ressentiments aktivieren.«[5]

Stasiuk sagte diese Worte in der ersten Kaczyński-Zeit, die schnell vorbei war. Heute schreiben wir die zweite Kaczyński-Zeit, und diese wird nicht so schnell zu Ende gehen. Zu viel hat sich verändert – in Polen und in der Welt. Im Jahr 1989 wurde Polen frei und unabhängig; bis zum Jahr 2015 – wenn wir bei symbolischen Stichdaten bleiben wollen – ist Polen auch ein ziemlich starkes, stabiles und selbstbewusstes Land geworden. Den deutschen »Anwalt« oder Berater braucht es nicht mehr; zumindest sieht der polnische Mandant es so. Deutschland und ganz allgemein der alte Westen sind nicht mehr das Gold, das glänzt. Wenn die Deutschen ihre neue Willkommenskultur für Migranten rühmen und zugleich den Zeigefinger heben, weil Polen seinen Rechtsstaat beschneidet, kommen aus dem Nachbarland ungewohnt scharfe Antworten. Kurz nach der dramatischen Silvesternacht in Köln, als Migranten Frauen attackierten, zeigten polnische Fans bei einem Sportwettkampf in Berlin ein Transparent, das den Deutschen empfahl: »Protect your women, not our democracy«.

## Ein schwieriges Verhältnis

Es knirscht also zwischen beiden Ländern. Das hat mit deutlichen Unterschieden in der gesellschaftlichen und politischen Entwicklung zu tun, aber auch, was die deutsche Seite betrifft, mit mangelnder Kenntnis und mangelnder Einfühlung in die Geschichte des Nachbarlandes. Die Deutschen tun sich schwer damit, die Geschichte der Völker Mittel- und Osteuropas nachzuempfinden und damit auch ihre heutige »Befindlichkeit« zu verstehen. Kein Wunder: Die Deutschen sind seit Generationen nicht mehr in der Situation gewesen, von einem aggressiven Nachbarn überfallen zu werden. Sie selbst waren dieser Nachbar. Was es heißt, aus heiterem Himmel und ohne eigenes Verschulden besetzt und beherrscht zu werden, erfuhren die Deutschen selbst zuletzt unter Napoleon. Diese Zeit der Fremdherrschaft währte nur kurz, und doch war sie der Schlüsselmoment für das Aufkommen des Nationalbewusstseins und Zusammengehörigkeitsgefühls der Deutschen, die in den »Freiheits-« oder »Befreiungskriegen« ihren pathetischen Ausdruck fanden. Die Länder Mittel- und Osteuropas machten aufgrund deutscher und/oder sowjetischer bzw. russischer Hegemonie diese Erfahrung hingegen bis heute immer wieder, oft in schlimmerer Form als unter Napoleon. So ist die Tradition von Hegemonie, Gegenwehr und Freiheitskampf bei diesen Völkern heute viel stärker präsent und abrufbar. Den Deutschen, denen man nachsagt, dass sie Unfreiheit leichter ertragen als Unordnung, ist diese Tradition fremd.

Nun mag man einwenden, die Deutschen hätten ihre Geschichte »bewältigt«, aufgearbeitet, Besserung gelobt, außerdem Opfer entschädigt und sogar einige Täter bestraft. Das ist – auch wenn der Prozess erst durch eine militärische Niederlage und Besetzung des Landes in Gang gesetzt wurde – richtig, und es hat zur guten Nachbarschaft in Europa entscheidend beigetragen. Die tiefgreifende Aufarbeitung des Völkermords an den Juden hat viele wieder Vertrauen zu Deutschland fassen lassen. Aber der Holocaust ist so gewaltig, dass viele, wenn sie sich mit ihm beschäftigen, meinen, damit schon das gesamte Unheil abgehandelt zu haben, das Deutsche damals über Europa brachten. Das ist freilich nicht der Fall. In Polen wiederum hat 2018 eine fehlgeleitete und maßlose Sorge um den »guten Namen« des Landes zur Verabschiedung eines Gesetzes geführt, das die Behauptung einer kollektiven polnischen Mitverantwortung an der Judenvernichtung unter Strafe stellt. Diese vergröbernd auch »Holocaust-Gesetz« genannte Regelung hat die Öffentlichkeit in Israel, den Vereinigten Staaten, der Ukraine und anderswo aufgewühlt und das Gegenteil von dem erreicht, was sie erreichen wollte. Im Juni 2018 wurde das umstrittene Gesetz daher auf Wunsch der Regierung im Schnellverfahren vom Parlament entschärft.

Eine Leerstelle in der deutschen Erinnerung ist der Hitler-Stalin-Pakt. Es war im 20. Jahrhundert schon schlimm genug, *einen* aggressiven und expansiven Nachbarn zu haben. Das Grauen potenzierte sich, als *zwei* mächtige Nachbarn den selben Kurs steuerten und sich Ende August 1939 die Hände reichten, um sechs europäische Staaten, von Finnland über Polen bis Rumänien, unter sich aufzuteilen. Mit der Umsetzung des Geheimen Zusatzprotokolls über sogenannte »Interessensphären« begann am 1. September 1939 mit dem deutschen Überfall auf Polen der Zweite Weltkrieg. Knapp 80 Jahre später fordern zehn Autoren des *Spiegel*, darunter der Moskau-Korrespondent dieses Magazins, die deutsche Politik auf, Russland im Osten Europas eine »Interessensphäre« zuzugestehen – angesichts der Massengräber, die Osteuropa seit dem Abzug der Sowjets überziehen, eine befremdliche Traditionslinie deutscher »Ostpolitik«.[6]

Als nun polnische Gesprächspartner jüngst das große deutsche Verständnis für Russlands strategische Anliegen kritisierten, etwa für die Ostsee-Pipeline (Nord Stream) und ähnliche Projekte, bekamen sie oft genug zu hören: »Ja, ja, wir wissen, das sind eure Traumata.« Die diplomatische Version der Aufforderung, sich beim Therapeuten auf die Couch zu legen. Das wurde selbst Marek Prawda, Polens hoch angesehenem Botschafter in Deutschland (2006–2012), zu viel. In einer seiner letzten Reden in Berlin sagte der liberale Diplomat, wenn er sich eines wünschen dürfte, dann dies, »dass unsere deutschen Partner verinnerlichen: Polen haben nicht nur Traumata. Sie haben auch Ansichten«.

# Polnische Weichenstellungen

Ansichten, Interessen, Erfahrungen und natürlich auch Traumata eines Nachbarn kennenzulernen, dazu mag die Kenntnis der Geschichte hilfreich sein. »Im 20. Jahrhundert hat Polen dreimal europäische Geschichte geschrieben«, hat der Warschauer Historiker Włodzimierz Borodziej treffend vermerkt.[7] Er meinte die Jahre 1920, 1939 und 1980/89. Im Jahr 1920 schlug die Republik Polen die Rote Armee auf ihrem Weg nach Deutschland vor Warschau zurück. Wäre dieses »Wunder an der Weichsel« nicht eingetreten, hätte die junge Weimarer Republik, erschüttert vom Kapp-Putsch und den Kämpfen der Roten Ruhrarmee, womöglich schon damals ihr Ende gefunden. Im Jahr 1939 entschied sich Polen, anders als die meisten autoritär regierten Staaten, sich nicht mit dem Dritten Reich zu verbünden, nicht gegen die Sowjetunion gemeinsame Sache zu machen, sondern als erstes Land dem Reich bewaffneten Widerstand zu leisten. Im Jahr 1980 und vollends 1989 zeigten die Polen als erste, dass es möglich war, die auf ewige Dauer ausgerichteten Diktaturen des Ostblocks mit Hilfe einer friedlichen, disziplinierten Massenbewegung in die Knie zu zwingen.

Lässt sich die Reihe wichtiger polnischer Weichenstellungen im neuen Jahrhundert fortsetzen? Das Aufbauwerk in Staat, Wirtschaft und Gesellschaft vor wie nach dem EU-Beitritt des Landes ist bemerkenswert. Der Rechtsruck im Jahr 2015 ist eine Veränderung von langfristiger Bedeutung. Doch in beidem ist Polen nicht allein. Für den Rechtskurs hat in dieser Region Ungarn das Copyright, und zugleich ist er eingebettet in eine weltumspannende populistische Welle. Wenn die Migrationskrise in Europa und seiner Nachbarschaft sich fortsetzt, dürfte diese Welle sich eher noch verstärken. Denn diese Krise stürzt die »offenen Gesellschaften« Europas in nicht zu lösende Dilemmata. Der frühere US-Außenminister Henry Kissinger, der als Kind von Flüchtlingen, als deutscher Jude, in seine neue Heimat kam, hat treffend beschrieben, was 2015 im Herzen des europäischen Kontinents geschah:

> »Wir beobachten in Europa ein sehr seltenes historisches Ereignis: Eine Region verteidigt ihre Außengrenzen nicht, sondern öffnet sie stattdessen. Das hat es seit einigen Tausend Jahren nicht mehr gegeben. [...] Ein solch historischer Vorgang wie diese Flüchtlingswelle hat Auswirkungen auf die Gesellschaften. Wir waren Flüchtlinge in einem viel kleineren Strom, als das Flüchten noch vorwiegend eine individuelle Entscheidung war. Was wir heute sehen, sind ganze Völker, die sich bewegen.«[8]

All das lässt die populistische Welle als ein Phänomen von größerer Dauer erscheinen. Wohin das führen wird? Die Kaczyński-Partei steht auf dem Standpunkt, die siegreiche Mehrheit dürfe alles, auch Gewaltenteilung und Pluralismus einschränken. Erfüllt sich in diesem Vorgehen das Konzept der »totalitären Demokratie«, wie es auf Jean-Jacques Rousseau zurückgeführt wird?[9] Oder werden die Historiker für unsere Zeit von einem Rollback der Demokratie sprechen, nach den drei großen globalen Demokratisierungswellen im 19. und 20. Jahrhundert?

Die Beantwortung dieser Fragen würde den vorliegenden Rahmen sprengen. Dieser Rahmen, das sind hundert Jahre polnischer Geschichte. Sie reichen von 1918, der Wiedergewinnung der Unabhängigkeit auf den Trümmern der Imperien, über die Wiedergewinnung von 1989, auf den Trümmern der Diktatur, bis in die Gegenwart. Beide Daten waren Zäsuren auch für Polens Nachbarn von Estland bis Bulgarien; das lädt dazu ein, auch ihre Geschichte mitzudenken. Doch keiner von ihnen war mit Deutschland auf so vielfältige Weise verflochten wie das Land an Oder, Weichsel und Bug. Die NS-Verbrechen haben dieses Land, wie der Schriftsteller sagt, »mit einem Fluch gezeichnet«; wenig später mussten zwischen acht und neun Millionen Deutsche ihre Heimat östlich der Oder verlassen, teilweise, um Platz zu machen für Polen, die aus ihren eigenen Ostgebieten vertrieben wurden. Später, in den Jahren zwischen dem Warschauer Kniefall Willy Brandts und dem Beitritt des Landes zur EU, kamen mehr als zwei Millionen Menschen aus Polen in die Bundesrepublik Deutschland. Seitdem, seit 2004, sind es weitere Hunderttausende gewesen. Die Zuwanderer aus Polen, ganz gleich, ob sie als (mehr oder weniger deutsch geprägte) Aussiedler kamen, als politische Flüchtlinge oder »nur« als Arbeitskräfte, haben sich schnell integriert. Die Kinder deutsch-polnischer Ehen, der häufigsten gemischten Ehen in Deutschland, sprechen in den meisten Fällen leider kein Polnisch mehr. Nicht Abschottung, sondern Anpassung an die Mehrheitsgesellschaft, der sie ohnehin kulturell nahestehen, war zumeist das Ziel dieser Migranten. Dieses auffällige Bemühen, nicht aufzufallen, hat einen Historiker veranlasst, seiner Geschichte dieser Zuwanderer den Titel »Wir Unsichtbaren« zu geben.[10]

Mancher Leser wird bei dieser Erzählung von hundert Jahren einer dramatischen Geschichte dieses oder jenes vermissen. Aber Vollständigkeit ist nicht das Ziel des vorliegenden Buches, das im übrigen auch nicht in erster Linie eine Fachpublikation sein will. Bei den Ortsnamen wurden die deutschen Varianten verwendet, soweit sie im deutschsprachigen Raum heute gebräuchlich sind; der früher oft zu hörende Vorwurf, damit sollten wohl Gebietsansprüche zum Ausdruck kommen, dürfte sich inzwischen erledigt haben. Ebenso dürfte klar sein, dass die vereinfachende Bezeichnung der Minderheitenvertreter im polnischen Staat als »Juden«, »Deutsche« oder »Ukrainer« nicht ausgrenzend gemeint ist, sondern einem verbreiteten Sprachgebrauch (nicht nur in Polen) folgt. Noch ein abschließender Hinweis: Wir befinden uns bald schon im Jahr 30 nach dem Fall von Mauer, Diktatur und Planwirtschaft. Jüngere Leser kennen viele Erscheinungen des 20. Jahrhunderts, wenn überhaupt, nur aus den Erzählungen ihrer Eltern oder (hoffentlich) aus der Schule, etwa die Tatsache, dass es damals in Europa Staaten gab, die sich – zwanghaft um einen guten Eindruck bemüht – tautologisch »Volksrepubliken« nannten. Dort hielt sich eine Partei entgegen dem ursprünglichen Wortsinn für *die Partei*, nicht für einen Teil des Systems, sondern für das Ganze. Das bedeutete, die einmal eroberte Macht »nie wieder« herzugeben, wie es der polnische Parteichef Gomułka einmal offenherzig einräumte. Um diese Tatsache zu verschleiern, duldete *die Partei* zugleich »Blockparteien« an ihrer Seite, wobei die Sitzverteilung im Parlament immer schon vor den »Wahlen« festgelegt war. Die Polizei hieß damals in Polen wie in vielen anderen Ostblockländern Miliz. Für die Geheimpolizei, die mehrfach ihren Namen änderte, ohne sich wirklich zu ändern, wird im Folgenden der aus der DDR bekannte Name »Stasi« (Staatssicherheit) verwendet.

Das Buch beginnt mit einem großen Sprung zurück, in die Zeit vor dem Ersten Weltkrieg, um zu zeigen, wie damals die Verhältnisse in Europa zu tanzen begannen.

# Auferstanden aus Ruinen

## Hoffen auf den »großen Krieg der Völker«

»Um den allgemeinen Krieg für die Freiheit der Völker! / Bitten wir dich, Herr.« Diese Worte, die heute jeder geschichtsbewusste Pole kennt, schrieb Adam Mickiewicz, der zu Recht als Polens Nationaldichter gilt, im Jahr 1832, kurz nach der französischen Julirevolution und dem polnischen Novemberaufstand gegen die russische Besatzungsmacht. Es war das Jahr, als freiheitsliebende Bürger aus mehreren Ländern, darunter Flüchtlinge aus Polen, in der Pfalz gemeinsam das Hambacher Fest feierten. Mickiewicz' Worte sind Teil eines Gebets, mit dem er eines seiner bekanntesten Werke enden lässt. Dort heißt es weiter: »Gott Vater, der du dein Volk aus der ägyptischen Gefangenschaft herausgeführt und ins Heilige Land gebracht hast, / bringe uns in unser Vaterland zurück.«

Nur ein Krieg, so ahnte Mickiewicz, würde die drei Besatzungsmächte aus dem Land treiben können; nur er würde die Kruste der Imperien sprengen. Mickiewicz hat es nicht mehr erlebt. Doch er sollte recht behalten. Es musste erst ein großer Krieg kommen, damit das dreigeteilte Polen wieder auf die Landkarte Europas zurückkehren konnte. Es musste ein Konflikt kommen, der die (nach ihren Wappen so genannten) »drei schwarzen Adler«, das Zarenreich, Deutschland und Österreich-Ungarn, aus Verbündeten zu Gegnern machte und damit der polnischen Unabhängigkeitsbewegung neue Optionen eröffnete. Was den Russen 1612 die Volkserhebung gegen die polnischen Invasoren gewesen war und den Deutschen 1813 der Kampf gegen Napoleon, das war der Erste Weltkrieg in gewisser Hinsicht für die Polen: ein Befreiungskrieg. Wenngleich polnische Truppen dabei nur eine Nebenrolle spielen sollten. Dennoch: Das Jahr 1918 brachte den Polen als Nation die Rückkehr, vielen ihrer Nachbarvölker sogar das erstmalige Erscheinen auf der Landkarte Europas.

Als der große Krieg vor der Tür stand, hatte ein anderer Pole den Verlauf des Konflikts mehr oder weniger präzise vorausgeahnt. Józef Piłsudski aus dem russischen Teilungsgebiet Polens, von Hause aus Sozialist und Kämpfer gegen den Zarismus, sprach und schrieb mehrfach davon, dass Russland sich bereits darauf einstelle, Teile Polens wieder aufgeben zu müssen. Wenn es zu einem großen Krieg komme, werde außerdem Deutschland stark an der Westfront gebunden sein, sodass im Osten irgendwann ein Machtvakuum entstünde. Piłsudski war schon beim Ausbruch des Krieges kein Unbekannter, bis Ende 1918 sollte er zur dominierenden Figur auf der politischen Bühne des (noch geteilten) Polen werden. Umstritten ist, wie konkret er den Ablauf des Krieges geahnt hat, ob er wirklich, wie ein Ohrenzeuge Jahre später schrieb, im Februar 1914 in einem Vortrag in Paris sagte: »Russland wird von Österreich und Deutschland geschlagen werden, und diese werden wiederum von den englisch-französischen (oder englisch-amerikanisch-französischen) Kräften geschlagen werden.« Das zeige, soll Piłsudski gesagt haben, den Polen die »Richtung ihres Handelns«: Erst mit den Mittelmächten gegen Russland, dann mit den Westmächten gegen die geschwächten Mittelmächte, um sich am Ende im Lager der Sieger wiederzufinden.[1]

Bis es so weit war, mussten vier Jahre vergehen, Jahre voller Blutvergießens, Jahre eines Krieges, der wenig später – vor allem bei den Besiegten – den Namen »Weltkrieg« erhielt. Die Sieger nennen ihn bis heute gerne stolz den »Großen Krieg«. In Polen, das zwar Nutznießer, aber nicht Sieger war, sind beide Begriffe gebräuchlich.

## Polen: nicht Kriegspartei, dennoch schwer zerstört

Für die Polen waren die vier Kriegsjahre schicksalhafte Jahre. Ihr Land war nicht unter den kriegführenden Parteien, konnte es gar nicht sein. Die seit den Teilungen des Landes ungelöste »polnische Frage« stand auch aus Sicht der kriegführenden Hauptstädte in keinerlei Beziehung zum Ausbruch des Konflikts. Doch kämpfen mussten die Polen trotzdem, für fremde Ziele, in fremden Uniformen und in drei fremden Armeen (nicht eingerechnet die polnischen Einheiten, die im Sommer 1917 im Zarenreich und in Frankreich entstehen sollten).

Oft genug haben daher Polen an den Fronten des Krieges auf ihre Landsleute schießen müssen. Ein Beispiel schildert der Soldat Franciszek Urbaniak aus der Provinz Posen, der, ähnlich wie seine Brüder, 1915 zur deutschen Armee eingezogen wurde und lange an der Westfront kämpfte, unter anderem bei Verdun. Urbaniak erzählt:

»Am 5.April 1918 schlugen die englischen und die ersten amerikanischen Truppen gegen uns los. [...] Mich wollte ein Engländer mit dem Bajonett durchbohren. Ich hatte nur die bloßen Hände. Aber da war so eine große Schaufel, wie man sie im Feldlager hat. Er wollte mich durchbohren, aber ich habe ihm mit der Schaufel das Gewehr weggeschlagen. Da packte mich von hinten ein Amerikaner am Kragen. Und ruft zu einem zweiten Amerikaner auf Polnisch: ›Jasiu, komm, ich bringe diesen Fritz um!‹ Da drehe ich mich zu ihm und sage: ›Ich bin auch so ein Fritz wie du!‹ Dann er: ›Was, Du bist Pole?‹ ›Ja, Pole.‹ ›Warum kämpfst du beim Deutschen?‹ ›Ja, ich bin aus dem Teilungsgebiet, sie haben mich geholt, da muss ich kämpfen. Aber ich kämpfe nicht beim Deutschen, sondern um mein Leben.‹«[2]

Innerhalb des späteren polnischen Staatsgebiets wurden in diesem Krieg knapp 3,4 Millionen Soldaten mobilisiert, davon etwa zwei Millionen mit polnischer Volkszugehörigkeit. Die Bevölkerung dieses Gebiets hatte nach einer vorsichtigen Berechnung 387000 tote und vermisste Soldaten zu beklagen, darunter Soldaten Österreich-Ungarns (219000), des Deutschen Reiches (108000) und des Zarenreiches (60000). Die Gesamtbevölkerung des Gebiets schrumpfte von Anfang 1914 bis Anfang 1919 von 30,3 auf 26,3 Millionen. Dabei schlugen alle Gründe zu Buche, die in einem Krieg auftreten können, von Kampfhandlungen über Deportation bis zu Seuchen, Geburtenrückgang und nicht zuletzt Abwanderung, die gut die Hälfte der Verluste ausmachte.[3] So hatten die Polen ihren Anteil an den langen Listen der Gefallenen, die für die drei erwähnten Mächte sowie für Frankreich jeweils zwischen einer und zwei Millionen Soldaten verzeichneten. Doch bei den weiträumigen Verwüstungen und beim Rückgang der Gesamtbevölkerung um fast 14 Prozent nimmt das Gebiet, das wenig später als Republik Polen bekannt werden sollte, gegenüber den großen kriegführenden Staaten eine traurige Spitzenstellung ein.

Das kann nicht verwundern: Anders als im Falle Frankreichs, Deutschlands oder des Zarenreichs rollte die Front quer durch die polnischen Gebiete, trafen Schlachten und Zerstörungen auch zentral gelegene Städte wie Warschau oder Kalisz. Die wirtschaftliche Lage war verheerend: Die künftigen Gebiete Polens verloren in diesen Jahren 40 bis 60 Prozent des Viehbestands, die Getreide- und Kartoffelproduktion sank etwa um die Hälfte. In der zentralpolnischen Industrie waren gegen Ende des Krieges nur noch 15 Prozent der früher beschäftigten Arbeiter in Lohn und Brot. Schätzungen zufolge wurden mehr als die Hälfte aller Brücken und zwei Drittel der Bahnhöfe zerstört.[4]

Nur das preußisch-deutsche Teilgebiet Polens blieb von Kampfhandlungen verschont (Ostpreußen, 1914 teilweise von russischen Truppen besetzt, hatte schon vor den Teilungen Polens größtenteils zu Preußen gehört). Dagegen hatte das russische Teilgebiet im Krieg unter zusätzlichen Härten zu leiden: Als die Armee des Zaren 1915 von deutschen Truppen weit nach Osten zurückgedrängt wurde, griff sie zur Taktik der verbrannten Erde und ordnete die Deportation von etwa 1,75 Millionen Zivilisten samt ihrem beweglichen Besitz ins Innere Russlands an, dazu Zerstörungen und die Demontage von Industrieanlagen. Es folgte die deutsche beziehungsweise im Süden die österreichisch-ungarische Besetzung mit der Requirierung von Ernten und Produktion; das Deutsche Reich organisierte außerdem Deportationen zur Zwangsarbeit und weitere Demontagen. Diese neue Besatzungszeit sollte drei Jahre dauern. Gegen Kriegsende arbeiteten 500 000 bis 600 000 Polen aus dem russischen Teilgebiet im Deutschen Reich, zum Teil als Zwangsarbeiter.[5] Die Zerstörungen und Verluste an Menschen und Gütern bedeuteten für den noch zu gründenden Staat von vorneherein eine erhebliche Schwächung.

All das war nicht abzusehen, als im Sommer 1914 der »allgemeine Krieg für die Freiheit der Völker« ausbrach, an den sich viele Hoffnungen knüpften. Als es soweit war, entfalteten Polen in den drei Teilungsgebieten und auch im Ausland hektische Aktivitäten, teils politisch-organisatorischer, teils diplomatischer, teils sogar militärischer Natur. Polens Politiker mussten ihre Ziele ständig fortentwickeln, da sich nicht nur die militärische Lage änderte, sondern die drei Imperien auch ihren Zusammenbruch erlebten: das Zarenreich bereits mit den zwei Revolutionen des Jahres 1917, Österreich-Ungarn und das Deutsche Reich im Herbst 1918.

# Militärische und zivile Aktivitäten 1914-18

Bereits 1914 bildeten sich rasch drei politische Strömungen heraus: eine russisch-polnische, eine austropolnische und eine, die man mit dem polnischen Adjektiv *niepodległościowy*, die »unabhängigkeitliche« nennen könnte. Letztere wollte ohne Wenn und Aber die volle Unabhängigkeit für ihr Land erkämpfen. Die ersten beiden suchten ihr Glück in einer Anbindung des künftigen geeinten polnischen Staates an die jeweilige (bisherige) Besatzungsmacht. Eine entsprechende deutsch-polnische Strömung existierte praktisch nicht. Die Polen im deutschen Teilgebiet verhielten sich – zumal die Konflikte um die Germanisierungspolitik der deutschen Behörden nur wenige Jahre zurücklagen – abwartend, und die wenigen »deutsch-polnischen« Aktivisten, die es gab, fanden kaum Anhänger.[6]

Auch wenn das Deutsche Reich als Partner wenig geschätzt wurde, darf sein Gewicht in diesen Angelegenheiten nicht unterschätzt werden. Das zeigt schon ein Blick auf die militärischen Ereignisse: Im Sommer 1915 rückten die Truppen der Mittelmächte Deutschland und Österreich-Ungarn auf breiter Front nach Osten vor. Bald war fast die gesamte ethnisch polnische Bevölkerung auf diese Weise »vereint«, wenn auch lediglich unter der neuen Militärverwaltung. Die Truppen sollten bis Kriegsende und noch darüber hinaus dort bleiben. Das verschaffte Berlin und Wien im Umgang mit den polnischen Politikern, die sich zum Teil schon als Abgeordnete des Deutschen Reichstags, des österreichischen Reichsrates oder der russischen Staatsduma einen Namen gemacht hatten, über Jahre einen großen Spielraum.

Die zwei wichtigsten Politiker, die Polen auf Jahrzehnte prägen sollten, waren Józef Piłsudski (1867–1935) und Roman Dmowski (1864–1939). Während der Kriegsjahre entfaltete der eine seine Tätigkeit zunächst im österreichischen Teilgebiet und richtete sie gegen Russland; der andere war von 1907 bis

1909 Abgeordneter der russischen Duma gewesen, setzte auf eine russisch-polnische Lösung und sah in Deutschland Polens gefährlichsten Gegner. Der eine organisierte und führte zunächst einmal Kampfeinheiten, die legendären »Legionen«; der andere setzte vor allem auf zivile Selbstorganisation im Lande und Diplomatie auf dem europäischen Parkett. Der eine war von Hause aus Sozialist und als solcher antizaristischer Revolutionär, auch wenn er nach eigenen Worten »aus der Tram namens Sozialismus an der Haltestelle ›Unabhängigkeit‹« ausstieg; der andere war Nationaldemokrat und gilt heute als Begründer und wichtiger Theoretiker des modernen polnischen Nationalismus.

Die beiden Herren trennte vieles, aber sie entstammten beide dem russischen Teilgebiet Polens und verbrachten dort die ersten Jahrzehnte ihres Lebens. Wegen ihrer politischen Aktivitäten saßen beide unter dem Zaren eine Zeit lang in der Warschauer Zitadelle ein und wurden dann nach Osten beziehungsweise Norden verschickt, Piłsudski zur Zwangsarbeit nach Ostsibirien, Dmowski in die Verbannung nach Jelgava (heute Lettland). Später, im Jahr 1893, konnten beide unabhängig voneinander erstmals eine Reise nach Westeuropa unternehmen. Die Eindrücke, die sie aus hochentwickelten Ländern mit »normalen« Regierungen mitnahmen, bestärkten die beiden Gegenspieler in ihrem Kampf für ein freies Polen.

Der Sozialist Piłsudski gilt seit Jahrzehnten der populärste polnische Staatsmann des 20. Jahrhunderts. Wer vor 1989 Polen besuchte, erblickte schon damals in Wohnzimmern kleine Büsten des Marschalls und Staatschefs, wenngleich es seinerzeit nicht gerade linientreu war, Piłsudski zu ehren. Heute ist er allein in Warschau zweimal als Statue zu sehen; eines dieser Denkmäler steht an der Ujazdowskie-Allee, ungefähr am südlichen Ende des Regierungssitzes. Auch Roman Dmowski, der Nationalist, steht als Denkmal an der Ujazdowskie-Allee, allerdings am nördlichen Ende des Regierungegebäudes. Seine Statue wurde 2006 errichtet, in der ersten Regierungszeit der PiS, der von Jarosław Kaczyński geführten Partei. Während Piłsudski heute überparteilich verehrt wird, genießt sein Gegenspieler Dmowski überwiegend im rechten Spektrum Anerkennung.

Das Jahr 1914 erlebte Piłsudski im liberal verwalteten österreichischen Teilgebiet, in Krakau. Dort hatte er nach diversen Konflikten, die er mit den russischen Behörden in Warschau ausgetragen hatte, Zuflucht gefunden. Aufgewachsen war der Sohn verarmter Adeliger im ebenfalls russisch regierten Wilna (heute Vilnius). Er begann ein Medizinstudium und sympathisierte mit dem aufkommenden Sozialismus. Sein älterer Bruder Bronisław war, gemeinsam mit einem Bruder Wladimir Lenins, als Student in St. Petersburg an der Vorbereitung eines Attentats auf Zar Alexander III. beteiligt. Die Gruppe wurde jedoch enttarnt; deswegen kam am Ende auch Józef in Haft und wurde 1887 zu fünf Jahren Zwangsarbeit in Ostsibirien verurteilt.

Im Jahr 1893 kehrte Piłsudski aus Sibirien nach Polen beziehungsweise das russische Teilgebiet zurück und wurde einer der Gründer der Polnischen Sozialistischen Partei (PPS), die über viele Jahrzehnte die wichtigste polnische Linkspartei sein sollte, eine Art polnische SPD. Doch zunächst hatte die PPS einen Besatzer und mächtigen Feind zu bekämpfen: den Zarismus. Sie griff dabei zu Mitteln wie Streiks und Attentate, ähnlich wie ihre zeitweiligen Weggefährten, die russischen Revolutionäre. Von dort war für die polnischen Aktivisten der Weg zur Aufstellung bewaffneter Einheiten nicht mehr weit. Sie begann im österreichischen Teilgebiet – nur dort war so etwas möglich – schon 1908; die Einheiten nannten sich später »Schützenverbände«.

Und dann begann der allgemeine Krieg der Völker. Sofort nach den Kriegserklärungen des Deutschen Reiches und Österreich-Ungarns an das Zarenreich überschritten die polnischen Schützenverbände am 6. August 1914 die Grenze vom österreichischen zum russischen Teilgebiet und besetzten für einige Tage die Stadt Kielce. Die Aktion war allenfalls von symbolischer Bedeutung; zugleich zeigte sie, dass die Masse der polnischen Bevölkerung keineswegs nur darauf wartete, zu den Waffen greifen zu können. Zwar musste Piłsudski die Verbände auf Wiener Geheiß bald auflösen, doch dafür durften polnische »Legionen« gebildet werden. In einer von ihnen führte »Komendant« Piłsudski, wie er von jetzt an genannt wurde, persönlich die (später legendär gewordene) 1. Brigade. Diese Einheiten sollten fortan an der Seite Österreich-Ungarns an der Ostfront kämpfen. Im Herbst 1915 umfassten drei bis dahin aufgestellte Brigaden bereits etwa 15 000 Mann. Piłsudski und andere Anhänger der Strategie, an der Seite der Mittelmächte zu kämpfen, wurden später als »Aktivisten« bezeichnet, während andere Politiker, die sich vor allem politisch-diplomatisch an Russland und später an die Westmächte anlehnten, »Passivisten« genannt wurden.

Roman Dmowski ging diesen zweiten Weg. Er betrieb in Warschau die russisch-polnische Lösung, eine Staatsgründung mit Unterstützung des Zarenreichs. Als die deutschen Truppen nach Osten vorrückten, reiste er auf Umwegen in die Schweiz. Von dort aus warb er bei Briten und Franzosen um Unterstützung für die polnische Sache. Im August 1917 gründete er schließlich in Paris ein Polnisches National-Komitee (KNP), eines der künftigen Machtzentren im Spiel um die Gestaltung des Landes. (Kaum war der Krieg vorbei, unterstellte sich das oberste Organ im ehemals deutschen Teilgebiet, der Oberste Volksrat, dem Pariser Komitee, was Dmowski erheblich aufwertete; im Januar 1919 wurde er – vorläufiger Höhepunkt seiner Karriere – zum Leiter der polnischen Delegation bei den Friedensverhandlungen von Versailles bestimmt).

Piłsudskis Legionen kämpften zwar tapfer an der Seite der Mittelmächte, doch je länger dieser Zustand andauerte, je länger Berlin und Wien zugleich die »polnische Frage« in der Schwebe ließen, desto lauter wurde die Frage nach dem Sinn der Legionen gestellt. Das deutsch besetzte Warschau durfte sich zwar wieder offiziell »Hauptstadt« nennen – aber Hauptstadt wovon, blieb unklar. Wofür also riskierten polnische Soldaten ihr Leben?

So trieb Piłsudski im Jahr 1916 die Gründung einer neuen, diesmal geheimen Organisation voran, der »Polnischen Militärorganisation« (POW). Anfang 1917 sollte sie bereits 10 000 Mitglieder zählen. Es verging einige Zeit, bis die Mittelmächte sich tatsächlich zu einer gemeinsamen Initiative bezüglich Polens aufrafften: Im Namen Wilhelms II. und Franz Josephs verlasen der deutsche und der österreichische Generalgouverneur am 5. November 1916 an ihren jeweiligen Amtssitzen in Warschau und Lublin eine gemeinsame Proklamation der beiden Kaiser. Demnach sollten »die der russischen Herrschaft entrissenen Gebiete« – die Grenzen waren auch hier nicht klar beschrieben – ein neues »Königreich Polen« bilden. Der Staat sollte eine Erbmonarchie sein und eine Verfassung bekommen. Zugleich sollte eine polnische Armee in dem »großen Kriege der Gegenwart« an den militärischen Ruhm früherer Zeiten anknüpfen. Mutmaßlich Seite an Seite mit den Heeren der Mittelmächte und gegen Russland.

## »Wiedervereinigung« und Staatsgründung

Die Proklamation vom 5. November 1916 brachte die polnische Frage endgültig wieder auf die Tagesordnung der internationalen Politik. Russland und Frankreich reagierten und machten den Polen ebenfalls weitreichende Versprechungen. Im Januar 1917 schließlich – wenige Monate vor dem Kriegseintritt der USA am 6. April – nannte der amerikanische Präsident Woodrow Wilson ein »geeintes, unabhängiges und selbständiges Polen« als eines der Ziele der USA. Ein Jahr später präzisierte Wilson in den wegweisenden »14 Punkten« seine Vorstellungen von einer künftigen Friedensordnung in Europa. Neben Freihandel, Rüstungskontrolle und anderen Themen umriss Wilson darin auch eine territoriale Neuordnung Europas. Punkt 13 lautete:

»Ein unabhängiger polnischer Staat sollte errichtet werden, der alle Gebiete einzubegreifen hätte, die von unbestritten polnischer Bevölkerung bewohnt sind; diesem Staat sollte ein freier und sicherer Zugang zur See geöffnet werden, und seine politische sowohl wie wirtschaftliche Unabhängigkeit sollte durch internationale Übereinkommen verbürgt werden.«

Die Ereignisse hatten seit Anfang 1917 an Tempo gewonnen. In Frankreich und Russland wurden mit Billigung der jeweiligen Regierungen polnische Einheiten aufgestellt. Da brach im Zarenreich die Februarrevolution aus. Die zu erwartende Schwächung Russlands, das als militärische Bedrohung ausfiel, gab dem in Warschau tätigen Piłsudski die Möglichkeit, sich stärker von der deutschen Besatzungsmacht zu emanzipieren. Dennoch war es eine schwierige Gratwanderung, die er vollführte. Bis ihm ein Ereignis zu Hilfe kam: Die deutsche Armeeführung hoffte, jetzt endlich eine »Polnische Wehrmacht«, wie sie im offiziellen Sprachgebrauch hieß, aufstellen zu können, und erwartete von den Legionären einen Treueeid auf Kaiser Wilhelm. Piłsudski und ein Teil der Offiziere und Soldaten verweigerten den Eid. Daraufhin wurde Piłsudski im Juli 1917 eines Nachts festgenommen und nach Deutschland gebracht. Ein Teil der Legionäre wurde interniert, ein anderer an die Italienfront geschickt.

Etwas Besseres als die sogenannte Eidkrise und seine Inhaftierung hätte Piłsudski wohl nicht passieren können. Zu seinem Ruhm als Kommandeur kam nun der des Häftlings hinzu, der für die gemeinsame Sache litt. Er wurde in einem Gebäude auf dem Gelände der Festung Magdeburg interniert, zeitweise zusammen mit seinem engsten Mitarbeiter, Oberst Kazimierz Sosnkowski. Sie wurden gut behandelt: Piłsudski konnte an seinen Erinnerungen schreiben und mit Sosnkowski Schach spielen – während seine schwangere Frau Aleksandra daheim in Warschau unter der katastrophalen Versorgungslage litt. Dass sie schließlich das erste Kind des Ehepaars zur Welt brachte, die gemeinsame Tochter Wanda, erfuhr ihr Mann erst Wochen später. Die deutschen Behörden hatten das entsprechende Telegramm lange zurückgehalten, wie sie überhaupt für strenge Isolation sorgten.

Während Piłsudski in deutscher Festungshaft auf seine Stunde wartete, setzten Deutsche und Österreicher in Polen einen aus polnischen Persönlichkeiten bestehenden Regentschaftsrat ein, fast schon eine polnische Regierung. Nach der Oktoberrevolution trat Russland aus dem Krieg aus; danach schlossen die Mittelmächte im März 1918 in Brest-Litowsk Frieden mit der neuen Sowjetregierung (wobei Russland auf polnische Gebiete verzichtete). Zuvor hatten die Mittelmächte bereits mit der Ukrainischen Volksrepublik am selben Ort den sogenannten »Brotfrieden« geschlossen. Im Herbst überstürzten sich dann die Ereignisse. Nach immer lauter werdenden polnischen Forderungen, Piłsudski freizulassen, kamen die deutschen Behörden diesem Wunsch am 8. November, drei Tage vor Kriegsende, nach. Während in Deutschland der Kaiser abdankte und die Republik ausgerufen wurde, rollte Piłsudski in einem deutschen Sonderzug, der nur aus einem Waggon bestand, nach Warschau. Der Sozialist Jędrzej Moraczewski, der wenig später auch der erste polnische Ministerpräsident werden sollte, hat die Stimmung in diesen Tagen eindrücklich beschrieben:

»Nach 120 Jahren zersprangen die Ketten. Es gibt sie nicht mehr. Freiheit! Unabhängigkeit! Vereinigung! Ein eigener Staat! Für immer! Chaos? Das macht nichts. Es wird gut. Alles wird werden, denn wir sind von Blutsaugern, Diebes- und Räubergesindel befreit. [...] Wer diese kurzen Tage nicht erlebt hat, wer nicht außer sich war vor Freude mit der gesamten Nation, der wird in seinem Leben die größte Freude nicht erleben. Vier Generationen haben vergebens auf diesen Augenblick gewartet, die fünfte erlebt ihn. Von morgens bis abends versammelten sich Massen auf den Marktplätzen der Städte.«[7]

Der Empfang für den Hoffnungsträger Piłsudski war triumphal – aber die Lage, die er vorfand, gestaltete sich höchst kompliziert. Nicht nur in Warschau, auch in Lublin (ehemals russisch), Krakau (österreichisch) und Posen (deutsch) hatten sich polnische Machtzentren verschiedener politischer Couleur gebildet, teils ergänzt um Arbeiterräte, während im Südosten polnische Truppen und ukrainische Freischärler um die Stadt Lemberg kämpften. Zudem waren in Russland die Bolschewiki an der Macht, was quer durch Europa Befürchtungen und Hoffnungen weckte. Aber der Sonderzug nach Warschau fuhr einen klaren Kurs: Dem Sozialisten Pilsudski ging es in erster Linie darum, die Unabhängigkeit, das heißt im Grunde die Staatlichkeit Polens, zu sichern und auszubauen, während Russland ebenso wie Deutschland in schweren revolutionären Turbulenzen steckten.

Kurz nach seiner Ankunft wurde dem »Komendant« vom alten Regentschaftsrat die Macht übergeben. Piłsudski ernannte ein Kabinett, das ihn im Gegenzug zum »Provisorischen Staatsoberhaupt« bestimmte, dem neben der obersten Exekutivgewalt auch der Oberbefehl über die (noch kaum existierenden) Streitkräfte zufiel. Weiterhin war unklar, in welchen Grenzen der neue Staat existieren sollte. So verspürte in Deutschland kaum jemand Neigung, auf die 1772 annektierte, mehrheitlich von Polen besiedelte Provinz Posen zu verzichten. Dort griff Ende Dezember 1918 die von Piłsudski gegründete POW zu den Waffen und brachte die Provinz, die mit ihrem historischen Namen Großpolen heißt, schnell unter ihre Kontrolle. Der »großpolnische Aufstand« gilt als die einzige im militärischen Sinne erfolgreiche Erhebung in der jüngeren Geschichte Polens.

## Polen im Konzert der europäischen Mächte – Grenzziehung und Nationalitäten

Im Westen Europas schwiegen die Waffen. Im Osten sprachen sie in Abständen immer wieder, und dieser Zustand sollte noch bis Juni 1921 andauern. Bis Juni 1919 wurde auf der Friedenskonferenz in Versailles mit Deutschland verhandelt und bis September 1919 mit Österreich in St. Germain, dann waren die Pariser »Vorortverträge« ausgehandelt und unterzeichnet. Die schrittweise Festlegung der polnischen Grenzen erfolgte teils am Verhandlungstisch, teils vor Ort und immer wieder mit Waffengewalt.

Ein Blick auf die Karte der ethnischen Siedlungsgebiete genügt, um zu verstehen, wie schwierig sich im Zeitalter des Nationalismus jegliche Grenzziehung – gerade in Mittel- und Osteuropa – gestalten musste. Allgemein gesagt, standen sich auf polnischer Seite zwei Staatskonzeptionen gegenüber, für die stellvertretend die Namen Dmowski und Piłsudski standen. Dmowski sah in den Deutschen – aufgrund ihres zivilisatorischen und organisatorischen Niveaus und damit ihrer »Schlagkraft« und Ausstrahlung – die Hauptgefahr für das Polentum. Umso mehr sollte Polen den Schwerpunkt seiner Staatlichkeit möglichst weit im Westen haben, eine Konzeption, die mit Bezug auf die Dynastie des Mittelalters, als Polen »im Westen« lag, auch die »piastische« genannt wird. Dmowski neigte außerdem zu einem Einheitsstaat, der Minderheiten nur insoweit umfassen sollte, wie er sie assimilieren könnte.

Piłsudski dagegen hielt Russland für die größte Gefahr. Der aus Litauen stammende Politiker hoffte auf eine weit nach Osten ausgreifende, von Polen dominierte Föderation mit den östlichen Nachbarn – Litauern, Weißrussen, Ukrainern –, wodurch eine Art Pufferzone gegenüber Russland entstünde. Diese komplizierte Konzeption wird in Erinnerung an die polnisch-litauische Dynastie aus der Zeit des großen polnisch-litauischen Doppelstaates die »jagiellonische« genannt.

In vollem Umfang verwirklicht wurde am Ende keine der beiden Konzeptionen. Nachdem die Grenzen festgelegt waren, war die Republik Polen in ihrer Struktur zwar ein Einheitsstaat und zählte – nach der Volkszählung von 1931–31,9 Millionen Bürger. Davon waren aber nur 68,9 Prozent (ethnische) Polen. 13,9 Prozent waren Ukrainer, 8,6 Prozent Juden, 3,1 Prozent Weißrussen und 2,3 Prozent Deutsche, gefolgt von kleineren Gruppen von Russen, Litauern und Tschechen. Da die Volkszählungen dieser Zeit mit erheblichen Unschärfen behaftet waren und die Ergebnisse oft manipuliert wurden, korrigieren viele Historiker die Zahl der ethnischen Polen für 1931 deutlich nach unten (auf 64,7–66%), die Zahlen für die drei größten Minderheiten, deren Angehörige sich nicht immer zu ihrer Identität bekennen wollten, jeweils um ein bis drei Prozentunkte nach oben.[8] Zur kulturellen und sprachlichen Verschiedenheit trat die religiöse: Die Ukrainer waren überwiegend griechisch-katholisch (uniert), die Deutschen großenteils evangelisch, die Weißrussen orthodox, während nur die Litauer wie die Polen römisch-katholisch waren. Die – zumindest laut der obigen Volkszählung – 2,7 Millionen Juden hatten natürlich ihren eigenen Glauben; in der Eigen- wie Fremdwahrnehmung waren sie aber viel mehr als »Polen mosaischen Bekenntnisses«. Sie stützten sich – wie die anderen Minderheiten – auf eine eigene Kultur, auf eigene Vereine und Parteien und auf ihre Sprache, wobei die große Mehrheit bei der Frage nach der »Muttersprache« Jiddisch, ein kleiner Teil dagegen, wohl eher aus religiösen oder ideologischen Gründen, Hebräisch angab.

Mit anderen Worten, etwa ein Drittel der Staatsbürger – die Juden mitgerechnet – gehörte Minderheiten an. Im dünner besiedelten Osten des neuen Staates stellten die Minderheiten vielerorts eine Mehrheit von 80 Prozent der Bevölkerung. Umgekehrt lebten auch jenseits der Grenzen ethnische Polen: Nach offiziellen Angaben der jeweiligen Staaten waren es Mitte der 1920er-Jahre im Deutschen Reich und in der Sowjetunion jeweils etwa 800 000.

Das konnte bei der gemischten Besiedlung vieler Regionen auch kaum anders sein – sofern man nicht zur radikalen Lösung des »Bevölkerungsaustauschs« greifen wollte, wie er 1923, nach jahrelangen Kämpfen, zwischen der Türkei und Griechenland in ihren neu gezeichneten Grenzen vollzogen wurde (die damalige Aussiedlung von 1,6 Mio. Menschen war die erste zwischenstaatlich vereinbarte Vertreibung in der Geschichte). Doch in Ostmitteleuropa blieben die Minderheiten zunächst, wo sie waren. Dafür zwangen die Alliierten Polen geradezu ultimativ, in Versailles zugleich mit dem Friedensvertrag einen Minderheitenschutzvertrag zu unterzeichnen. Vor allem jüdische Organisationen hatten sich dafür eingesetzt, auch weil 1918/19 in mehreren polnischen Städten zu Judenpogromen mit zahlreichen Todesopfern gekommen war. Nach diesem Abkommen sollten alle Minderheiten eigene Schulen haben und ihre Sprache und Kultur pflegen dürfen; Klagen gegen den Staat sollten vor dem Völkerbund und sogar vor dem Gerichtshof in Den Haag verhandelt werden. Zwar protestierten polnische Politiker, die Sozialisten eingeschlossen, gegen diese »ständige Kontrolle der Großmächte« – zumal solche Verträge zwar Polen und seinen Nachbarn auferlegt wurden, nicht jedoch Deutschland mit seinen (deutlich kleineren) Minderheiten. Am Ende billigte das Warschauer Parlament den Vertrag.

Die letzten Waffen verstummten erst am Ende des dritten Schlesischen Aufstands vom Mai/Juni 1921. Dabei hatte schon im Januar 1919 die Friedenskonferenz von Versailles begonnen, die in erster Linie sämtliche Deutschland betreffenden Fragen regeln sollte. Sie wurde ergänzt durch die Konferenzen von St. Germain und Sèvres. In Versailles traf die von Dmowski geführte, aber auch mit Anhängern Piłsudskis besetzte polnische Delegation einerseits auf die Franzosen, die im Interesse einer

Schwächung des potenziell revisionistischen Deutschlands gegenüber vielen polnischen Forderungen sehr offen waren, andererseits auf Briten und Amerikaner, die mehr an die Stabilität der gesamten Region und die Rechte der Minderheiten dachten und Warschaus Positionen oft skeptisch entgegentraten. An einer Stärkung der Bolschewiki in Russland war niemandem gelegen. So konnte Polen, dem Urteil eines Historikers zufolge, zum ersten und vielleicht zum letzten Mal in seiner modernen Geschichte von seiner Mittellage profitieren, »von seiner Lage zwischen Russland und Deutschland – als potenziell zweiseitiger Cordon sanitaire zwischen beiden Verlierern des Großen Krieges«.[9]

Einige Wochen nach Verhandlungsbeginn präsentierte Polen in Versailles seine Forderungen bezüglich der Grenzen zu Deutschland. Es waren Maximalforderungen: Mehr als 84 000 Quadratkilometer (darunter Danzig, Ermland, ganz Oberschlesien) wollte man vom Deutschen Reich bekommen, jedenfalls mehr, als Preußen einst in den Teilungen annektiert hatte. Am Ende erhielt Polen in Versailles nur knapp 43 000 Quadratkilometer zugesprochen: die Provinz Posen und große Teile Westpreußens – beide waren zu knapp zwei Dritteln polnisch besiedelt und hatten bis 1772 zu Polen gehört.[10] Für Danzig fand man eine Sonderregelung. Darüber hinaus wurde festgelegt, dass im wichtigsten Industrierevier Ostmitteleuropas, in Oberschlesien, und in einigen Kreisen West- und Ostpreußens Volksabstimmungen über die Zugehörigkeit der Gebiete stattfinden sollten.

## Kämpfe im Westen und Osten

Die Gespräche in Versailles waren zwar beendet, der Vertrag aber noch nicht in Kraft getreten, als polnische Bewaffnete im oberschlesischen Industrierevier den ersten Schlesischen Aufstand entfachten. Darin standen sich im August 1919 hauptsächlich die Polnische Militärorganisation (POW) und deutsche Grenzschutz- und Polizeieinheiten gegenüber. Im Jahr 1920 rückten französische, britische und italienische Einheiten in Oberschlesien ein, um das zukünftige Abstimmungsgebiet zu sichern. Im Sommer kam es zu einem zweiten Aufstand, der, wie der erste, nur wenige Tage dauerte. Die Alliierten erreichten ein Ende der Kämpfe.

Am 20. März 1921 fand die Abstimmung statt: 478 820 Einwohner Oberschlesiens optierten für Polen, 707 554 (59,6 %) jedoch für Deutschland. Alle städtischen Gemeinden mit einer Ausnahme stimmten mehrheitlich für den Verbleib beim Deutschen Reich; etwa ein Viertel der »deutschen« Stimmen soll allerdings von abgewanderten, eigens zur Abstimmung angereisten Stimmberechtigten gekommen sein[11]. Jetzt riefen polnische Kämpfer den dritten Schlesischen Aufstand aus, der fast den ganzen Mai und Juni andauerte und in dessen Verlauf sie große Gebiete eroberten. In dieser mit Abstand größten Erhebung soll es allein auf polnischer Seite 1200 Tote gegeben haben. Deutsche Freikorps schalteten sich ein und eroberten den Annaberg zurück, den »heiligen Berg« aller oberschlesischen Katholiken.

Erst eine internationale Botschafterkonferenz verfügte im Oktober, nicht zuletzt unter französischem Einfluss, eine salomonische Lösung: die Teilung Oberschlesiens. So kam der östliche Teil der Region zu Polen: ein Viertel des Abstimmungsgebietes, jedoch mit dem größten Teil der Bodenschätze und mit 42,5 Prozent der Einwohner, von denen immerhin eine Mehrheit für Polen votiert hatte. Damit war der wirtschaftlich wichtigste Grenzstreit entschieden. Zurück blieb ein dicht besiedeltes, historisch gewachsenes Ballungsgebiet mit eigenem Dialekt und starkem Regionalbewusstsein, das zwischen die Mühlsteine der modernen Nationalismen geraten war und jetzt durch eine Grenze zerrissen wurde, die nicht nur quer durch manche Siedlungen, sondern auch durch so manche Familie ging. Immerhin erhielt die auf diese Weise entstandene polnische Wojewodschaft (Bezirk), die wohlhabendste des Landes, als einzige von Warschau weitgehende Autonomie zugestanden.

Weniger dramatisch ging es beim Streit um Danzig zu. Die Hanse- und Hafenstadt samt Umgebung mit 350 000 Einwohnern, die größtenteils Deutsche waren, hatte bis zu den Teilungen zu Polen gehört. In Versailles wurde sie zur »Freien Stadt Danzig« erklärt – eine eigene Einheit, die sich selbst verwaltete und von einem stets aus Westeuropa stammenden Kommissar des neu gegründeten Völkerbunds »beaufsichtigt« wurde. Polen dagegen sollte Danzig nach außen vertreten und Hafen, Bahnlinien und Wasserwege frei nutzen dürfen.

Zwei weitere Grenzfragen wurden 1920 geklärt. Eine deutsch-polnische betraf Teile Ostpreußens und des angrenzenden Westpreußen; die für Polen abgegebenen Stimmen blieben hier jeweils deutlich unter zehn Prozent, sodass die betreffenden Kreise bis auf einige Dörfer bei Deutschland verblieben.

Schwieriger war die Grenzfrage zwischen den beiden neu entstandenen Staaten Polen und Tschechoslowakei. Hier kam es Anfang 1919 sogar zu bewaffneten Auseinandersetzungen. Danach wurde das strittige Gebiet einer internationalen Kontrollkommission unterstellt, die eine Abstimmung ansetzte, die jedoch aufgrund ständiger Unruhen nicht stattfinden konnte. Schließlich teilte die Kommission das Gebiet um die Stadt Teschen (polnisch Cieszyn, tschechisch Český Těšín) und die Stadt selbst entlang des Flusses Olsa. Ein Kohlerevier und ein großer Teil der polnischen Bevölkerung fielen an die Tschechoslowakei. Der Streit sollte die Beziehungen zwischen Warschau und Prag bis in die 1930er-Jahre hinein belasten.

Die Streitfälle im Westen waren jedoch Sandkastenspiele, gemessen an den Kämpfen, die sich in den ersten drei Nachkriegsjahren im Osten abspielten. Piłsudski und vielen anderen war klar, dass hier, anders als im Westen, wo die Alliierten starke Präsenz zeigten, viel von der polnischen – auch militärischen – Eigeninitiative abhinge. Außerdem stand an Polens künftiger Ostgrenze nichts weniger als die Existenz des Staates auf dem Spiel – und im Augenblick des Vordringens der Roten Armee nach Warschau sogar die europäische Nachkriegsordnung. Hier wurde erbittert gekämpft. Hier galoppierte, in diesem Umfang zum letzten Mal in der Weltgeschichte, die Kavallerie. Zehntausende Tote blieben auf den Schlachtfeldern zurück.

Zunächst einmal mussten jedoch die deutschen Truppen abziehen, die über den Zusammenbruch des Kaiserreichs hinaus im Osten Europas geblieben waren; der über Ostpreußen laufende, weitgehend reibungslose Rückzug war im Wesentlichen im Februar 1919 abgeschlossen.

Schnell meldeten sich jetzt die drei unmittelbaren Nachbarvölker der Polen zu Wort: Ukrainer, Litauer und Weißrussen. Wie eng ihre Eliten mit denen der Polen in diesen Gebieten verflochten waren, zeigte sich in der Zeit der Staatsgründungen des Jahres 1918 an Familien wie den Narutowicz und Szeptycki. Während Gabriel Narutowicz sich für eine polnische Karriere entschied und 1922 in Warschau Staatspräsident wurde, ging sein Bruder Stanisław den litauischen Weg und wurde im Nachbarland als Stanislovas Narutavičius Abgeordneter. Während Graf Roman Szeptycki in Lemberg Oberhaupt der griechisch-katholischen Kirche war, gleichsam der Nationalkirche der Ukrainer, trat sein jüngerer Bruder Stanisław, aus der k.u.k. Armee kommend, 1918 als General in polnische Dienste und wurde später in Warschau Kriegsminister.

Über alledem schwebte die Bedrohung durch Russland als Staat und als revolutionäre Macht, die tatkräftig versuchte, sich mit »revolutionären Komitees« unter Litauern, Weißrussen und Ukrainern Verbündete zu schaffen. Zugleich wollte Piłsudski die Stellung Polens im Osten stärken: einerseits durch das Vorschieben der Grenze des »eigentlichen« Polen, andererseits durch die Arbeit an Bündnissen im Sinne seiner Föderationskonzeption. So kämpften die polnischen Truppen im Laufe des Jahres 1919 – am Ende erfolgreich – gegen die Ukrainer um Lemberg und das ganze, ehemals österreichische Galizien, später auch um weißrussische und litauische Gebiete weiter im Norden.

Derweil erreichte der Bürgerkrieg der »Roten« (Bolschewiki bzw. Kommunisten) gegen die »Weißen« in Russland 1919 seinen Höhepunkt. Mehrere weiße Armeen beherrschten ganz Sibirien und Teile des europäischen Russland und waren bereit, von Süden her auf die Roten in Petrograd (St. Petersburg) und Moskau vorzustoßen. Die Weißen verfügten in ihrer besten Zeit über 537 000 Mann; zu wenig, um gegen die Roten anzukommen. Piłsudski gebot über 400 000 Soldaten, von denen 230 000 an den polnischen Ostgrenzen standen. Hinzu kamen östlich von Polen etwa 100 000 Ukrainer unter ihrem Ataman (Heerführer) Symon Petljura.

Hätte Polen in den russischen Bürgerkrieg eingreifen und ihn womöglich (anders) entscheiden können? Sowohl Lenin als auch der weiße Heerführer Denikin baten Piłsudski um Unterstützung. Vonseiten der Entente-Mächte wurde dem Marschall nahegelegt, den Weißen zu helfen. Piłsudski verhandelte mit allen Seiten. Er sah jedoch, dass die Weißen auch im Bürgerkrieg ein großrussisches Programm verfolgten, das die »Randvölker« des Zarenreiches – selbst die Polen – weiterhin als solche behandelte. So ließ Piłsudski Denikin abblitzen. Der neueren Forschung zufolge hätte Polen den Verlauf des Bürgerkriegs ohnehin nur geringfügig beeinflussen können.

Im Winter 1919/20 machte die durch den Bürgerkrieg geschwächte Sowjetregierung Warschau auf der Grundlage einer Demarkationslinie, die Polen weit entgegenkam, ein Friedensangebot. Doch Piłsudski wartete auch diesmal ab – und schloss im April 1920 ein Bündnis mit der Ukrainischen Volksrepublik unter Petljura. Wichtiger als eine direkte Parteinahme in Russland schien ihm, in Erwartung eines Ausgreifens der Bolschewiki in Richtung Polen präventiv im Süden des einstigen Zarenreichs aktiv zu werden, sich mit seinen kleineren Nationalitäten zu verbünden und einer unabhängigen Ukraine als »Puffer« auf die Beine zu helfen. Daher eröffnete Piłsudski einen Feldzug in Richtung Kiew. Am 8. Mai übernahmen die Truppen Piłsudskis und Petljuras die größte Stadt der Ukraine kampflos von den Bolschewiki.[12]

Das polnische Kriegsglück währte nicht lange: Schon einen Monat später musste Kiew wieder geräumt werden, und die Rotarmisten, genauer: eine Reiterarmee unter Semjon Budjonnyj und mit dem Politkommissar Josef Stalin in ihren Reihen, rückte gen Westen vor. Wenige Wochen später stellten die sowjetischen Kräfte in Erwartung ihres Sieges bereits die Keimzelle einer polnischen kommunistischen Regierung zusammen (Mitglied war Felix Dserschinski, der spätere Gründer der sowjetischen Geheimpolizei). Die Rote Armee marschierte auf Warschau, wo in Erwartung ihres Sieges bereits die ausländischen Botschaften evakuiert wurden. Stalin sprach in einem Brief an Lenin im Juni schon von einer Zukunft mit »Sowjetdeutschland, Sowjetpolen, Sowjetungarn, Sowjetfinnland«, konföderiert mit Sowjetrussland. Im Angriffsbefehl vom 2. Juli 1920 an die Rote Armee hieß es, im Westen entscheide sich das Schicksal der Weltrevolution: »Über den Leichnam Polens führt der Weg zum allgemeinen Weltbrand.«

Jetzt war Polen in Not. Frankreich hatte, um den sowjetischen Vormarsch zu bremsen, Unterstützung geschickt, Offiziere, darunter der junge Charles de Gaulle. Der Chef dieser französischen Mission, General Maxime Weygand, war sogar als Ersatz für Piłsudski und Oberbefehlshaber im Gespräch (er zog es jedoch vor, als Berater des polnischen Generalstabs im Hintergrund zu bleiben). Piłsudski selbst hatte seine Bereitschaft signalisiert zurückzutreten.

Am Ende blieb Piłsudski auf der Kommandobrücke. Die Rote Armee eroberte das Städtchen Radzymin am östlichen Rand der Hauptstadt, kaum 20 Kilometer von der Weichsel entfernt. In schweren Kämpfen konnte Radzymin am nächsten Tag, dem 15. August, zurückerobert werden. Dieser Rückschlag war der Augenblick, als, wie es einer der sowjetischen Kommandeure später beschrieb, »nicht nur einige wenige, sondern fast die gesamte Masse den Glauben daran [verlor], dass ein Sieg möglich sei«.[13] Jetzt konnte die von Piłsudski geplante Gegenoffensive starten: Von Süden her führte der »Komendant« persönlich eine Armee in die Flanke der Angreifer. Nun war es die Rote Armee, die fliehen musste und, nach Lenins Worten, eine »katastrophale Niederlage« erlitt. 50 000 Rotarmisten gerieten in polnische Gefangenschaft, eine ähnliche Zahl floh über die Grenze nach Ostpreußen, wo sie zunächst interniert wurden.

Von einem Rücktritt Piłsudskis konnte nun keine Rede mehr sein. Aber dass die polnischen Truppen von Kiew 700 Kilometer bis nach Warschau zurückgeworfen worden waren, kratzte dennoch an seiner Popularität. Die wohlklingende Formulierung vom »Wunder an der Weichsel« prägten kurz nach der Schlacht Piłsudskis Kritiker, die damit suggerierten, es sei eben nicht strategisches Können, sondern der Einfluss überirdischer Kräfte gewesen, der die Rote Armee vor Warschau aufgehalten habe. Schließlich ist der 15. August der Tag der Himmelfahrt Mariens, der Schutzherrin Polens. Heute wird an diesem Tag in Polen außerdem der Tag der Armee gefeiert.

Weil es die von den Bolschewiki erhoffte Revolutionierung Mitteleuropas verhinderte, ist das »Wunder an der Weichsel« gelegentlich als eine der wichtigsten Schlachten der Weltgeschichte bezeichnet worden. Was die Zahl der Opfer in diesem polnisch-sowjetischen Krieg betrifft, sind die polnischen Quellen dünn, die sowjetischen noch dünner und schwerer zugänglich. Die Zahl der Gefallenen ging bei jeder der Kriegsparteien in die Zehntausende; gleiches gilt für die Zahlen der jeweiligen Kriegsgefangenen. Ihr Schicksal sorgte bis vor Kurzem für Kontroversen. In Russland wurde in den 1990er-Jahren gelegentlich behauptet, bis zu 100 000 sowjetische Gefangene seien damals in polnischen Internierungslagern gestorben, dem Hungertod ausgesetzt oder erschossen worden. Aufgrund einer zeitweise deutlich verbesserten polnisch-russischen Zusammenarbeit unter Historikern kann heute festgehalten werden, dass es Erschießungen von Gefangenen auf beiden Seiten fast nie gegeben hat. Die Zahl der in polnischen Lagern Verstorbenen wird auf 16 000 bis 20 000 Personen geschätzt, die zum Teil Krankheiten und Seuchen erlagen, wie sie damals große Landesteile heimsuchten. Ein russischer Historiker spricht von mindestens 2000 Verstorbenen in den sowjetischen Lagern.[14] Außerdem kam es seinerzeit in der Region, oft unabhängig von den Kampfhandlungen, immer wieder zu Judenpogromen, in erster Linie unter Beteiligung ukrainischer Einheiten, in weit geringerem Ausmaß seitens sowjetischer oder polnischer Truppen. Ihre Opferzahl liegt im fünfstelligen Bereich.[15]

Während Polen und Rotarmisten erbittert kämpften, wurde vor allem auf Drängen der alliierten Mächte weiter verhandelt. Der britische Außenminister Lord Curzon hatte noch im Juli versucht, die Rote Armee auf halber Strecke nach Warschau diplomatisch zum Stehen zu bringen, und dabei erstmals eine Linie ins Spiel gebracht, über die noch jahrzehntelang diskutiert werden sollte: die »Curzon-Linie«, die von Grodno über Brest bis Przemyśl verlief. Hier, etwa an der Grenze des geschlossenen polnischen Siedlungsgebiets, sollten die Sowjets halt machen. Doch weder ließen sich die Sowjets auf dem Weg nach Warschau bremsen, noch wollten sich später die Polen, als das Kriegsglück sich wendete, an diese Linie halten.

So gingen etwas abseits der Schlachtfelder – in Riga an der Ostsee – die Verhandlungen weiter. Im Oktober 1920 wurde ein Vorfriede, am 18. März 1921 dann der Friedensvertrag von Riga geschlossen. Polen bekam eine Grenze mindestens 200 Kilometer weiter östlich der Curzon-Linie, aber weiter westlich, als es die von Krieg und Bürgerkrieg erschöpften Sowjets zeitweise selbst vorgeschlagen hatten. Weder ein ukrainischer noch ein weißrussischer Staat wurde geschaffen, stattdessen lebten Ukrainer und Weißrussen diesseits und jenseits der neuen polnisch-sowjetischen Grenze fortan auf beide Staaten verteilt.

Unterdessen hatte sich auch das Schicksal der polnisch-litauischen Grenze »geklärt«. Wie Polen war auch Litauen in Versailles zunächst mit Maximalforderungen aufgetreten. Während des sowjetischen Vormarschs auf Polen war Vilnius kurzzeitig sowjetisch besetzt gewesen; die abziehenden Sowjets übergaben die Stadt wenig später den Litauern. Es vergingen nur einige Wochen, bis im Oktober polnische Truppen die Stadt und die umliegende Region besetzten und einen Zwergstaat namens »Mittellitauen« ausriefen. Was wie die eigenmächtige Aktion einer einzelnen Einheit aussehen sollte, war in Wirklichkeit von Piłsudski instruiert. Auf diese Weise verlor der litauische Staat etwa 10 000 Quadratkilometer und mehrere hunderttausend Einwohner. Ethnische Polen stellten in der Stadt Vilnius wie auch in der Umgebung die Bevölkerungsmehrheit. Im Jahr 1922 wurde das Gebiet auch formell Polen angeschlossen, sodass Litauen eine provisorische Hauptstadt in Kaunas einrichten musste. Die gewaltsame Regelung der Grenzfrage führte für die nächsten zwei Jahrzehnte zu einem kalten Krieg zwischen den beiden einst eng verbundenen und verflochtenen Nachbarvölkern.

Auf diese Weise bekam die Republik Polen, die von vielen Ländern 1919 völkerrechtlich anerkannt worden war, bis 1922 in allen Himmelsrichtungen klar bestimmte Grenzen. Der Staat umfasste ein Gebiet von knapp 389 000 Quadratkilometern, war also etwas größer als das heutige Deutschland. Gegenüber dem polnisch-litauischen Doppelstaat von 1772 hatte er in den Weiten des Ostens – nach den in Versailles diskutierten Zahlen – 369 000 Quadratkilometer, also fast die Hälfte seiner alten Fläche, verloren. Gegenüber Preußen beziehungsweise Deutschland im Westen dagegen hatte er jetzt nicht nur verloren (Ermland mit Allenstein, Grenzgebiete zu Pommern und Brandenburg), sondern auch gewonnen, nämlich die wertvollen 3213 Quadratkilometer in Oberschlesien.

Welche Schicksale verbergen sich hinter diesen Zahlen? Vor allem an Polens neuer Ostgrenze kam es zu großen Wanderungsbewegungen. Die während des Ersten Weltkriegs ins Innere Russlands Deportierten kehrten zurück. Auch viele alteingesessene polnische Familien flohen in Richtung Westen, zum Teil, weil sie die Bolschewiki fürchteten, zum Teil, weil sie mit dem wie aus der Asche auferstandenen polnischen Staat Hoffnungen auf ein besseres, selbstbestimmtes Leben verbanden. Unter welchen Bedingungen sich die Reise dieser »Repatrianten« genannten Heimkehrer manchmal vollzog, verdeutlicht ein Brief, den der Arzt Zygmunt Klukowski im Februar 1922 aus der Stadt Baranowicze nahe der neuen polnischen Ostgrenze schrieb:

»So rollt also ein bolschewistischer Zug mit unseren Repatrianten bis zu einer auf freiem Feld markierten Stelle. Dort wartet schon – aber nicht immer – unser Zug, der alle abholen soll. Die Bolschewisten entladen den Zug recht schnell und übergeben den polnischen Behörden die gesunden und kranken Repatrianten. Leichen übergeben sie nicht, weil sie die Verstorbenen bereits unterwegs abgeworfen haben. Es ist vorgekommen, dass die Repatrianten nach der Entladung des bolschewistischen Zuges zehn bis zwanzig Stunden mitten auf dem Feld auf unseren Zug warten mussten, und das bei starkem Frost und unter freiem Himmel. So hat auch mein Neffe eine Nacht auf dem Feld gewartet.

Endlich und nach den ersten Zeremonien besteigen die Repatrianten unseren Zug, der aus leider nicht immer beheizten Güterwaggons besteht. Und was passiert? Wenn ein solcher Zug mit Repatrianten in Baranowicze ankommt, wo alle Desinfektion, Bad, Impfungen usw. durchlaufen müssen, werden außer den Gesunden immer auch, je nach Stärke des Frosts, zehn, zwanzig oder auch Dutzende Leichen entladen. In diesen paar Stunden Fahrt von der Grenze bis Baranowicze erfrieren die völlig ausgezehrten Menschen. Und so ist es jeden Tag.«[16]

# Demokratie – der erste Versuch
# (Die Zweite Republik)

## Staatsform und Institutionen

Während in den Straßen Oberschlesiens noch Schüsse widerhallten und über den weiten Feldern im Osten die Säbel geschwungen wurden, musste in Warschau regiert und verwaltet, musste nominiert und investiert werden. Eine gewaltige Aufgabe: Wie kann man ein Land bewirtschaften, in dem bis vor Kurzem drei verschiedene Maße und Gewichte galten? Wie kann man einen Zugfahrplan erstellen, wenn die Bahngleise im Land zwei verschiedene Spurweiten haben? Wenigstens eines schien am Anfang klar zu sein: Der Zug der Zeit fuhr in Richtung Demokratie. Eine Monarchie wollte man nicht, eine Rätebeziehungsweise Sowjetrepublik ebenso wenig. Man befinde sich »in der Epoche einer großen gesellschaftlichen Umgestaltung«, sagte Piłsudski gleich nach seiner Ankunft in Warschau 1918; das russische Experiment auf diesem Gebiet sei »wenig ermutigend«; jetzt müsse man abwarten, »wie der Westen diese Frage löst«, und das Gelungene von dort übernehmen.[1] So entstand die »Zweite Republik« Polen; als erste wird dabei die alte Adelsrepublik mit ihrem gewählten König gezählt.

Bis die Bürgerinnen und Bürger ab 21 Jahren (ab 1918 galt das Frauenwahlrecht) in allen Landesteilen ihre Stimme abgeben durften, sollten nach Kriegsende noch gut drei Jahre vergehen, weil mancherorts aufgrund der Grenzveränderungen nachgewählt werden musste. Doch der Grundstein war schnell gelegt: Schon im Januar 1919 wurden in den meisten Gebieten die Vertreter für das neue Abgeordnetenhaus gewählt, das, wie die Adelsversammlung früherer Jahrhunderte, den Namen »Sejm« (etwa: Versammlung) trug. Dieses Rumpfparlament erarbeitete bereits im Februar als provisorische Grundlage für den neuen Staat ein erstes Grundgesetz, die »Kleine Verfassung«.

Zwei Jahre später, am 17. März 1921, einen Tag vor dem Friedensschluss mit Sowjetrussland, verabschiedete der Sejm nach gründlicher Vorbereitung ein auf Dauer angelegtes Grundgesetz, das später gerne »Märzverfassung« genannt wurde (und bis zur »Aprilverfassung« von 1935 in Kraft war). Es orientierte sich großenteils an den damals geltenden französischen Verfassungsgesetzen von 1875 und begründete ein parlamentarisches System mit zwei Kammern: Dem Sejm mit 444 Abgeordneten stand ein Senat mit 111 Senatoren gegenüber. Dieses Oberhaus, das nur von Bürgern ab 30 Jahren gewählt wurde, besaß ein Vetorecht gegenüber Gesetzentwürfen, ohne eigene Entwürfe einbringen zu können. Der Sejm konnte einzelne Minister per Abstimmung zu Fall bringen, was sich bei dem instabilen Parteiensystem bald negativ auswirken sollte. Beide Kammern – die zusammen die Nationalversammlung bildeten – wählten auf sieben Jahre einen Staatspräsidenten mit weitgehend repräsentativen Funktionen. Der Präsident ernannte auf Vorschlag der Regierung die Wojewoden (Bezirkspräsidenten) in den 16 Wojewodschaften (die Hauptstadt Warschau bildete eine zusätzliche eigene Verwaltungseinheit).

Insgesamt lag die Märzverfassung durchaus im damaligen europäischen »Trend«. Sie gewährleistete die bürgerlichen Freiheiten und die Rechte der religiösen und ethnischen Minderheiten. Die römisch-katholische Kirche erhielt den Status eines *primus inter pares*; ihre Rolle sollte 1925 in einem Konkordat mit dem Vatikan noch weiter gestärkt werden. Das Privateigentum war geschützt – ausgenommen Fälle von »höherer Nützlichkeit«. Adels- und sonstige Titel und Privilegien wurden abgeschafft. Stärker plebiszitäre Elemente oder die Verstaatlichung von Industrien, wie sie Politiker der Linken – etwa der Piłsudski nahestehenden PPS – gefordert hatten, kamen nicht zum Zuge. Doch der neue Staat kam der Linken insofern entgegen, als er schon in den ersten Monaten seines Bestehens, lange vor der Märzverfassung, eine fortschrittliche Arbeits- und Sozialgesetzgebung mit 46-Stunden-Woche, bezahltem Urlaub, Krankenversicherung und Arbeitsämtern ins Werk setzte. Eine Revolution nach russischem Vorbild wollte die Linke vermeiden: »Wir werden, anders als die Bolschewiki, niemanden mit Hilfe von Maschinengewehren in einen sozialistischen Staat treiben«, schrieb der PPS-Politiker Tadeusz Hołówko.

Industriearbeiter gab es im Wesentlichen im bisher russisch verwalteten Gebiet: in Warschau, Łódź und Dąbrowa sowie im bis dato deutschen Ostoberschlesien. Die Arbeiterschaft, größtenteils Landarbeiter und Beschäftigte kleiner und kleinster Unternehmen, machte ein gutes Viertel der werktätigen Bevölkerung aus, die Bauernschaft jedoch 55 Prozent. Elf Prozent ließen sich als Kleinbürger einordnen, 5,5 Prozent als »Intelligenz«. Die große Mehrheit der Polen lebte auf dem Land. Daher kam der Frage der Landreform große Bedeutung zu: 30 000 Höfe waren größer als 50 Hektar und umfassten 48 Prozent der landwirtschaftlichen Nutzfläche. Doch 2,15 Millionen Höfe waren kleiner als fünf Hektar und bewirtschafteten 14 Prozent der Fläche. Zugleich lebten auf dem Land drei Millionen Menschen ohne Landbesitz. Dieses feudale Erbe konnte sich als Bremse für die Entwicklung des Landes erweisen, sodass hier Abhilfe geschaffen werden musste. Entsprechende Forderungen kamen vor allem von den Bauernparteien, die sich, wie fast überall in Mittel- und Osteuropa, mit ähnlichen Anliegen an die Öffentlichkeit wandten.[2]

Die Landreform, sprich: die Umverteilung (Parzellierung) von Land zugunsten der armen Bauern und Landlosen, nahm viele Jahre in Anspruch. Schon 1919/20 wurde mit der Umverteilung von 19 000 Hektar ein erster Anlauf unternommen. Doch erst im

Juli 1920 – nicht zufällig während des Vormarschs der Roten Armee, gegen den man alle Teile der Bevölkerung mobilisieren wollte – wurde die Reform in Form eines Gesetzes verabschiedet. Jetzt wurde festgelegt, das die Größe der Güter 180 Hektar nicht überschreiten sollte (in den vom Großgrundbesitz geprägten Ostgebieten 400 Hektar). Land erwerben durften Soldaten, Invaliden, Kleinbauern und Landarbeiter; die Enteigneten sollten mit der Hälfte des Wertes ihrer Grundstücke entschädigt werden. Die Märzverfassung, die das Eigentum schützte, komplizierte die Reform jedoch wieder. Am Ende wurde in der Zwischenkriegszeit viel zu wenig Land parzelliert, um den Bedarf zu befriedigen. Die Zahl derer, die von der Landwirtschaft lebten, sank zwar prozentual, in absoluten Zahlen aber wuchs sie kräftig. Die Gesamtfläche der großen Güter schrumpfte zwar um 1,9 Millionen Hektar, also um 20 Prozent, doch weiterhin gab es Magnatenfamilien, die über Zehntausende Hektar verfügten.

Einer der Grundtatbestände der neuen Republik war ihre innere Zerklüftung. In einigen Gebieten im Osten waren nach der Staatsgründung bis zu 50 Prozent der Einwohner Analphabeten, im ehemals deutschen Teilgebiet dagegen nur acht Prozent. Polen führte die Schulpflicht bis zur siebten Klasse beziehungsweise zum 14. Lebensjahr ein – für das bisher russische Teilgebiet, das keine Schulpflicht kannte, eine erhebliche Veränderung. So gelang es, den Anteil der Kinder, die eine Schule besuchten, im ganzen Land von anfangs 69 auf fast 91 Prozent (1938/39) zu steigern (auch den Minderheiten im Osten der Republik brachte die Schulpflicht viel Gutes, auch wenn sie angesichts der hohen Geburtenraten und des Lehrermangels im Osten nur schleppend durchgesetzt werden konnte).

Ähnlich groß waren die Unterschiede zwischen den Landesteilen bei der Durchschnittsgröße der Bauernhöfe, wobei sich der Großgrundbesitz im Osten konzentrierte, sowie bei den Hektarerträgen, die im Osten nur halb so hoch waren wie im Westen. All das sollte jetzt zusammenwachsen, sich ein wenig

angleichen, damit daraus eine einheitliche Volkswirtschaft entstehen konnte.

## Minderheitenpolitik

Binnen weniger Jahre wurden neue Bahnlinien gebaut, die
fortan die Metropolen des vereinigten Polen verbinden sollten.
Eine sehr viel anspruchsvollere Aufgabe war es jedoch, in die
Köpfe und Herzen der Menschen hineinzuwirken. Würden
die Minderheiten die neuen Spielregeln im Staat akzeptieren?
Würde das Gemeinsame fortan stärker sein als das Trennende?
Ein Drittel der Bevölkerung gehörte nationalen Minderheiten
an (siehe Seite 37ff.). Während die Bevölkerung dank einer der
höchsten Geburtenraten Europas bis 1939 auf 35 Millionen anwuchs, änderten sich die proportionalen Verhältnisse zwischen
Mehrheit und Minderheiten bis dahin nicht wesentlich. Bei den
Wahlen der 1920er-Jahre errang ein gemeinsamer »Block der
Nationalen Minderheiten« zwischen 12 und 15 Prozent der Mandate im Sejm. Dennoch entstammte in der Zwischenkriegszeit
kein einziger Minister, Wojewode (Bezirkspräsident) oder auch
nur Starosta (Landrat) einer der Minderheiten.

Die größte Minderheit bildeten die Ukrainer im Südosten des
Landes. Großenteils griechisch-katholisch, zum Teil orthodox,
waren sie ganz überwiegend in der Landwirtschaft tätig. Um
Besitz und Ausbildung war es bei ihnen schlecht bestellt. Immerhin waren sie im Süden, in Galizien, gesellschaftlich, etwa
in Genossenschaften und Vereinen, recht gut organisiert – ein
Erbe der liberalen österreichischen Herrschaft. Nach den Wahlen von 1928 entsandten sie 57 Abgeordnete und Senatoren nach
Warschau, in anderen Jahren jedoch viel weniger. Für die Ukrainer galt wie für die meisten Minderheiten, dass ihre parlamentarische Vertretung in Warschau in sich vielfältig und damit
zersplittert war – und dass zugleich die Mehrheit ihrer ukrainischen Landsleute außerhalb Polens, in der Sowjetunion, lebte,

dazu kamen kleine Gruppen in der Tschechoslowakei und in Rumänien. Die Hoffnung vieler Ukrainer diesseits und jenseits der Grenze richtete sich daher auf die Gründung eines eigenen Staates, auch wenn der Versuch 1918/19 gescheitert war. Damit waren sie in einer ähnlichen Lage wie bis zum Ersten Weltkrieg die Polen.

Im Jahr 1929 entstand mit der Organisation Ukrainischer Nationalisten (OUN) in Polen eine radikale rechte Kraft, die Terror und Sabotage zu ihren Waffen erkor. Ihre spektakulärste Aktion war 1934 das erfolgreiche Attentat auf den polnischen Innenminister Bronisław Pieracki mitten in Warschau. Der Staat schlug zurück: mit Polizei und Armee, Verhaftungen und Verboten. Zu den besonders beklagenswerten Reaktionen zählt der Abriss von 90 orthodoxen Kirchen in Südostpolen. All das zog sich über Jahre hin und brachte natürlich keine Entspannung zwischen Polen und seinen ukrainischen Bürgern. Derweil förderten die Reichswehr und andere deutsche Institutionen mehr oder weniger geheim die Organisationen der ukrainischen Nationalisten – getreu dem Grundsatz, wonach »der Feind meines Feindes mein Freund« ist. Deutschland war der einzige Staat in Europa, der ein Interesse daran hatte, Kontakte zu diesen Verbänden zu pflegen und sie finanziell zu unterstützen.[3]

Die zweitgrößte Minderheit in Polen waren die Juden. Anders als die in Deutschland dominierenden assimilierten oder akkulturierten Juden konnten sie in ihrer Mehrheit als »jüdisches Volk« gesehen werden, das sich von den »Gojim«, den Nichtjuden, abgrenzte und von diesen ausgegrenzt wurde. Die polnischen Juden lebten zumeist im ehemaligen russischen oder österreichischen Teilgebiet, vor allem in den Städten. Sie spielten in Handel und Handwerk eine große Rolle, doch gab es auch jüdische Bauern. Anders als die übrigen Minderheiten hatten die Juden kein »Mutterland«, das sie hätte unterstützen können; sie mussten es sich erst schaffen. So begannen in dem neuen polnischen Staat neben linken und konservativen Organisationen bald auch zionistische Gruppen und Parteien tätig zu werden, deren Ziel die Auswanderung nach Palästina war. Die polnischen Regierungen der 1920er-Jahre und die Kreise um Piłsudski, die zuvor Hunderttausende zugewanderter Juden aus Sowjetrussland eingebürgert hatten, sahen den Zionismus mit Wohlwollen und unterstützten ihn sogar. In dieser Zeit zogen mehrere zehntausend Juden ins gelobte Land (»vierte Alija«); ein Teil davon fand sich jedoch in der neuen Heimat nicht zurecht und kehrte nach Polen zurück.

Die wachsende nationalistische Stimmung, die Weltwirtschaftskrise und die autoritäre Wende des Piłsudski-Lagers im Jahr 1930 wirkten sich negativ auf die Lage der Juden aus. In den 1930er-Jahren häuften sich antijüdische Aktionen an den Hochschulen, wo polnische Nationalisten »Ghettobänke« und einen Numerus clausus forderten, um die Zahl jüdischer Studenten zu begrenzen. Es kam zu Boykott-Aktionen gegen jüdische Geschäfte und zu Ausschreitungen, bei denen Kampfgruppen der polnischen Linksparteien die bedrohten Juden verteidigten. Große Teile der jüdischen Minderheit hatten Polen, ihrer Heimat seit Jahrhunderten, ebenso wie Piłsudski persönlich immer wieder ihre Loyalität zugesichert, doch erlahmte der Wille des Regierungslagers, Polens jüdische Bürger vor Angriffen zu schützen, in den 1930er-Jahren zusehends.

Die Weißrussen (Belarussen; von *belyj*, weiß) lebten im strukturschwachen Nordosten Polens. Überwiegend orthodox, ähnelten sie in ihrer Sozialstruktur den Ukrainern, waren jedoch generell schwächer organisiert und verfügten über eine noch kleinere Elite. Während die Ukrainer eher zu rechten Organisationen neigten, sympathisierten die Weißrussen stärker mit linken Kräften, bis hin zur Kommunistischen Partei. Im Jahr 1926 erlebte die »Belarussische Bauern- und Arbeitergemeinde ›Hromada‹« (BWRH) als neugegründete und von Moskau unterstützte Organisation einen kometenhaften Aufstieg. Ihr Ziel war ein vereintes Weißrussland als Arbeiter- und Bauernstaat, die (in dieser Region zumeist polnischen) Großgrundbesitzer waren ihre Gegner. Im Jahr 1927 wurde die BWRH verboten, und man verhaftete 800 ihrer Aktivisten.

Die Deutschen waren eine relativ wohlhabende, gut ausgebildete und organisierte Minderheit und zugleich die Gruppe, welche die mit Abstand stärkste Auswanderung verzeichnete. Ähnlich wie die Polen in ihren Ostprovinzen, zählten Deutsche in den einstigen preußischen Ostprovinzen, die zum Westen des neuen Polen geworden waren, großenteils zur Mittel- und Oberschicht. Daneben lebten sie in größerer Zahl in Łódź und Wolhynien (beides ehemals russisches Teilgebiet) und im ehemals deutschen Ostoberschlesien. Im einstigen deutschen Teilgebiet verursachte das Ende der deutschen Herrschaft einen solchen Schock, dass die Mehrheit der dort lebenden Deutschen – in Großstädten wie Posen sogar mehr als vier Fünftel der deutschen Bewohner – bis 1926 ins Reich auswanderte, insgesamt mindestens 260 000 Personen, wozu auch gezielter wirtschaftlicher Druck seitens der polnischen Behörden beitrug. In den anderen Gebieten hingegen waren die Deutschen ihren Minderheitenstatus von früher gewohnt und neigten zur Sesshaftigkeit.

Für 1921 kann man in ganz Polen von 1,1 bis 1,3 Millionen Deutschen ausgehen, von denen ein kleiner Teil auch für die Reichsbürgerschaft optiert hatte, also einen deutschen Pass besaß. Die Volkszählung von 1931 ermittelte dann abwanderungsbedingt nur noch 741 000 Deutsche, das wären 2,3 Prozent der Gesamtbevölkerung gewesen, vermutlich lag ihre Zahl aber höher.[4] Die verbleibenden Deutschen erfreuten sich erheblicher, auch finanzieller Unterstützung durch das Deutsche Reich, die erklärtermaßen darauf abzielte, die »Positionen des Deutschtums« in Polen zu halten.[5] Zeitweise machte eine solche Politik die Deutschen in Polen – wie spiegelbildlich auch die polnische Minderheit in Deutschland – zum Spielball der Beziehungen zwischen Warschau und Berlin. Trotz ihres hohen Organisationsgrads schafften es die Deutschen nicht, in Polen eine über-regional tätige Partei zu gründen.

Piłsudski, der aus Litauen stammende Sozialist, wusste, wie heikel die Minderheitenfragen waren. Den Bürgern nichtpol-nischer Abstammung, die Juden eingeschlossen, stand er prag-matisch bis wohlwollend gegenüber. Mitte der 1920er-Jahre be-zeichnete er die Deutschen in Polen als erwiesenermaßen assimilierungsfähig und traditionell loyal gegenüber dem Staat. »Eine Verwendung dieser Minderheit für den Staat mit Aussicht auf Staatsassimilierung ist möglich und wahrscheinlich. Die Regierungen sollten sich gegenüber den Deutschen gerecht verhalten, aber auch Stärke zeigen, diese Bevölkerung muss nämlich eine starke Hand der Obrigkeit über sich fühlen.« Eine solche Haltung hätte im Idealfall die Richtlinie für Warschaus Politik gegenüber allen Minderheiten sein können. Wenn, ja, wenn die polnische Mehrheitsbevölkerung und die wichtigsten Parteien diese Strategie stets mitgetragen hätten.

Dass dies keineswegs der Fall war, zeigte sich auf drama-tische Weise im Jahr 1922. Bei den ersten regulären Wahlen in ganz Polen wurde im November ein Sejm gewählt, in dem die Rechte und die Parteien der Mitte mit 126 beziehungsweise 131 Sitzen dominierten. 87 der 444 Mandate gingen an Vertre-ter der Minderheiten, von denen sich die meisten zu einem lockeren Block zusammenschlossen, auch wenn sie oft gegen-einander abstimmten. Ähnliche Verhältnisse herrschten im Senat. Als am 9. Dezember 1922 beide Kammern zusammen-traten, um einen Staatspräsidenten zu wählen, kandidierte im fünften Wahlgang der Großgrundbesitzer Graf Maurycy Za-moyski, der Kandidat der Rechten, gegen Gabriel Narutowicz, bis 1920 Professor an der Eidgenössischen Hochschule Zürich und amtierender Außenminister Polens. Narutowicz, anfangs der Verlegenheitskandidat einer linken Bauernpartei und par-teipolitisch wenig profiliert, erhielt 289, sein Gegenkandidat 227 Stimmen. Für Narutowicz hatten auch die Minderheiten-

vertreter gestimmt; demnach war er mit deutlicher Mehrheit
gewählt.

## Attentat und Staatsstreich

Jetzt lief die erfolglos gebliebene Rechte, insbesondere die Nationaldemokraten unter ihrem Vordenker Dmowski, Sturm gegen das Wahlergebnis. Ihnen nahestehende Zeitungen hetzten
gegen das »unpolnische« Staatsoberhaupt, das gegen den Willen
der »polnischen Mehrheit« mit den Stimmen der Minderheiten
ins Amt gekommen sei. Die Protestierenden gingen auf die
Straße, wo sich ihnen die Sozialisten, die zu Narutowicz hielten,
entgegenstellten. Es kam zu Zusammenstößen. Demonstranten
versuchten sogar, Narutowicz' Vereidigung in Warschau durch
Straßenblockaden zu verhindern (dass er dabei mehrere Schnee-
bälle ins Gesicht bekam, war nichts als ein harmloses Vorspiel).
Piłsudski, das scheidende Staatsoberhaupt, warnte in scharfen
Worten vor einem Putsch von rechts. Am 16. Dezember geschah
das Unglück: Als der neue Präsident in der Galerie Zachęta, bis
heute Warschaus bedeutendster Kunsthalle, eine Ausstellung
eröffnete, wurde aus dem Publikum heraus auf ihn geschossen.
Narutowicz war nicht mehr zu retten. Der Täter, Eligiusz Niewi-
adomski, ein der Rechten nahestehender, offenbar psychisch
gestörter Kunstmaler, wurde wenige Wochen später zum Tode
verurteilt und hingerichtet. Es war der erste »Königsmord« in
der Geschichte Polens. Wie immer bei politischen Attentaten,
fanden sich genügend Menschen, die den Täter als Helden feierten.

Es waren stürmische Zeiten in Europa: Nur Wochen zuvor
war in Italien der Faschist Mussolini zum Regierungschef ernannt worden. Polen befand sich im Dezember 1922 am Rande
eines Bürgerkriegs. Piłsudski-Anhänger planten inzwischen
ebenfalls einen Staatsstreich. Zum Glück gelang es dem neuen
Ministerpräsidenten General Władysław Sikorski, mit Hilfe des

Ausnahmezustands die Lage in den Griff zu bekommen. Sikorski präsentierte sich ausdrücklich als parteiloser, dafür aber der Armee treu ergebener Staatsdiener. Damit klang bereits an, welche Kraft in der Gesellschaft das größere Vertrauen genoss. Sehr schnell wurde auch ein neuer Präsident gewählt, der ehemalige Sozialist Stanisław Wojciechowski, jetzt Mitglied einer Bauernpartei.

Mit anderen Worten, das Piłsudski-Lager, dem man – stark vereinfacht – Sozialisten und Militärs zurechnen kann, stellte zunächst wieder halbwegs stabile Verhältnisse her. Der Marschall selbst begnügte sich mit dem Amt des Generalstabschefs. Aber die parlamentarische Demokratie stellte seine Anhänger immer weniger zufrieden. Zumal die Stärke der Mitte und der Rechten früher oder später auch auf die Regierungsbildung durchschlagen musste. Das geschah bereits Ende Mai 1923. Daraufhin zog sich Piłsudski grollend aus den Staatsgeschäften zurück und nahm seinen Wohnsitz in einer Villa in Sulejówek bei Warschau, deren Bau seine Anhänger im In- und Ausland mit Spenden finanziert hatten. Um ein Haar wäre es noch – ein alter Brauch, nicht nur in Polen – zu einem Pistolenduell mit dem neuen Verteidigungsminister gekommen, den Piłsudski scharf kritisiert hatte. Am Ende konnte der Marschall jedoch seinen vorläufigen Ruhestand genießen und in der Villa Milusin im Kreis von Frau und Töchtern Bücher schreiben.

Was folgte in der jungen Republik? Das zweite Halbjahr 1923 mit seiner Dominanz der Rechten war noch turbulenter als das erste. Piłsudskis großer Gegenspieler Dmowski war in dieser Zeit Außenminister; es sollte zeitlebens sein einziges Regierungsamt bleiben. Die Inflation galoppierte, die Armut wuchs, es kam zu großen Streiks. Explosionen, die größte in Warschau mit 28 Toten, erschütterten die Großstädte; Historiker vermuten als Urheber einen kommunistischen Sabotagetrupp in Verbindung mit Angehörigen der sowjetischen Botschaft. Angesichts der schwierigen Wirtschaftslage gewannen extreme linke und rechte Kräfte Anhänger. Doch es waren nicht sie, sondern die oppositionellen Sozialisten, die im November 1923 einen Generalstreik ausriefen. Daraufhin kam es in Krakau und andernorts zu schweren Zusammenstößen zwischen Arbeitern, Polizei und Militär mit mehreren Dutzend Toten.

Und dann geschah ein kleines Wirtschaftswunder. Der Präsident beauftragte den Wirtschaftsexperten Władysław Grabski mit der Regierungsbildung; der Sejm sprach ihm gegen die Stimmen der nationalen Minderheiten das Vertrauen aus, die Sozialisten tolerierten ihn. Der Nationaldemokrat Grabski hatte – nach Studien in Paris und Halle und nach sieben Jahren als Abgeordneter in der russischen Staatsduma – bereits Ministerämter innegehabt. Jetzt wurde er Ministerpräsident und hielt in diesem Amt fast zwei Jahre durch – für die damaligen Verhältnisse in Polen eine lange Zeit. Grabski entpuppte sich als der beste Wirtschaftsreformer der Zwischenkriegszeit. Schon im April 1924 führte er eine Währungsreform durch. Die bisher gültige polnische Mark wurde im Verhältnis 1 800 000 zu 1 vom Złoty abgelöst (der Name entspricht in der Bedeutung dem Wort Gulden: »der Goldene«). Eine Nationalbank wurde gegründet. All das war möglich, weil das Parlament dem neuen Regierungschef für diese Reformen Sondervollmachten gewährt hatte. Außerdem gelang es Warschau, aus Westeuropa bzw. den USA einige wichtige Kredite zu erhalten. Abkommen mit der Sowjetunion regelten auch in mancher Hinsicht das schwierige Nachbarschaftsverhältnis im Osten. Zu einem der größten Probleme für Polens Wirtschaft wurde allerdings der mit weitem Abstand wichtigste Handelspartner, das Deutsche Reich, dessen Regierung es im Juni 1925 auf einen regelrechten Wirtschaftskrieg ankommen ließ.

Aus diesem und einer Reihe weiterer Gründe rutschte Polen unter Grabski schon Mitte 1925 in die nächste Krise: Die Exporte und die Währungsreserven schrumpften, der Złoty-Kurs verfiel, die Produktion wurde eingeschränkt, die Arbeitslosigkeit stieg.

Als an einem Tag der Złoty gegenüber dem US-Dollar zehn Prozent des Wertes verlor, trat Grabski zurück.

Erst Anfang 1926 begann sich die wirtschaftliche Lage langsam zu verbessern; dennoch war inzwischen mehr als ein Drittel der Arbeiterschaft ohne Beschäftigung. Eine »große Koalition« von den Sozialisten bis zu den Nationaldemokraten, die einzige der Zwischenkriegszeit, regierte einige Monate. In mehreren Städten kam es abermals zu Zusammenstößen zwischen Arbeitern bzw. Arbeitslosen und der Polizei; es gab auch diesmal Tote. Im April scherten die Sozialisten aus dem Kabinett aus, weil sie Steuererhöhungen, Gehalts- und Rentenkürzungen sowie Entlassungen bei der Bahn nicht mittragen wollten. Die Regierung begann zu zerfallen, eine neue war nicht in Sicht. Piłsudski und seine Entourage waren von dem gesamten parlamentarischen System ohnehin schon seit Langem enttäuscht. In einem Interview zog der Marschall über die letzten Regierungen her. Sie hätten Korruption und Vetternwirtschaft praktiziert und die Armee demoralisiert. Die Lösung der drängenden wirtschaftlichen und sozialen Schwierigkeiten lag – nicht nur aus seiner Sicht – in weiter Ferne. Piłsudski warnte: »Ich trete an zum Kampf [...] gegen das Hauptübel des Staates: gegen die Herrschaft der zügellosen Parteien über Polen.«

Der Marschall hatte in den letzten Jahren auch von seiner Villa hinter der östlichen Stadtgrenze aus stets die Hand am Puls des Landes gehabt. Gelegentlich hatte er öffentlich interveniert; ihm treue Offiziere hatten in der Armee und im Kriegsministerium die Stellung gehalten. Das kam ihm jetzt zugute: Im Osten Warschaus sammelten sich Piłsudski-treue Truppen, dann rückten sie – mit dem Marschall an der Spitze – zur Weichsel und auf die Stadtmitte vor. Mitten auf der Poniatowski-Brücke trafen sich am 12. Mai 1926 Piłsudski und Staatspräsident Wojciechowski und verhandelten – ohne Ergebnis. Jetzt ließ Piłsudski die Waffen sprechen. Er hatte mehr Soldaten und Geschütze auf seiner Seite. Zwei Tage später – in den Nächten dazwischen wurde verhandelt – waren die Kämpfe zu Ende. Sowohl die Regierung als auch der Präsident erklärten ihren Rücktritt. 215 Soldaten beider Seiten und 164 Zivilisten waren bei den Kämpfen ums Leben gekommen.

Noch während der Kämpfe ließen die legitimen Machthaber verlauten, »die Tat des Aufrührers Piłsudski« werde für künftige Generationen eine Warnung sein – als »schändliche Tat, denn auch die höchsten Verdienste berechtigen nicht, gegen die verfassungsmäßige, rechtmäßige Regierung in Aktion zu treten«. Der Putschist, ein Romantiker in Uniform, sah das natürlich ganz anders. Schon die Sprache, in der sein Resümee gehalten war, sein Tagesbefehl an die Soldaten vom 22. Mai, war eine andere als jene der Verfassungspatrioten. In diesem Text legte er noch einmal seine Motive dar, bat Gott um Nachsicht und bot den Besiegten von Warschau die Versöhnung an:

»Unser Blut ist in ein- und denselben Boden gesickert, der den einen und den anderen gleichermaßen teuer ist, von beiden Seiten gleichermaßen geliebt wird. [...] Es gibt eine harte Wahrheit über die Soldaten. Wir alle haben eine gemeinsame Schwester, die über unsere soldatische Arbeit herrscht. Dies ist der Tod, der mit seiner Sense fällt, auf wen Gottes Finger zeigt. Einen solchen Dienst leistet niemand außer uns Soldaten. So waren wir, als wir einst das schwache, zitternde Polen auf unsere Schultern nahmen, um es nach Entbehrungen und Siegen den Mitbürgern stark und lebensgewiss zurückzugeben. Aber wir sehen es leider in ewigem Händel und Streit, in einer Art Wollust, in der die einen die anderen dominieren. Und wenn um uns herum überall Parteiengezänk und Missgunst kochen, wenn Hass bebt und Zwist zwischen Polens Teilgebieten entflammt, kann ein Soldat nicht ruhig bleiben.«[6]

Bei anderer Gelegenheit sagte der Marschall, die demokratischen Freiheiten seien bisher »derart missbraucht worden, dass man für die ganze Demokratie Hass empfinden konnte, was mich als entschiedenen Demokraten am meisten geschmerzt hat«. Piłsudski übernahm nach seinem Staatsstreich sofort das Verteidigungsministerium, das er bis zu seinem Tod behalten sollte, und kandidierte bei der Wahl eines neuen Staatspräsidenten durch die Nationalversammlung. Dabei erhielt er – dank Mitte- und Linksparteien, jüdischen und deutschen Abgeordneten – eine sehr deutliche Mehrheit. Doch überraschend verzichtete er nach diesem Vertrauensbeweis auf das Amt. An seiner Statt schlug er einen langjährigen Weggefährten, den Chemieprofessor Ignacy Mościcki vor. Mościcki blieb, einmal wiedergewählt, bis zum September 1939 polnisches Staatsoberhaupt.

## Von der Demokratie zur Diktatur

Von diesem Augenblick an war Polen auf dem Weg von der Demokratie zur Diktatur. Es herrschte ein Zwischenzustand. Das Land hatte zwar, so könnte man sagen, einen Diktator, aber eine richtige Diktatur war es (noch) nicht. Wenn die demokratische Zweite Republik nach Auffassung des Marschalls ein schwer erkranktes System gewesen war, so war nur folgerichtig, dass der Arzt jetzt eine Behandlung verordnen musste. »Sanierung« (Sanacja) war denn auch die wichtigste Parole der neuen Zeit; bis heute spricht man vom Sanacja-Regime. »Moralische Diktatur« lautete eine andere Selbstbezeichnung der neuen Machthaber. Gelegentlich wird das neue System auch als Regime der Obristen bezeichnet – hohe Offiziere stellten im Laufe der Jahre immer öfter Minister und selbst den Ministerpräsidenten.

Da der Sejm als Hort des Übels galt, wurde er durch eine Verfassungsnovelle zugunsten der Exekutive geschwächt. Wahlen, Parteien, Gewerkschaften – all dies blieb zunächst erhalten, doch der Sejm wurde durch Dekrete des Präsidenten (die an die Stelle von Gesetzen traten) sowie durch unschöne Verfahrenstricks immer wieder ausgebootet. Die Pressefreiheit wurde eingeschränkt, gelegentlich wurde ein Regierungskritiker von »unbekannten Tätern« verprügelt. Im Jahr 1928 standen Wahlen an, für die das neue Regime, seinem Ideal des Staatsdienstes gemäß, eine Art »Partei der Parteilosigkeit« gründete, den »Parteilosen Block der Zusammenarbeit mit der Regierung des Marschalls Józef Piłsudski« (BBWR). Hier fanden in der Tat Bürger, von den Sozialisten bis zu Vertretern der alten, konservativen Eliten, einen gemeinsamen Raum. Der Block wurde mit einem Viertel der Stimmen stärkste parlamentarische Kraft, gefolgt von den Sozialisten, die erhebliche Stimmengewinne zu verzeichnen hatten.

Doch die Sozialisten hatten sich von ihrem einstigen Mitglied Piłsudski immer mehr entfremdet und boten der Regierung, etwa aus Anlass mancher Skandale, im Parlament immer offener die Stirn; andere Parteien verfuhren ähnlich. Im August 1930 erreichte der Konflikt zwischen Exekutive und Legislative einen Höhepunkt. Das Parlament wurde vorzeitig aufgelöst, in der Zeit bis zu den Neuwahlen kamen 5000 Menschen, darunter 84 bisherige Abgeordnete und Senatoren, in Haft. Das war die Begleitmusik zu den Wahlen, bei denen der BBWR-Block 56 Prozent der Stimmen errang. Später wurden mehrere Politiker, die meisten aus Piłsudskis (ehemaliger) Heimatpartei PPS, wegen angeblicher Putschvorbereitungen zu Haftstrafen verurteilt.

In den folgenden Jahren nahm das System noch stärker autoritäre Züge an. Das »Lager des Großen Polen«, ein von Dmowski geführtes rechtes Parteienbündnis, wurde Ende 1932 verboten. Im Jahr 1934, nach der Ermordung von Innenminister Pieracki, derer zunächst polnische Nationalisten verdächtigt wurden, richtete die Regierung in Bereza Kartuska ein Internierungslager für Personen ein, die als Gefahr für Sicherheit und »öffentliche Ordnung« galten. Bis 1939 waren insgesamt 3000 Personen ohne Gerichtsverfahren und zumeist für jeweils mehrere Monate in dieser zum Lager umfunktionierten ehemaligen zaristischen Kaserne in Ostpolen inhaftiert. Von den Verhaftungen waren in erster Linie Kommunisten betroffen, aber auch polnische und ukrainische Nationalisten (der wahre Mörder Pierackis war ein OUN-Nationalist und Ukrainer) sowie sonstige Oppositionspolitiker. Viele Inhaftierte wurden körperlich und psychisch schwer misshandelt. Bereza Kartuska, von manchen Kritikern bis heute als »Konzentrationslager« bezeichnet, war und bleibt einer der Schandflecken in der Geschichte der Zweiten Polnischen Republik.

Diese Erscheinungen fanden ihre Entsprechung im Umgang des Sanacja-Regimes mit dem Parlament, mit Parteien und Institutionen, überhaupt mit den Bürgerrechten und den sozialen Reformen der 1920er-Jahre – und natürlich mit der Verfassung. Piłsudski war mit der Verfassung von 1921 nicht zufrieden und ließ eine neue erarbeiten. Die »Aprilverfassung« war auf einen künftigen Präsidenten (Piłsudski) zugeschnitten, der »vor Gott und der Geschichte« verantwortlich sein sollte. Der Sejm wurde weitgehend entmachtet. Die erste Parlamentswahl unter dieser neuen Ordnung fand 1935 statt, wobei ausgerechnet die großen Parteien zum Wahlboykott aufriefen. Die Wahlbeteiligung lag daher nur bei 46,5 Prozent. Das in der neuen Verfassung festgeschriebene System war bestenfalls eine Karikatur von Demokratie.

Doch schon drei Wochen nach Inkrafttreten der neuen Verfassung machte ein Ereignis die ganze Rechnung zunichte: Józef Piłsudski, formell Verteidigungsminister und bis zuletzt die größte Autorität im Land, starb im Alter von 67 Jahren im Mai 1935. War er am Anfang ein (»moralischer«) Diktator ohne Diktatur gewesen, so war jetzt eine Diktatur entstanden, die plötzlich ohne den vorgesehenen Diktator dastand. Die Begräbnisfeierlichkeiten ließen das Land innehalten. Man erinnerte sich an die Verdienste des Verstorbenen seit 1914. Der Marschall wurde in Krakau beigesetzt wie früher die polnischen Könige – in einer Krypta der Kathedrale in der Wawel-Burg. Sein Herz jedoch wurde, wie es auch im Fall des polnischen Komponisten

Frédéric Chopin geschehen war, vom Körper getrennt und an einem anderen Ort, im Grab seiner Mutter, zur letzten Ruhe gebettet. Im Falle Piłsudskis war das der Rossa-Waldfriedhof in Vilnius in seiner Heimatregion Litauen, damals ein Teil Polens, heute Teil der einstigen Ostgebiete und damit Ausland.

## »Alle Gegenspieler weit überragend«

Józef Piłsudski hat Polens Geschichte in Krieg und Frieden geprägt wie kein anderer im 20. Jahrhundert. Seine Bedeutung ist mit der von Charles de Gaulle für Frankreich vergleichbar, der, wie Piłsudski, im Ersten Weltkrieg in Deutschland interniert und wenig später während des polnisch-sowjetischen Krieges in Warschau tätig war. Wie es in Frankreich wohl bis heute Gaullisten gibt, so gibt es in Polen Piłsudczycy. Moderne polnische Historiker, die über ihr Land schreiben, aber auch ihre ausländischen Kollegen (darunter die deutschen), urteilen zumeist milde und respektvoll über den Marschall. Zu Recht. Ein nüchternes Urteil sollte berücksichtigen, dass er an den Maßstäben seiner Zeit gemessen werden muss – und dass er zumindest als das kleinere Übel gesehen werden kann, verglichen mit vielen anderen politischen Führern jener Zeit. Gotthold Rhode, einer der wichtigsten deutschen Osteuropa-Historiker nach 1945, fand vor Jahrzehnten folgende Worte der Würdigung für Piłsudski:

»Zweifellos war Piłsudski die bedeutendste Persönlichkeit der neuesten polnischen Geschichte, an Energie und Verantwortungsbewusstsein alle Gegenspieler weit überragend. Seiner Gestalt […] fehlen nicht die düsteren Züge äußerster Härte, der Menschenverachtung und der Rücksichtslosigkeit, doch stehen daneben völlige Uneigennützigkeit und romantisch-dichterische Äußerungen. Bei einem starken Gefühl für die Geschichte und die Rolle des Staates beurteilte er die eigene

Nation kühl und reserviert und hinterließ bei seinem Tode wohl Mitarbeiter und Untergebene, aber keinen kongenialen Nachfolger.«[7]

Und wie blickt die polnische Nation auf ihn? Schon lange vor 1989 wurde Piłsudski, der einstige Sozialist, der das Land nach der Teilungszeit in die Unabhängigkeit geführt hatte, in seiner Heimat insgeheim verehrt. Zwar durfte es in Zeiten der Volksrepublik kein einziges öffentliches Denkmal für ihn geben, doch in ihre Herzen ließen sich die Polen nicht hineinregieren: In manchen Wohnzimmern sah man schon damals kleine Büsten des Marschalls. Das kommunistische Regime mochte Piłsudski so wenig wie die gesamte »bourgeoise« Zweite Polnische Republik der Vorkriegszeit. Außerdem hatte er die polnischen Truppen ausgerechnet im Krieg gegen Sowjetrussland zu einem ihrer seltenen Siege geführt.

Dagegen bekannte sich der liberale Bürgerrechtler Adam Michnik schon 1973 in einem Essay zu diesem schnauzbärtigen »Partisan mit dem Nietzsche-Gesicht«. Piłsudski habe »Polen das Gefühl der Würde wiedergegeben«. Der Sieg von 1920 habe es ermöglicht, die kulturelle Substanz Polens zu bewahren, ohne die der breite Widerstand gegen die kommunistische Diktatur nach 1945 kaum möglich gewesen wäre.

Nach der Wende brach sich der Piłsudski-Kult dann ungehindert Bahn. Zahlreiche Denkmäler wurden errichtet und Straßen nach ihm benannt. Im Jahr 2004 ermittelten Soziologen, dass die Polen auf folgende Persönlichkeiten überaus stolz waren: erstens auf Papst Johannes Paul II. und zweitens auf Józef Piłsudski. Zwar hatte die Warschauer Universität nach der Wende Bedenken, sich, wie vor dem Zweiten Weltkrieg, nach dem autoritären Marschall zu benennen, und blockierte eine entsprechende Initiative, doch solche Bedenken sind inzwischen großenteils verflogen. Im Jahr 2017 wurde eine auf den Namen »Marschall Józef Piłsudski« getaufte Boeing 737 als Regierungsflugzeug in Dienst gestellt. Für die Villa Milusin in Sulejówek, das Piłsudski-Museum, ist seit Langem ein Erweiterungsbau in Arbeit, der aus dem Haus eine Bildungsstätte machen soll.

## Polen zwischen den Großmächten

Wer heute Piłsudskis unbestrittene Sünden aus demokratisch-rechtsstaatlicher Perspektive relativ milde beurteilt, der wird dabei auch im Auge haben, wie in jener Zeit die Demokratien in Europa durch Putsche und »Machtergreifungen« reihenweise scheiterten: Italien (1922), Litauen (1926), Estland und Lettland (1934), Österreich (durch »Anschluss« an das Deutsche Reich 1938). Rumänien und Ungarn waren von vornherein keine Demokratien gewesen. In Mitteleuropa hielt einzig die Tschechoslowakei bis zuletzt an diesem Modell fest. All das geschah im Schatten der Entwicklung bei den mächtigsten und potenziell gefährlichsten Nachbarn: Russland beziehungsweise der Sowjetunion und Deutschland, wo sich 1917 beziehungsweise 1933 zunehmend aggressive und expansive totalitäre Diktaturen etablierten.

Dabei darf allerdings nicht vergessen werden, dass Polen wirtschaftlich, sozial und gesellschaftlich in den zwei Jahrzehnten zwischen den Weltkriegen auch vieles gelungen ist. Weil der Zugang zu Danzig als »Freier Stadt«, die weder zu Polen noch zu Deutschland gehörte, eingeschränkt war, baute die Republik seit 1921 nördlich von Danzig mit französischer finanzieller Hilfe in der Stadt Gdingen einen großen Kriegs-, Handels- und Fischereihafen. Zugleich wurde das Industrierevier Oberschlesiens durch eine Bahnlinie (»Kohlemagistrale«) mit Gdingen verbunden. Hafen und Bahnlinie wurde 1933 fertiggestellt, und schon im selben Jahr überflügelte Gdingen beim Güterumschlag den alten Danziger Hafen. Im Jahr 1937 begann man außerdem, in der Region etwa zwischen Krakau und Lublin durch gezielte Investitionen ein »Zentrales Industrierevier« aufzubauen.

Auch am allgemeinen technischen Fortschritt hatte Polen

Anteil: Der Rundfunk begann damals seinen Siegeszug, und bald konnte im Land der millionste Radioempfänger gefeiert werden. In der Hauptstadt Warschau wurde 1925 beschlossen, eine U-Bahn zu bauen, im folgenden Jahrzehnt wurde der Entwurf für ein modernes Fernsehgebäude vorgestellt. Die erste Testsendung vom Hochhaus der Versicherungsgesellschaft Prudential, damals das höchste Gebäude des Landes, wurde 1938 ausgestrahlt. Wie sehr Polen durch die späteren Tragödien in seiner Entwicklung zurückgeworfen wurde, zeigt das weitere Schicksal dieser Vorhaben. So flimmerte die erste regelmäßige Fernsehsendung erst 1953 über die Bildschirme, die erste U-Bahn fuhr in Warschau erst 1995.

Dem Aufbauwillen und den Erfolgen zum Trotz herrschten zugleich in ganzen Provinzen Stagnation und Hoffnungslosigkeit. Die Hinterlassenschaft der Kriege der Jahre 1914 bis 1920 und die Kosten des Zusammenwachsens der verschiedenen Landesteile trugen dazu bei, dass diese Gebiete 1939 gerade einmal die Wirtschaftsleistung des Jahres 1914 erreicht hatten. Für die Ostgebiete kann die Alphabetisierung der Bevölkerung als der größte Erfolg gelten; doch das Problem der Überbevölkerung auf dem Lande, auch im Osten, blieb weitgehend unverändert. Bis 1938 kam nur eine halbe Million Bauernfamilien in den Genuss der Landzuteilung – zu wenige, um die Bedürfnisse auf dem Dorf zu befriedigen. Große Teile der Bevölkerung radikalisierten sich politisch, zumindest wurden sie dem Staat entfremdet. In der Parteienlandschaft gab es deutliche Anzeichen einer Radikalisierung nach links und nach rechts. Im Jahr 1936 kam es zu einer Welle von Arbeiterstreiks und zu schweren, auch blutigen Konfrontationen mit der Polizei. Ein Jahr später demonstrierten Bauern gegen Armut und für mehr Demokratie – 40 von ihnen wurden bei Zusammenstößen erschossen, Tausende festgenommen.

Die kleine Kommunistische Partei Polens (KPP) konnte sich jetzt über etwas Zulauf freuen. Sie war der Sowjetunion immer eng verbunden gewesen. Viele ihrer Parteitage fanden im östlichen Nachbarland statt. Allerdings wurde ihr diese Bindung an Moskau in der Zeit des Großen Terrors auch zum Verhängnis. Unter Stalin ließen die sowjetischen Behörden zwischen 1933 und 1937 fast sämtliche der 3800 polnischen Kommunisten, derer sie habhaft werden konnten, hinrichten oder in Lagern verschwinden. Nur etwa hundert überlebten. Die Partei wurde aufgelöst. Diese Aktion wurde allerdings bald von einer Terrorwelle gegen polnischstämmige Sowjetbürger in den Schatten gestellt, bei der 111 000 Menschen erschossen wurden. Diese sogenannte »Polnische Operation«, die bis heute in Europa und auch in Polen wenig bekannt ist, kam einer ethnischen Säuberung nahe. Sie war Teil des Großen Terrors, der in der Sowjetunion damals jeden treffen konnte, doch waren die Polen jene Volksgruppe, die prozentual den höchsten Blutzoll entrichtete. Grund für die Verhaftungen und Erschießungen in den Jahren 1937/38 war der Verdacht der sowjetischen Führung, »die Polen« im Land seien für Misserfolge wie die Hungersnot in der Ukraine verantwortlich. Dieser Verdacht gipfelte in der innerhalb der Führungsspitze geäußerten Forderung: »Die Polen müssen vollständig vernichtet werden.«[8]

Die Republik Polen befand sich in schwieriger Nachbarschaft: Östlich von ihr herrschte seit 1924 Stalin, westlich von ihr seit 1933 Hitler. Beide Diktatoren forcierten in den 1930er-Jahren eine massive Aufrüstung. Schon 1932 vollführte Polen – militärisch damals immer noch stärker als das Deutsche Reich – gegenüber Danzig und Ostpreußen Drohgebärden, um das Streben Berlins nach »Gerechtigkeit« für Deutschland in Rüstungsfragen zu konterkarieren. Als Piłsudski dann die unguten Absichten des »Führers und Reichskanzlers« erkannte, ordnete er im März 1933 in Danzig eine weitere symbolische polnische Machtdemonstration an.

Damit nicht genug, sondierte er im März und April 1933 in Paris, ob Frankreich zu einer gemeinsamen Militäraktion gegen Deutschland bereit sei. Vermutlich dachte er an einen Akt der

Besetzung, wie ihn Franzosen und Belgier von 1923 bis 1925 im Ruhrgebiet vorexerziert hatten. Berlin sollte durch eine Besetzung Danzigs, Ostpreußens und des deutschen Teils Oberschlesiens zur Einhaltung der Abrüstungs- und Grenzbestimmungen von Versailles gezwungen werden, danach sollten die Gebiete bis auf Danzig wieder geräumt werden. Unter Historikern ist umstritten, wie konkret diese Sondierungen waren. Weniger ein konkreter Plan, war es eher eine »lose Idee, die der politischen Führung des Bündnispartners Frankreich unterbreitet wurde«.[9] Die Quellenlage ist schwierig; Piłsudski hielt generell nicht viel davon, seine Positionen schriftlich zu fixieren, und bei solch heiklen Themen erst recht nicht. Doch nicht nur polnische Politiker, auch hohe ausländische Diplomaten wie der britische Staatssekretär Robert Vansittart haben festgehalten, dass damals in mehreren europäischen Hauptstädten Präventivkriegsideen zirkulierten, die sich gegen das Deutsche Reich beziehungsweise gegen Hitler richteten. Frankreich reagierte jedoch nicht auf die polnischen Signale.

Nachdem klar geworden war, dass Paris sich zurückhielt, ließ Piłsudski über den polnischen Botschafter in Berlin Hitler direkt fragen, ob das Reich Grenzrevisionen gegenüber Polen beabsichtige, was Hitler, ein damals noch recht kleinlauter »Führer«, verneinte. Daraufhin wurde im Januar 1934 eine wechselseitige deutsch-polnische Nichtangriffserklärung unterzeichnet, die zehn Jahre gelten sollte. Diese Erklärung (ein förmliches Abkommen war es nicht) schwächte das ohnehin wackelige polnisch-französische Bündnis weiter, während Hitler seinen »Friedenswillen« demonstrieren konnte. In der Folge kam es zu einer erstaunlichen deutsch-polnischen Entspannung. Der seit 1925 dauernde Handelskrieg wurde beendet, Hitler verzichtete darauf, die deutsche Minderheit in Polen weiterhin für seine politischen Zwecke zu instrumentalisieren, und beide Seiten feierten die gute Nachbarschaft und praktizierten einen regen Kulturaustausch.

Allerdings ist diese plötzliche, auf einige Jahre angelegte Polenfreundschaft nur die eine Seite Medaille; die Kehrseite war die Abkühlung des deutschen Verhältnisses zur Sowjetunion (das die Weimarer Republik so gepflegt hatte). Hitler vermutete, man könne nur zu einem der beiden Staaten im Osten ein gutes Verhältnis haben, nicht zu beiden gleichzeitig. Außerdem hoffte er lange Zeit, die Polen für seine weitreichenden, gegen die Sowjetunion gerichteten Pläne einspannen zu können (womit er sich täuschen sollte).

Denn auch aus polnischer Sicht hatte die Nichtangriffserklärung einen Kontext, der ebenfalls mit der Sowjetunion zu tun hatte. Schon im Juli 1932 hatte Warschau auch mit Moskau einen Nichtangriffspakt geschlossen, der im Mai 1934 um zehn Jahre verlängert wurde. Vielleicht war es das wichtigste Vermächtnis des greisen Marschalls, dass er als Linie vorgab, gegenüber beiden, potenziell übermächtigen, revisionistischen und gefährlichen Nachbarn eine Politik strikter Äquidistanz zu verfolgen. Weder Berlin noch Moskau sollten den Eindruck gewinnen, dass Warschau mit dem einen gegen das andere Land in irgendeiner Weise verbündet war.

»Indem wir die zwei Pakte haben, sitzen wir auf zwei Stühlen. Das kann nicht lange dauern. Wir müssen wissen, von welchem wir zuerst herunterfallen und wann«, äußerte Piłsudski im April 1934 in einer Besprechung im kleinen Kreis.[10] Er schuf eine Arbeitsgruppe, die ständig die Entwicklung in Deutschland und der Sowjetunion beobachten sollte – eine kluge und weitsichtige Haltung, die nur bei Eintreten eines Umstands scheitern musste: wenn plötzlich Nazis und Bolschewisten, die sich ja gegenseitig stets als Todfeinde bezeichneten, plötzlich gemeinsame Sache machten. In diesem Fall würde Polen von beiden Stühlen stürzen. Damit rechnete allerdings niemand, weder in Warschau noch anderswo in Europa.

# Das Inferno

## Der Weg zur vierten Teilung Polens

»Der Friede ist ein kostbares und begehrtes Gut. Unsere Generation, die durch Kriege blutbefleckt ist, hat den Frieden ganz sicher verdient. Aber der Friede hat, wie fast alle Dinge dieser Welt, seinen Preis, einen hohen, aber berechenbaren Preis. Den Begriff des Friedens um jeden Preis kennen wir in Polen nicht. Es gibt nur ein Gut im Leben der Menschen, Völker und Staaten, das keinen Preis hat: Dieses Gut ist die Ehre.«

Als Europa im Mai 1939 im Begriff stand, in einen neuen großen Konflikt hineinzugeraten, hielt Polens langjähriger Außenminister Józef Beck im Sejm in Warschau eine legendäre Rede, die er mit diesen Worten beendete. Sie erinnert an einen anderen berühmten Auftritt. Der SPD-Vorsitzende Otto Wels hatte im März 1933 Deutschen Reichstag die folgenden Worte gesprochen: »Freiheit und Leben kann man uns nehmen; die Ehre nicht.« Dies sagte Wels mit Blick auf die Verfolgung der Sozialdemokraten in Deutschland nach der Machtergreifung Hitlers zwei Monate zuvor. Zugleich deuteten seine Worte an, dass ein Erfolg des Widerstands gegen die Nationalsozialisten innerhalb Deutschlands fraglich sein würde. Józef Becks Botschaft übertrug diesen Gedankengang auf die Ebene der Außenpolitik.

Eine düstere Prophezeiung, die wenig später Wirklichkeit wurde. Hätte das verhindert werden können? Zwar hatte Piłsudski 1933 ein präventives Vorgehen gegen Hitler ins Gespräch gebracht, doch leider handelte Polen in der Zeit kurz vor Kriegsausbruch keineswegs immer »ehrenvoll«, klug und vorausschauend. Auch das lag großenteils an Beck. Während des Ersten Weltkriegs Adjutant Piłsudskis, später Oberst und Außenpolitiker, seit 1932 Minister, hatte er einerseits großen Anteil an der »Entspannungspolitik« der 1930er-Jahre. Der gegenseitige Nichtangriffsvertrag Polens mit der Sowjetunion und die mit Deutschland geschlossene Nichtangriffserklärung hatten die Lage im Osten Europas für einige Zeit beruhigt. Berlins wiederholte Versuche, die Polen als Verbündete gegen die Sowjetunion zu gewinnen, wurden von Warschau immer wieder abgelehnt. Andererseits bröckelte die Solidarität zwischen Polen und Frankreich, seinem seit vielen Jahren wichtigsten Bündnispartner. Als 1936 die Wehrmacht ins entmilitarisierte Rheinland einrückte, gab Beck nur eine halbherzige Solidaritätsadresse zugunsten Frankreichs ab.

Als mit dem »Anschluss« Österreichs im Frühjahr 1938 die Expansion des Deutschen Reiches begann, trat Polen schließlich als direkter Nutznießer der angespannten Lage auf. In den Stunden vor dem Einmarsch der Wehrmacht in Österreich war an der polnisch-litauischen Grenze ein polnischer Soldat erschossen worden. Daraufhin erzwang Polen von Litauen ultimativ die Wiederaufnahme diplomatischer Beziehungen, die seit der einseitigen Grenzregelung zugunsten Warschaus im Jahr 1922 auf Eis lagen. Damit war das Verhältnis zu Polens nördlichem Nachbarn unter Zwang »normalisiert« und der Status quo, der Grenzverlauf, anerkannt.

Im Herbst 1938 wagte das Dritte Reich den nächsten Schritt: den von deutschen Ultimaten eingeleiteten Einmarsch ins tschechische Sudetengebiet, das annektiert wurde – ein schwerer Schlag gegen die Tschechoslowakei. Beck hatte schon früher vermutet, der Staat der Tschechen und Slowaken, die nie zuvor »zu zweit« in einem Verbund gelebt hatten, werde ohnehin früher oder später zerfallen. So nutzte er die Gelegenheit, die Abtretung eines strittigen tschechischen Gebiets mit einer starken polnischen Minderheit zu erreichen. Es ging um knapp 1000 Quadratkilometer mit etwa 200 000 Einwohnern, das schon früher umstrittene Teschener Schlesien jenseits des Flusses Olsa mit der Hauptstadt Teschen. Die Tschechoslowakei hatte es 1920, als die Rote Armee auf Warschau marschierte, von den alliierten Mächten zugesprochen bekommen. Jetzt wurde das Gebiet am 1. Oktober 1938 an Polen angeschlossen. Dies geschah einen Tag nach der berühmt-berüchtigten Münchener Konferenz, auf welcher der britische Premier Neville Chamberlain die deutsche Expansion Richtung Sudetenland gebilligt hatte, eine Entscheidung, die er bei seiner Rückkehr aus München mit der Losung »Peace for our time« rechtfertigte.

Polen hätte den fatalen Lauf der Dinge in Mitteleuropa mit einer anderen Politik kaum umkehren können, zumal Frankreich und Großbritannien wegen der deutschen Minderheit selbst eine Grenzrevision auf Kosten der Tschechoslowakei befürworteten. Doch mit Blick auf die bald folgende endgültige Beseitigung dieses Staates muss das polnische Vorgehen als Leichenfledderei bezeichnet werden. Es war kurzsichtige, nationalistische Interessenpolitik zu Lasten eines wehrlosen Nachbarn. Als »schändlich« ist die Einverleibung des Olsa-Gebiets Jahrzehnte später auch verurteilt worden, besonders eindrucksvoll von dem Bürgerrechtler Jan Józef Lipski in seinem wegweisenden Essay »Zwei Vaterländer – zwei Patriotismen«.[1]

Anfang 1939 war Hitlers im Halbjahresrhythmus vollführter Dreisprung – Österreich, Sudetenland, »Rest-Tschechei« – noch nicht vollendet. Zwar hatte der Reichskanzler das Sudetenland Ende September, vor der Münchener Konferenz, als »die letzte territoriale Forderung, die ich in Europa zu stellen habe«, bezeichnet (»Wir wollen gar keine Tschechen!«). Vier Wochen später klopfte er bereits in Polen an: Der Anschluss der Freien Stadt Danzig an das Reich, eine exterritoriale Verkehrsverbindung vom deutschen Kernland nach Ostpreußen und ein Beitritt Polens zum Antikominternpakt von 1936 waren seine Forderungen, die er mit ein paar Zugeständnissen garnierte. In direkten Gesprächen – mit Hitler in Berchtesgaden, mit Reichaußenminister Joachim von Ribbentrop in Warschau – wies Polens Außenminister Beck die Forderungen im Januar schließlich zurück: »Polen ist nicht die Tschechei«. Überhaupt empfehle er, beschied er den Reichsaußenminister, sich gerade in Zeiten großer Veränderungen »an gewisse Grundbegriffe zu halten, wie Souveränität, Grenze und Territorium«. Auch die Idee Ribbentrops, Polen könne bei einem Nachgeben doch »Kompensationen in der Ukraine« bekommen, lehnte Beck entschieden ab.[2]

Danach ging es Schlag auf Schlag. März 1939: Deutsche Besetzung der »Rest-Tschechei« (in Hitlers Diktion) und Schaffung des »Protektorats Böhmen und Mähren«. Die Slowakei wurde unabhängig von Prag – und abhängig von Berlin. Den östlichen Zipfel des zerfallenden Staates erhielt Ungarn, das damit eine gemeinsame Grenze mit Polen bekam. Hitler zeigte sich immer unverhohlener als Aggressor und erwies sich zugleich als Lügner. Er wiederholte die erwähnten Forderungen an Polen. Jetzt schlug Chamberlain neue Töne an: Ein britisch-polnischer Beistandspakt wurde unterzeichnet. Anfang April befahl Hitler, einen militärischen Angriff auf Polen vorzubereiten, und kündigte Ende April die deutsch-polnische Nichtangriffserklärung von 1934. Daraufhin hielt Minister Beck die eingangs zitierte Rede über »Ehre«. Rauschender Beifall im polnischen Parlament. Mitte Mai schlossen die Bündnispartner Warschau und Paris einen weiteren Vertrag, eine Militärkonvention.

Die deutsche Führung hatte den Zug auf das Gleis gesetzt; und der Zug rollte in Richtung Krieg. In den Planungen der polnischen Führung – gerade bei Beck – lagen in dieser Zeit Standfestigkeit und Selbstüberschätzung eng beieinander. Aus den polnischen Plänen, zwischen Moskau und Berlin das Bündnis eines »Dritten Europa« unter Führung Polens zu schmieden, war

nichts geworden. Jetzt wechselten sich eine polnische Teilmo-
bilmachung, deutsche Angriffsplanungen und Ankündigungen
Großbritanniens und Frankreichs, Polen militärisch zu unterstützen, in hektischer Folge ab. Die Sowjetunion gab sich derweil Polen gegenüber bestenfalls »wohlwollend«, wie sie mitteilte, und wandte sich zugleich in kleinen Schritten immer
mehr von den westlichen Mächten ab und dem Deutschen
Reich zu.

Am 11.August 1939 ließ Hitler den Hochkommissar des Völkerbunds in Danzig, den Schweizer Carl Jacob Burckhardt, per
Flugzeug zu seiner Residenz »Berghof« bei Berchtesgaden bringen. Dort erklärte der deutsche Kanzler in einem langen, sehr
emotional geführten Gespräch, das sich großenteils um die Dan-
zig-Frage drehte, gegenüber Burckhardt seine Bereitschaft zu
einem baldigen Krieg gegen Polen. Und Hitler sprach die prophetischen Worte:

>»Alles was ich unternehme, ist gegen Rußland gerichtet;
wenn der Westen zu dumm und zu blind ist, um dies zu be-
greifen, werde ich gezwungen sein, mich mit den Russen zu
verständigen, den Westen zu schlagen, und dann nach seiner
Niederlage mich mit meinen versammelten Kräften gegen
die Sowjetunion zu wenden. Ich brauche die Ukraine, damit
man uns nicht wieder wie im letzten Krieg aushungern
kann.«[3]

Zum ersten Teil des Plans fehlte nur noch der Partner. Am 23.Au-
gust war er gefunden: Die Außenminister Deutschlands und der
Sowjetunion unterzeichneten in Moskau im Beisein Stalins einen Nichtangriffsvertrag. »Geleitet von dem Wunsche, die Sache
des Friedens zwischen Deutschland und der UdSSR zu festigen«,
wie es darin eingangs heißt, ermöglichten beide Seiten damit
den Beginn des Zweiten Weltkriegs. Allerdings ist in dem kurzen
Dokument lediglich davon die Rede, man werde sich »jeden Ge-

waltakts, jeder aggressiven Handlung« und sogar jeder Bündnis-
bildung gegen den jeweiligen Partner enthalten.

Das Wichtigste stand jedoch im »Geheimen Zusatzprotokoll«.[4] Darin heißt es:

»Für den Fall einer territorial-politischen Umgestaltung der
zum polnischen Staate gehörenden Gebiete werden die Interessensphären Deutschlands und der UdSSR ungefähr durch
die Linie der Flüsse Narew, Weichsel und San abgegrenzt. Die
Frage, ob die beiderseitigen Interessen die Erhaltung eines
unabhängigen polnischen Staates erwünscht erscheinen lassen, und wie dieser Staat abzugrenzen wäre, kann endgültig
erst im Laufe der weiteren politischen Entwicklung geklärt
werden. In jedem Falle werden beide Regierungen diese Frage
im Wege einer freundschaftlichen Verständigung lösen.«

Mit noch knapperen Worten wurde Litauen in die »Sphäre«
Deutschlands geschoben, Finnland, Estland und Lettland dagegen in jene der Sowjetunion, die außerdem ihr »Interesse« an
der rumänischen Region Bessarabien erklärte. Von diesem Teilungsvertrag, der sechs Länder betraf, erfuhr die europäische
Öffentlichkeit nichts.

Die geheime Planung in Berlin terminierte den Angriff auf
Polen für den 26. August. Großbritannien versicherte Polen am
Tag davor noch einmal klar seines militärischen Beistands im
Falle eines Krieges. Daraufhin wurde der Angriff verschoben, es
folgte ein kurzes diplomatisches Geplänkel. Hitler hoffte noch
immer, Polen international isolieren und propagandistisch als
Aggressor darstellen zu können. Dem zweiten Ziel diente auch
der von verkleideten SS-Leuten inszenierte »polnische Überfall«
auf den Sender Gleiwitz am 31. August. Im Morgengrauen des
1. September wurde geschossen. »Zurückgeschossen«, wie Hitler
in seiner Rede am selben Tag verkündete.

Es war ein ungleicher Kampf. Eine Million polnische Soldaten gegen 1,5 Millionen deutsche, 394 polnische Kampfflugzeuge gegen 1390 deutsche, 610 polnische Panzer und Tanketten gegen 2500 Panzer des Gegners, wobei die polnische Technik veraltet und deutlich unterlegen war. Die elf Brigaden der polnischen Kavallerie spielten in den Kämpfen allenfalls eine Nebenrolle. Polens Truppen waren insgesamt noch nicht voll mobilisiert, während die Wehrmacht den Vorteil hatte, nach abgeschlossener Planung angreifen zu können, und zwar von Norden, entlang der langen Westgrenze und aus der verbündeten Slowakei von Süden.

Die Rote Armee ging auf Nummer sicher; sie ließ die Wehrmacht die Hauptarbeit erledigen, auch wenn Reichsaußenminister von Ribbentrop schon am 3. September angeregt hatte, die Sowjets sollten sich doch jetzt auch ihre »Sphäre« sichern. Erst am 17. September, als Warschau auch von Osten her weiträumig von der Wehrmacht eingeschlossen war, teilte Moskau dem polnischen Botschafter mit, man betrachte Polen als nicht länger existent und müsse daher die weißrussische und ukrainische Bevölkerung in Polen seinem »Schutz« unterstellen. Sowjetische Truppen, 466 500 Soldaten, neben Panzern auch etwas Kavallerie, und Tausende von Flugzeugen und motorisierten Verbänden kamen gegen Polen zum Einsatz.[5]

Die polnischen Kräfte waren fast ausschließlich im Westen konzentriert und kämpften gegen die Deutschen. In der oft unübersichtlichen Lage wurden im ganzen Land auch einige tausend Angehörige der deutschen Minderheit getötet (»Bromberger Blutsonntag«). Der sowjetische Einmarsch kam für Polen überraschend. So befahl Oberbefehlshaber Edward Rydz-Śmigły am 17. September, auf die Rotarmisten nur im Fall direkter Angriffe oder wenn sie versuchen sollten, polnische Soldaten zu entwaffnen, zu schießen. Beides ist vorgekommen, und entsprechend wurde an manchen Orten gekämpft.

Am 5. Oktober gab die letzte polnische Einheit den Kampf gegen die Wehrmacht auf. Die Waffen schwiegen. Die polnische

Armee hatte an der deutschen Front mindestens 67 000 Gefallene zu beklagen, an der sowjetischen werden die Verluste auf bis zu 7000 Mann geschätzt. Umgekehrt verloren die deutschen Truppen mindestens 16 340 Mann, die sowjetischen bis zu 3000. Polnische Soldaten gingen in großer Zahl in Kriegsgefangenschaft: 420 000 wurden von deutschen, 255 000 von sowjetischen Einheiten festgesetzt. Von den übrigen gelang es etwa 70 000 Soldaten, die damalige Grenze nach Ungarn und Rumänien zu überschreiten; 15 500 retteten sich nach Litauen und Lettland. Die Fahrzeuge, Flugzeuge und Schiffe: zerstört oder in der Hand der Feinde. Nur die fünf polnischen U-Boote hatten Glück: Drei wurden im neutralen Schweden interniert, den beiden anderen gelang eine abenteuerliche Flucht nach Großbritannien.

Die Verbündeten Polens hatten Deutschland zwar schon am 3. September den Krieg erklärt, sie kamen ihrer Bündnispflicht jedoch nicht nach – allenfalls in dem Sinne, wie er schon bald mit Spottworten umschrieben wurde: »drôle de guerre«, »phoney war« und »dziwna wojna« (komischer/merkwürdiger Krieg beziehungsweise »Sitzkrieg« – im Gegensatz zum deutschen Blitzkrieg). Französische Truppen rückten einige Kilometer ins Saargebiet vor und blieben für einige Wochen dort; als sie abgezogen waren, besetzte die Wehrmacht spiegelbildlich ein Stück französischen Gebiets (wo sie bis zum Frankreichfeldzug verbleiben sollte). Als die Sowjetunion Ostpolen besetzte, begnügten sich London und Paris mit Verbalnoten; ihre Passivität rechtfertigten sie unter anderem damit, dass die Sowjetunion bei ihrem Einmarsch in Polen keine Kriegserklärung abgegeben hatte.

Die polnische Regierung suchte ihr Heil in der Flucht. Noch am Tag des sowjetischen Einmarschs trat sie auf rumänisches Gebiet über und wurde dort unerwartet – offenbar auf deutschen Druck hin – interniert. August Kardinal Hlond, Primas der katholischen Kirche Polens, floh über Rumänien in den Vatikan.

Später wurde er dazu gedrängt, in das inzwischen vom Vichy-Regime beherrschte Lourdes überzusiedeln; im weiteren Verlauf des Krieges wurde er von der Gestapo in Klöstern in Frankreich und Deutschland unter Arrest gestellt. Mit diesen Fluchten begann, nicht zum ersten und nicht zum letzten Mal in der Geschichte, ein Kapitel polnischer Exiltätigkeit. Bald nahm eine vom Vorkriegskabinett legitimierte Exilregierung ihre Arbeit auf. Zunächst residierte sie in Angers an der Loire, wo der Exilpräsident in Schloss Pignerolle wohnte. Während des deutschen Frankreichfeldzugs zog sie auf Einladung von Premier Churchill nach London um. Immerhin gelang es, über Rumänien auf diese Weise auch den polnischen Goldschatz und wertvolle Kunstwerke aus der Krakauer Wawel-Burg ins Exil zu retten.

Das Land war besiegt und besetzt. Was jetzt vollzogen wurde, war die vierte Teilung Polens (da das halbsouveräne »Herzogtum Warschau« von Napoleons Gnaden schon 1815 ebenfalls aufgeteilt wurde, nennen manche Historiker die Teilung von 1939 die fünfte). Jetzt konnte Hitler sagen, das »Polen des Versailler Vertrags« werde niemals wiedererstehen; ganz ähnlich beschrieb Molotow die Zukunftsaussichten dieser »Missgeburt des Versailler Vertrages« und fügte, an die Verbündeten Polens gewandt, hinzu, eine Fortsetzung des Krieges »mit dem Ziel einer Restitution des polnischen Staates ist sinnlos«. Nach einer gemeinsamen deutsch-sowjetischen Siegesparade in der künftigen Grenzstadt Brest am Bug fehlte nur noch ein Grenzvertrag – der gegenüber der Hitler-Stalin-Linie aus dem Geheimen Zusatzprotokoll einige Änderungen bringen sollte. Die Grenze wurde stellenweise nach Osten verlegt und verlief jetzt entlang der Flüsse Pisa, Narew, Bug und San. Die Sowjetunion trat dem Deutschen Reich damit polnische Gebiete ab und bekam dafür die dritte baltische Republik in ihre »Sphäre«, nämlich Litauen. Anschließend schlug Moskau das mehrheitlich polnisch besiedelte Gebiet um die Stadt Vilnius Litauen zu (um schließlich 1940 die baltischen Staaten in ihrer Gesamtheit zu annektieren).

Nach dieser »Regelung« der Vilnius-Frage sah die neue Landkarte folgendermaßen aus: Das Deutsche Reich hatte knapp die
Hälfte des polnischen Staatsgebietes besetzt, wo 21,2 Millionen
Menschen lebten. Der dünner besiedelte östliche Teil, wo Ukrainer, Weißrussen und Juden die Mehrheit bildeten, wurde mit
13,2 Millionen Menschen sowjetisch. Die Sowjetunion wahrte
einen pseudo-demokratischen Schein: Sie hielt in den besetzten
Gebieten »Wahlen« ab, aus denen Körperschaften hervorgingen,
die alsbald um Aufnahme der Gebiete in die Sowjetunion baten.
Die deutsche Regierung dagegen hielt so etwas nicht für nötig.
Sie teilte die von der Wehrmacht besetzten Gebiete noch einmal
und schlug die Hälfte der Bevölkerung bereits bestehenden oder
aber den zwei neu geschaffenen Gauen zu (Wartheland, nach
dem gleichnamigen Fluss, und Danzig-Westpreußen). Diese
dem Reich eingegliederten »Ostgebiete« sollten germanisiert
werden. Die andere Hälfte mit Warschau und Krakau dagegen
wurde zum »Generalgouvernement« erklärt, dem zunächst ein
polnischer Restcharakter zugestanden wurde (der dann im Verlauf des Krieges wieder in Frage gestellt wurde).

## Besatzungsherrschaft und Widerstand

Die Eingliederung der polnischen Ostgebiete in die ukrainische
beziehungsweise weißrussische Sowjetrepublik brachte eine
Gleichschaltung des politischen und gesellschaftlichen Lebens,
umfangreiche Enteignungen und eine Umverteilung des Land-
besitzes, außerdem die Bekämpfung der Religionsgemeinschaf-
ten und die Zurückdrängung der polnischen Sprache. Die neue
Wirtschaftspolitik, die Bereicherung der sowjetischen Besatzer
sowie ein sehr ungünstiger Zwangsumtausch bei der Einführung des Rubels bedeuteten eine erhebliche Verarmung der
meisten Bürger und schufen einen blühenden Schwarzmarkt.
Die ethnisch polnischen Eliten wurden gezielt aus der Verwaltung verdrängt und viele Ämter vom zugereisten Personal der

Besatzer übernommen. In den Jahren 1940 und 1941 wurden zudem etwa 100 000 Männer aus dem besetzten Ostpolen zur Roten Armee eingezogen.

Besonders schmerzhaft trafen die Bevölkerung Verhaftungen, Deportationen und Erschießungen. Insgesamt wurden in den Jahren 1939 bis 1941 in den polnischen Ostgebieten etwa 110 000 Menschen wegen »antisowjetischer« Aktivitäten verhaftet. In vier großen Wellen wurden 1940/41 etwa 320 000 Menschen in Güterwaggons nach Osten deportiert, bis in den hohen Norden und ans Ochotskische Meer am anderen Ende der Sowjetunion. Darunter waren zwei Gruppen überrepräsentiert: Polen (210 000 Deportierte) und Juden mit gut 70 000 Deportierten, von denen ein großer Teil jüdische Flüchtlinge aus den deutsch besetzten Gebieten waren. Die Deportierten kamen entweder in Lager, oder sie wurden als »Sonderumgesiedelte« oder als normale Verbannte angesiedelt. So erging es beispielsweise der Familie eines Juristen aus der Umgebung des heutigen Ternopil (Ostgalizien, heute Ukraine), die 1940 für sechs Jahre nach Kasachstan deportiert wurde und dort auf einem landwirtschaftlichen Staatsgut lebte:

»Den Winter 1940/41 verbrachten wir in einem großen Raum, in dem sechs Familien Platz hatten, zusammen 16 Personen. [...] Es gab keinerlei Einrichtung, jeder bastelte sich eine primitive Schlafstätte und grenzte sich von den Nachbarn mit Koffern und anderem Gepäck ab. Es gab ein großes Problem mit dem Brennstoff. Draußen erreichte der Frost bis zu 40 Grad, aber der Raum wurde mit Schilfrohr geheizt, und auch das in sehr knappen Mengen. [...] In jenem Winter versammelten sich die Polen oft zum gemeinsamen Singen und Beten, zum Austausch von Neuigkeiten aus den Briefen und zum Lesen polnischer Bücher. Ein unerschöpfliches Thema war stets die Vorausschau, wann wir in unser Vaterland zurückkehren würden. Die Realisten, die voraussahen, dass es nicht so schnell geschehen würde, wollte kaum jemand hören. Die Mehrheit zog es vor, mit Illusionen zu leben.«[6]

Wer hinter Gittern oder in Verbannung war, den mussten die Behörden zunächst nicht fürchten; sie nutzten seine Arbeitskraft und hofften auf seine »Resozialisierung«. Es gab jedoch eine Gruppe von Menschen, bei denen die Behörden, wie aus den Akten hervorgeht, keine Hoffnung auf eine Umerziehung im sowjetischen Sinne hatten. Daher schlug Geheimdienstchef Berija in einem »streng geheimen« Brief an Stalin vor, sie ohne Urteil und Verfahren zu erschießen. Es ging um kriegsgefangene polnische Generäle und Offiziere, Polizisten und andere Beamte, ferner um Priester und Gutsbesitzer. Stalin, Molotow und weitere Mitglieder des Politbüros billigten die Idee mit ihrer Unterschrift auf dem Brief. Die meisten dieser etwa 22 000 Todeskandidaten saßen in Kriegsgefangenenlagern, andere in Gefängnissen. Im April und Mai 1940 wurden sie alle an verschiedenen Orten im weißrussischen und ukrainischen Teil der Sowjetunion sowie im Westen Russlands durch Kopfschuss ermordet, ihre Leichen in Massengräbern in Waldgebieten verscharrt. Anschließend wurden die Angehörigen der Opfer, ohne zu wissen, was mit ihren Verwandten geschehen war, in die Verbannung in den Steppen Kasachstans geschickt. Moskau leugnete auf Nachfragen der polnischen Exilregierung jahrelang, etwas über den Verbleib der Inhaftierten zu wissen. Der Schleier wurde ein wenig gelüftet, als ausgerechnet deutsche Einheiten, von Einwohnern auf die Spur gebracht, 1943 in einem Wald bei der westrussischen Ortschaft Katyn auf ein Massengrab mit den Leichen von 4400 polnischen Offizieren stießen. Die anderen Massengräber – am Stadtrand von Kiew, Charkiw und im Westen Russlands – wurden erst ein halbes Jahrhundert später entdeckt und geöffnet. Im weißrussischen Minsk darf am vermuteten Ort bis heute nicht nach den Opfern gegraben werden.

Den deutschen Besatzern war Geheimhaltung nicht ganz so wichtig, wenngleich auch in ihrem Herrschaftsgebiet die Massenerschießungen anfangs im Schutz der Wälder durchgeführt wurden. Erst ab 1942, als der polnische Widerstand stärker wurde, setzte man auf die einschüchternde Wirkung von Erschießungen mitten in den Städten. Der Kampf gegen das Polentum wurde in den eingegliederten Gebieten (»Gauen«) und im Generalgouvernement zunächst unterschiedlich geführt. Er traf die eingegliederten Gebiete anfangs besonders stark: In Westpreußen wurden im Rahmen der »Intelligenzaktion«, einer ersten Mordwelle, schon 1939 etwa 30 000 Menschen von deutschen Einsatzgruppen erschossen, im »Warthegau« 10 000; auch hier traf es die Eliten im weitesten Sinne, vom Lehrer und Pfarrer bis zum Politiker und Großgrundbesitzer.

Diese eingegliederten Territorien, nunmehr deutsches Reichsgebiet, sollten in jeder Hinsicht germanisiert werden: Deutsch wurde Amtssprache, mancherorts wurde sogar verboten, in der Öffentlichkeit Polnisch zu sprechen. 2,9 Millionen Menschen, Angehörige der deutschen Minderheit und »Eindeutschungsfähige«, wurden nach dem System der »Deutschen Volksliste« in verschiedene Kategorien eingeteilt. Wer auf der Liste stand, genoss materielle und soziale Vorteile, musste aber auch mit der Einberufung zur Wehrmacht rechnen. Wer nicht auf der Liste stand, war rechtloser Pole. Schulen mit Polnisch als Unterrichtssprache durfte es nicht mehr geben, im »Warthegau« wurden sogar 90 Prozent der katholischen Kirchen geschlossen, manche auch zerstört, und zahllose Geistliche in Konzentrationslager verschleppt. Insgesamt wurden im Laufe der Kriegsjahre etwa 840 000 Menschen innerhalb der eingegliederten Gebiete ihres Wohnorts verwiesen oder gleich ins zentralpolnische Generalgouvernement vertrieben. Dazu kamen umfangreiche Enteignungen. Die in den eingegliederten Gebieten lebenden Polen wurden, wie sich ein Einwohner der Großstadt Bromberg erinnert, zu einem

»Volk von Parias, vollständig verdrängt aus dem Stadtzentrum, eingepfercht in die schlechtesten Wohnungen oder gar Wirtschaftsräume, gezwungen zu körperlicher Arbeit oft mörderischen Charakters, auf Schritt und Tritt demonstrativ diskriminiert. [...] Niedrigere Zuteilungen (zum Beispiel von Lebensmitteln). Zutrittsverbot in Restaurants. Es gab auch ein Eintrittsverbot für den Botanischen Garten (Hunden und Polen ist der Zutritt verboten). Waggons, auf denen nicht ›Polen zugelassen‹ stand, durften nicht benutzt werden.«[7]

Das Generalgouvernement dagegen war zunächst offiziell als »Heimstätte der Polen« gedacht. Im kulturellen und wirtschaftlichen Leben hatte die besetzte Nation hier mehr Spielraum, vieles durfte ein wenig »polnisch« aussehen, auch wenn Hochschulen und Gymnasien, Verlage und seriöse Medien abgeschafft wurden. Für die Dezimierung potenzieller Widerständler sorgten die Hinrichtungen im Rahmen einer »Außerordentlichen Befriedungsaktion«. Zugleich war das Generalgouvernement ein Gebiet, das nach kurzfristigen Interessen wirtschaftlich ausgebeutet wurde, und ein Reservoir für Arbeitskräfte, die zur Zwangsarbeit nach Deutschland geschickt wurden: Nicht zufällig war die erste Institution, welche die deutsche Zivilverwaltung in Polen aufbaute, ein Netz von Arbeitsämtern. Für die Verwirklichung all dieser Ziele wurde neben Militär und Polizei ein begrenztes Kontingent von entsandten deutschen Beamten gebraucht; so waren 1941 in der Krakauer Stadtverwaltung 100 Deutsche tätig (neben 8000 Polen), im Generalgouvernement insgesamt etwa 30 000 (allerdings erst 1942, als das Generalgouvernement um Ostgalizien erweitert worden war und nunmehr 17 Millionen Einwohner umfasste).[8]

Nach den ersten Schlägen gegen die Polen wandten sich die Besatzer den Juden zu. Das Generalgouvernement mit seinen anfangs knapp zehn Millionen Einwohnern war bis 1941 im deutschen Machtbereich auch der Siedlungsschwerpunkt der jüdischen Bevölkerung. Die Besatzer unterzogen sie bald einer besonders schlechten »Behandlung«, wobei den deutschen Behörden anfangs selbst noch unklar war, wohin die Reise gehen sollte. Zunächst wurden in Stadtvierteln, in denen ohnehin die meisten Juden lebten, Ghettos eingerichtet. Aus »offenen« Ghettos wurden zumindest in den Großstädten im Laufe des Jahres 1940 geschlossene, zum Teil durch Mauern abgeriegelte Wohnbezirke. Erst Ende 1941 reifte in Berlin der Plan heran, eine »Endlösung der Judenfrage« anzustreben. Im Januar 1942 wurde der Plan auf der Wannsee-Konferenz konkretisiert: Er sah Deportation (aus Westeuropa) nach Osten vor und dort, wo ohnehin die meisten Juden Europas lebten, den industriellen Massenmord.

Bis zu diesem Zeitpunkt war im besetzten Polen bereits einiges geschehen: Ab April 1940 war auf Weisung des Reichsführers SS Heinrich Himmler in den Gebäuden einer ehemaligen österreichischen beziehungsweise polnischen Artilleriekaserne das Konzentrationslager Auschwitz errichtet worden, im Sommer 1940 entstand das Arbeitslager Treblinka. Vor allem Auschwitz war zunächst für polnische Häftlinge vorgesehen, dann auch für sowjetische Kriegsgefangene, an denen seit September 1941 die Tötung durch Zyklon B erprobt wurde. Aber allein schon die schwere Arbeit und die unmenschlichen Bedingungen kosteten zahllose Menschenleben. Die industrielle Massenvernichtung von Juden kam später: Im Dezember 1941 wurde in Kulmhof im »Warthegau« die Vergasung mit den Abgasen von Lastwagen erprobt – und dann dort jahrelang praktiziert. Erst 1942 wurden an mehreren weiteren Orten – Bełżec, Treblinka, Sobibór, Majdanek – Gaskammern gebaut.

Die deutsche Besatzungspolitik als Momentaufnahme zu präsentieren ist wenig sinnvoll. Sie änderte sich von Jahr zu Jahr, nicht zuletzt aufgrund des Vordringens deutscher Truppen tief ins Innere der Sowjetunion. Damit einher ging eine stetige Radikalisierung, für welche die »Aktion Zamość« im Südosten Polens ein Beispiel ist: Während die Behörden für die Region zeitweise ein »Judenreservat Lublin« erwogen, wurde das Generalgouvernement zunächst doch zur »Heimstätte« der Polen, bis Himmler im November 1942 entschied, in und um die Renaissance-Stadt Zamość ein deutsches »Siedlungsgebiet« als Brückenkopf nach Osten zu schaffen. Schnell wurden 110 000 Polen vertrieben, aber am Ende wurden lediglich 9000 Deutsche dort angesiedelt. All dies war Teil der nie vollendeten Arbeiten für den »Generalplan Ost«, der in seinen schlimmsten Varianten die Entfernung, sprich: Vernichtung oder Vertreibung von Dutzenden Millionen Slawen und die Ansiedlung von Millionen Deutschen in Osteuropa vorsah – wenn die Sowjetunion eines fernen Tages besiegt wäre.

Von diesen sich entwickelnden Plänen konnte die polnische Bevölkerung nichts wissen. Ihr musste der Augenschein genügen, und der war schlimm genug. So griffen die Polen auf Mittel des passiven oder aktiven Widerstands zurück, wie sie bis 1918 unter der Fremdherrschaft erprobt worden waren. Das Spektrum reichte von allen möglichen Boykottmaßnahmen über ein konspiratives Schul- und Hochschulwesen und die Bildung geheimer Organisationen bis hin zu Sabotage und bewaffnetem Kampf.

Am stärksten entwickelte sich der Widerstand im Generalgouvernement, der »Heimstätte«, in der Polen und Juden großenteils »unter sich« waren, während Deutsche und die potenziell eher deutschfreundlichen Ukrainer kaum vertreten waren. Der Widerstand konnte auch deshalb so stark werden, weil er eine legitime oberste Instanz über sich wusste – die seit 1940 in London ansässige Exilregierung. Diese gab schon im November 1939 »Richtlinien« für den Umgang mit den Besatzern bekannt. Eine weitere Tätigkeit von Polen in der Verwaltung wurde darin unter gewissen Auflagen gutgeheißen. Zugleich sollten die Besatzer und ihre Veranstaltungen privat boykottiert werden (spiegelbildlich dazu forderte Generalgouverneur Hans Frank die Deutschen auf, »gesellschaftlichen Verkehr mit Polen oder

Juden beiderlei Geschlechts« streng zu vermeiden – »würdelos und gesundheitsgefährdend sind insbesondere intime Beziehungen«[9]). Denunzianten und übereifrig kollaborierenden polnischen Beamten und Polizisten drohte die Exilregierung mit der Todesstrafe. Das war keine leere Drohung: Die Untergrundgerichte im besetzten Polen sprachen seit 1942 mehr als 3000 Todesurteile, von denen die meisten vollstreckt wurden. Damit gelang es dem Widerstand, im Lande eine Art Gegenjustiz zu installieren.

Die gebräuchliche Bezeichnung »Untergrundstaat« für diese Aktivitäten ist durchaus gerechtfertigt. Wie fast jedes Gemeinwesen brauchte auch dieser unsichtbare Staat eine Armee. Sie entstand nach und nach aus den vielen Geheimorganisationen, die seit Herbst 1939 unter anderem von demobilisierten Soldaten und Offizieren gegründet worden waren. Die größte Struktur dieser Art nannte sich seit Februar 1942 »Armia Krajowa« (AK), was zumeist mit »Heimatarmee« übersetzt wird (wörtlich »Landesarmee«, zu unterscheiden von den Einheiten im Exil). Im Jahr 1943 war die Vereinheitlichung des militärischen und zivilen Widerstands unter dem Schirm der AK und der Exilregierung größtenteils abgeschlossen. Ihre Stärke wird für Ende 1942 auf 200 000, für 1943/44 auf 300 000 bis 350 000 Personen beziffert. Nur ein kleiner Teil davon waren jedoch – schon mangels Waffen – kampfbereite Partisanen, bei den übrigen handelte es sich um Kuriere, Sanitäter sowie Personen, die in Sabotage, Aufklärung, Kommunikation und weiteren Funktionen tätig waren.

Neben dem militärischen war auch der zivile Widerstand großenteils auf die Exilregierung, also seit 1940 auf »London« ausgerichtet. Die Exilregierung ernannte in Polen für sie tätige »Delegierte«, und nach und nach wurden Untergrundbehörden geschaffen, die auf den üblichen Feldern staatlicher Zuständigkeit – vom Inneren über die Sozialfürsorge bis zu Bildung und Kultur – taten, was in ihrer Macht stand. Dabei ging es selten ohne interne Reibungen ab, denn schließlich mussten verschie-

dene politische Kräfte der Vorkriegszeit in diese Aktivitäten ein-
gebunden werden. Auch wurden immer wieder führende Personen von der Gestapo oder, im sowjetischen Machtbereich, vom
NKWD verhaftet und zum Teil ermordet, woraufhin ihre Posten
neu besetzt werden mussten.

Dennoch blieb dieser Untergrundstaat mit Schwerpunkt im
Generalgouvernement auf vielen Gebieten erstaunlich handlungsfähig. Konspirativ gedruckte Zeitschriften und Flugschrif-
ten – bis 1941 stieg die Zahl der Periodika auf 290 – hielten die
Bevölkerung auf dem Laufenden. Schul- und Hochschulunter-
richt wurde ersatzweise in Privatwohnungen erteilt. Alle möglichen Organisationen wurden am Leben erhalten. Und natürlich
der Schatten-»Staatsapparat« selbst, der mit der Zeit immer stärker wurde. Hunderte von Funktionsträgern des zivilen Widerstands und Tausende Militärs wurden regulär vom Untergrundstaat entlohnt; für Februar 1944 spricht man von 7200 auf diese
Weise besoldeten Offizieren und 4500 Unteroffizieren, weitere
Zehntausende erhielten Zuschüsse. Wieder andere, etwa Angehörige von Opfern der Besatzung, erhielten Sozialhilfe. All
das bedeutete für den Untergrundstaat erhebliche Ausgaben. So
betrug sein »ziviles« Budget 1942 1,6 Millionen, 1944 hingegen
zwölf Millionen Dollar.[10] Diese Mittel stammten großenteils von
den Alliierten und gelangten über die geheimen Kanäle der Exilregierung nach Polen. Weit geringer waren die Hilfeleistungen
der Alliierten, wenn es um den Abwurf von Waffen und Material
aus der Luft ging. Die französische Résistance erhielt von ihnen
ein Mehrfaches an Abwürfen.

Die Bereitschaft zu konspirativer Arbeit war naturgemäß von
Region zu Region, von Milieu zu Milieu unterschiedlich. Auf
dem Lande war der Widerstand relativ schwach, vor allem zu
Anfang des Krieges, als die Bauern sich über hohe Preise für
Agrarprodukte freuen konnten. Doch 1942 wurden die Zwangs-
kontingente für die Landwirtschaft ebenso wie die »Exporte« ins
Reich drastisch erhöht und mit allen Mitteln bis hin zur Todes-

strafe durchgesetzt. Von nun an bis zum Höhepunkt im August 1944, dem Warschauer Aufstand der AK, verstärkten auch die Heimatarmee und andere Partisanengruppen auf dem Lande ihre Aktionen, was wiederum kollektive Strafaktionen nach sich zog, zu denen das Niederbrennen von Dörfern und die Ermordung ihrer Einwohner gehörten. Die Zahl der betroffenen Dörfer schwankt je nach Quelle zwischen 120 und 780.[11]

In Krakau, der Hauptstadt des Generalgouvernements, war die Lage relativ ruhig. Dagegen kann Warschau als die Hauptstadt des Widerstands angesehen werden. Dort entstanden 1942 im Untergrund zwei Analysen, die zu ähnlichen Ergebnissen kamen: Ein Viertel der Bevölkerung in dieser Stadt, heißt es darin, beteilige sich an Handlungen des Widerstands und nehme damit Risiken auf sich, während fünf bis zehn Prozent versuchten, das Leben zu genießen, zum Teil durch verschiedene Formen der Zusammenarbeit mit den Besatzern. Dazwischen liege, »wie eine Isolierschicht« zwischen dem Widerstand und den »Kanaillen«, die größte Gruppe: 60 bis 70 Prozent passiver, eingeschüchterter, auf das Überleben und Überdauern (auch mit Blick auf ihre Familien) fixierter Mitbürger.[12] Dennoch war der Widerstand vor allem in vielen städtischen Zentren Polens im von der Wehrmacht besetzten Europa einmalig. Die Aussage, dass er im Sommer 1944 eine vermutlich auch in der polnischen Geschichte »einzigartige Breitenwirkung«[13] erreichte, verglichen etwa mit den Aufständen des 19. Jahrhunderts, ist sicher zutreffend. Entsprechend kann auch die Armia Krajowa als die größte bewaffnete Widerstandsbewegung im deutsch besetzten Europa gelten.

Wie konnte es dazu kommen? Hier liegt eine Kombination von Gründen nahe. Die historische Erfahrung der Polen, die in den Teilungen bis 1918 und dann nochmals im Krieg von 1920 eine Gefährdung ihrer Existenz als Nation erlebt hatten, war noch lebendig, die Strategien der Selbstverteidigung durch zivile und militärische Aktionen waren jederzeit abrufbar. Min-

destens ebenso wichtig dürfte das Verhalten der Besatzungsmacht gewesen sein: Die Polen sahen sich von vornherein als
»Untermenschen« abgestempelt. Die deutschen Besatzer ver-
zichteten darauf, mühsam nach repräsentativen Kollaborateu-
ren zu suchen und ihrer Herrschaft den Anschein irgendeiner
Legitimität zu verleihen (im Gegensatz zu den Sowjets in Ostpolen, die sich immerhin als Schutzmacht der Ukrainer und Weißrussen darstellten und »Wahlen« abhielten). Stattdessen regierten die Deutschen durch Zwang und Terror. Jeder konnte Opfer
von Strafaktionen in Form von Erschießungen oder der Deportation zur Zwangsarbeit werden. »Die Beteiligung an einer
antideutschen Tätigkeit verliert ihre Gefährlichkeit; jeder ist be-
droht, unabhängig davon, ob er etwas tut oder nicht«, notierte
Ende 1943 der Ökonom Ludwik Landau, einer der wichtigsten
Chronisten der Besatzungszeit.[14] Damit sank für viele Menschen die Hemmschwelle, sich im Widerstand zu betätigen.

Mehr noch: Wenn jeder der Willkürherrschaft zum Opfer
fallen konnte, war es geradezu zwingend, anderswo Schutz zu
suchen. »Psychischer Halt und Geborgenheit, mögliche Unterstützung seitens der Umgebung, materieller Beistand im weitesten Sinne des Wortes« konnten Motive dafür sein, sich dem
Widerstand anzuschließen – auch wenn damit ein (lebensbe-
drohliches) Risiko verbunden war. Diese Spezifik des Lebens unter deutscher Besatzung – auch im Kontrast zur sowjetischen –
hatte der Schriftsteller Józef Mackiewicz im Sinn, als er sein
Alter Ego Henryk, eine seiner Romanfiguren im erst sowjetisch,
dann deutsch besetzten Ostpolen, 1943 sagen lässt:

»Wir verfälschen die Wirklichkeit, wenn wir zwischen deutsche und sowjetische Besatzung ein Gleichheitszeichen setzen. Die deutsche macht uns zu Helden, die sowjetische dagegen zu Scheiße. Die Deutschen schießen auf uns, die Sowjets
fangen uns mit den nackten Händen. Wir schießen auf die
Deutschen, aber den Sowjets kriechen wir in den Arsch.«[15]

Im sowjetisch besetzten Teil Polens war die Geheimpolizei bei der Bekämpfung des polnischen Untergrunds effektiver, und auch die Gewinnung von Vertretern der polnischen Eliten für eine Zusammenarbeit mit den Machthabern verlief etwas erfolgreicher als unter deutscher Herrschaft. Im deutschen Machtbereich dagegen gab es, wie erwähnt, wenig Anreize für höherrangige Polen, im Sinne eines Quisling oder Pétain zum Kollaborateur zu werden. Zugleich teilten allerdings viele Polen manche Elemente der NS-Weltanschauung (Antisemitismus, Antikommunismus). So konnte es zur punktuellen Berührung der Interessen kommen, etwa wenn Polen sich zusammenrotteten, um gewaltsam gegen ihre jüdischen Nachbarn vorzugehen. So geschah es in einer Reihe von Ortschaften in der Region um Białystok (von 1939 bis 1941 sowjetisch, dann deutsch besetzt). Bei dem bekanntesten Fall in der Kleinstadt Jedwabne beschuldigten Polen Juden, mit der sowjetischen Herrschaft sympathisiert zu haben (was in der Tendenz zutraf). Kaum war 1941 die Wehrmacht einmarschiert, trieb ein polnischer Mob die jüdischen Nachbarn zusammen, pferchte sie in eine Scheune und steckte diese in Brand. Jedwabne wirkt bis heute nach. Im Jahr 2000 entfachte das Buch »Nachbarn« über diesen Pogrom eine heftige Debatte. Sie erreichte ihren Höhepunkt mit der Entschuldigung des Staatspräsidenten Aleksander Kwaśniewski für diese Untat. Unbestritten ist dabei auch, dass sich am Tag der Tat eine SS-Einheit in Jedwabne befand, deren Aufgabe es war, zu Pogromen anzustiften und womöglich auch selber daran mitzuwirken. Zwei Verfahren in Deutschland gegen den Kommandeur der Truppe, den SS-Hauptsturmführer Hermann Schaper, führten allerdings zu keiner rechtskräftigen Verurteilung. Es mangelte an Beweisen, die neben seiner Präsenz in der Region auch seine konkreten Taten dokumentiert hätten.

Andererseits gab es gegenüber jüdischen Mitbürgern auch viele Fälle von Solidarität und im buchstäblichen Sinne todesmutiger Unterstützung. Wer Juden half oder sie versteckte und dabei entdeckt bzw. denunziert wurde, wurde mit dem Tode bestraft. In Warschau sollen einer Studie zufolge trotzdem 28 000 Juden in Verstecken die Ghettozeit überlebt und von diesen noch 11 500 das Kriegsende erlebt haben. Da das Verstecken eines Juden in aller Regel mehrere Helfer beziehungsweise Mitwisser erforderte, würde das heißen, dass in Warschau 70 000 bis 90 000 Menschen an der Rettung von Juden beteiligt waren, während 3000 bis 4000 Menschen sich als »Szmalcownik« (Schmalzownik: jemand, der versteckte Juden erpresst) oder als todbringende Denunzianten betätigten.[16] Für die Rettung von Juden während des Krieges werden bis heute Europäer (auch posthum) vom Institut Yad Vashem in Israel als »Gerechte unter den Völkern« ausgezeichnet. Die meisten Geehrten sind Polen; ob das vor allem an dem Mut und Widerstandsgeist liegt, den sie an den Tag legten, oder an der großen Zahl jüdischer Mitbürger in diesem Land, sei dahingestellt.

## Ghettos und Vernichtungslager

Die Einrichtung der Ghettos und die sich ab 1942 entfaltende Vernichtungspolitik der Besatzer gegenüber den Juden alarmierten führende Kreise des polnischen Widerstands. So wurde in diesem Jahr der Rat für Judenhilfe (Żegota) gegründet, der versteckten Juden mit Geld und gefälschten Papieren half und die Unterbringung jüdischer Kinder in Klöstern organisierte. Ebenfalls 1942 organisierten polnische und jüdische Verbände zwei Besuche eines Widerständlers im Warschauer Ghetto. Jan Karski sollte sich mit eigenen Augen ein Bild machen und dann zu den Alliierten geschleust werden, um als Zeuge auszusagen. Durch ein Haus direkt an der Ghettomauer in der Warschauer Muranowska-Straße gelangte Karski in den jüdischen »Wohnbezirk«. Dort hielt er sich mehrere Stunden auf und beschrieb das Ghetto anschließend so:

»War es ein Friedhof? Nein, denn diese Leichen bewegten sich noch – oftmals sogar recht fieberhaft. Es waren lebendige Menschen, wenn man sie denn so bezeichnen konnte. An diesen schlotternden Gestalten war außer Haut, Augen und Stimme kaum noch etwas Menschliches verblieben.«[17]

Nur wenig später wurde Karski von Angehörigen des Widerstands mit Hilfe eines bestochenen ukrainischen Wachmanns auch in ein Lager eingeschleust. Dieses befand sich bei Izbica Lubelska und war ein ausschließlich für die Massentötung bestimmtes Nebenlager des Lagers Bełżec. Karski hielt sich mehrere Stunden inmitten einer stinkenden, stöhnenden, sterbenden Menschenmenge auf, bevor man ihn wieder aus dem Lager schleuste. Die Reaktionen von Regierungsmitgliedern, Intellektuellen und ranghohen jüdischen Vertretern in London und Washington auf seinen verstörenden Bericht waren allerdings enttäuschend. Viele, die ihn persönlich anhörten, darunter US-Präsident Roosevelt, hielten seinen Bericht für übertrieben, für antideutsche Propaganda oder bekundeten ihre eigene Ratlosigkeit.[18] Karski musste sich später eingestehen, mit seiner Hauptaufgabe, die Alliierten zum Handeln zu bewegen, gescheitert zu sein. Das Morden ging weiter.

Als die Vertreter des Untergrunds Karski über die Forderungen informierten, die er den Alliierten übermitteln sollte, betonten sie ausdrücklich, was im Grunde offensichtlich war: Der Widerstand im Lande allein konnte die Verbrechen an Juden und Polen nicht aufhalten. Um ihre Kräfte für größere Aufgaben zu schonen, hielten sich seine bewaffneten Einheiten daher mit Angriffen auf die deutschen Besatzer lange Zeit zurück, zumal solche Aktionen mit wahllosem Terror gegen die Zivilbevölkerung beantwortet wurden. Doch bis Mitte 1942 war immer deutlicher geworden, dass die deutsche Besatzungspolitik auch ohne solche »Anlässe« zunehmend grausamer wurde. Folglich verging spätestens seit 1943 kaum eine Woche ohne Attentate auf deutsche Beamte, SS- und Polizeiführer. Generalgouverneur Hans Frank (der selbst ein Attentatsversuch unbeschadet überstand) nannte in einer Besprechung im Oktober 1943 die Zahl von fast tausend durch Anschläge getöteten Deutschen.[19]

In den Reihen des Widerstands verfestigte sich das Gefühl, dass es – auch um der »Ehre« und »Würde« willen – irgendwann zu einer großen Konfrontation mit den Besatzern kommen musste. Für die jüdische Gemeinschaft stellte sich diese Frage seit den Deportationen in die Todeslager in besonders schmerzhafter Weise. In der übrigen Bevölkerung kam derweil die vielfach dokumentierte Befürchtung auf, dass »nach den Juden auch wir« an der Reihe sein könnten. Seine zwei dramatischen Höhepunkte erreichte der Widerstand am 19. April 1943 mit dem Aufstand im Warschauer Ghetto und am 1. August 1944 mit dem Warschauer Aufstand. Während letzterer sich immerhin ein realistisches militärisch-politisches Ziel stecken konnte (es aber nicht erreichte), war der Ghetto-Aufstand nach Einschätzung seiner Akteure von vorneherein eine aus purer Verzweiflung geborene symbolische Tat. Beide Aufstände waren im deutsch besetzten Europa nicht die einzigen Widerstandsakte ihrer Art, in ihrem Ausmaß allerdings waren beide einmalig.

Der Ghetto-Aufstand hatte eine Vorgeschichte in Warschau. Schon im Januar 1943 hatte eine mit Revolvern bewaffnete Gruppe jüdischer Kämpfer erstmals Polizeikräfte im Ghetto angegriffen und – bei hohen eigenen Verlusten – zwölf Deutsche getötet. Diese psychologisch enorm wichtige Aktion gab der im Untergrund tätigen »Jüdischen Kampforganisation« (ŻOB) großen Auftrieb. Als dann am 19. April der Aufstand begann, waren die etwa 500 ŻOB-Kämpfer vermutlich durchweg mit Pistolen bewaffnet. Einige waren von der Heimatarmee gestiftet worden, die allerdings selbst unter Waffenmangel litt. Darüber hinaus verfügten die Kämpfer über 2000 Granaten und ein Maschinengewehr. Neben der sozialistischen ŻOB kämpfte auch der kleinere zionistische »Jüdische Militärverband« (ŻZW) in dem Aufstand.

Die Kämpfer begannen den Aufstand in der richtigen Vermutung, dass die Besatzer beabsichtigten, das Ghetto in kürzester Frist aufzulösen. In einem Aufruf an die polnische Bevölkerung während des Aufstands verkündete die ŻOB: »Der Kampf geht um unsere und eure Freiheit. Um eure und unsere – menschliche, gesellschaftliche und nationale – Ehre und Würde.« Um die jüdischen Kämpfer zu unterstützen, unternahm der polnische Widerstand von außen mehrere Angriffe auf deutsche Polizeieinheiten. Die militärische Überlegenheit der SS- und Polizeieinheiten blieb dennoch erdrückend. Nachdem die Deutschen binnen drei Wochen fast sämtliche provisorischen Bunker durchkämmt hatten, begingen einige der Aufständischen Selbstmord. Die im Ghetto verbliebenen Menschen – noch mindestens 40 000 – wurden größtenteils nach Treblinka oder in andere Lager geschickt, wenn sie nicht gleich im Ghetto erschossen wurden. Die deutschen Einheiten hatten offiziell 16, laut polnischer Untergrundpresse 86 Tote zu verzeichnen.

Am 16. Mai verkündeten die Besatzer das Ende des »jüdischen Wohnbezirks« in Warschau, der gegen Ende nur noch 180 Hektar umfasst hatte. Zwei Monate später entstand auf einem Teil des Geländes das »Konzentrationslager Warschau«. Mehrere tausend Menschen, ganz überwiegend Juden aus verschiedenen Ländern, wurden aus fernen Konzentrationslagern eigens hierhergebracht. Sie sollten das verwüstete Ghetto-Gelände einebnen, dabei Gegenstände von Wert, angefangen bei Ziegelsteinen, sicherstellen und am Ende – daraus wurde jedoch nichts mehr – einen Park anlegen.[20] So blieb bei Kriegsende nur eine Trümmerwüste zurück.

Der Warschauer Aufstand ein Jahr später begann unter anderen Vorzeichen. Die Lage in der Stadt ähnelte auf den ersten Blick jener in Paris, wo sich fast gleichzeitig, am 19. August, beim Anrücken der Amerikaner französische Widerstandskämpfer gegen die Besatzer erhoben. Ein deutscher »Endsieg« war 1944 hier wie dort nicht mehr zu befürchten. Die Rote Armee hatte schon zu Jahresbeginn erstmals polnisches Staatsgebiet betreten. Im Juli sahen die Warschauer geschlagene deutsche Soldaten von der Ostfront durch die Stadt gen Westen ziehen; zugleich erreichte die Bewohner die Nachricht von dem auf Hitler verübten Attentat. Damit schien die Situation näherzurücken, für welche der Widerstand die Aktion »Burza« (Sturm) konzipiert hatte: Die geschwächten deutschen Truppen sollten ohne große Kämpfe aus der Stadt gedrängt werden, anschließend sollten polnisches Militär und Verwaltungsbeamte als Hausherren die Sowjets empfangen, die man – im Sinne des kleineren Übels – als Verbündete sah. Die Beratungen zwischen den militärischen und politischen Spitzen des Widerstands über den richtigen Zeitpunkt für einen Aufstand verliefen bis zuletzt kontrovers.

Im letzten Augenblick stieß der legendäre »Kurier« Jan Nowak-Jeziorański, den ein britisches Flugzeug in Südpolen abgesetzt hatte, zu den Besprechungen. Er überbrachte die Einschätzungen der Londoner Exilregierung und dämpfte den Optimismus seiner Landsleute. Doch die Nachricht vom 31. Juli, sowjetische Truppen hätten östlich der Weichsel bereits Warschauer Stadtgebiet erreicht, gab den Ausschlag. AK-Befehlshaber General Tadeusz Komorowski erteilte für 17 Uhr am nächsten Tag, dem 1. August, den Befehl zum Aufstand.

Die Besatzungsmacht war diesmal nicht ganz so überrascht wie im Falle des Ghetto-Aufstands. Dennoch wurde sie zunächst vielerorts in die Defensive gedrängt. Die zu Anfang eingesetzten Einheiten der Heimatarmee hatten eine Sollstärke von etwa 40 000 Soldaten (darunter mindestens 10 % Frauen), tatsächlich dürften es eher 20 000 gewesen sein. Ihre Waffen: 5200 Gewehre und Pistolen, fast 800 Maschinengewehre und -pistolen, 36 000 Granaten und sehr begrenzte Munitionsvorräte. Dagegen standen die besser ausgerüsteten Einheiten von Wehrmacht, SS und deutscher Polizei mit 13 000 bis 20 000 Mann.[21]

Bis zum 3. August hatten die Aufständischen in dem wichtigen, auf dem linken Weichselufer gelegenen Teil Warschaus etwa die Hälfte des Stadtgebiets besetzt, dazu die letzten Juden aus dem KZ Warschau befreit, allerdings kaum strategisch wichtige Punkte erobert. Mindestens 500 Deutsche waren bereits gefallen. »Die Haltung der Bevölkerung gegenüber den Kämpfenden ist so herzlich und hilfsbereit, dass sich die Grenze zwischen Kämpfenden und Mitwirkenden verwischt«, notierte damals der junge AK-Offizier Władysław Bartoszewski.

Allerdings führte diese Kriegführung in der Stadt von Anfang an auch zu hohen eigenen Verlusten und Zerstörungen. Und sie brachte den Höhepunkt der Vernichtungspolitik gegenüber den »Banditen«, wie die Aufständischen von deutscher Seite genannt wurden, und gegenüber der als »Untermenschen« diffamierten Bevölkerung. Ein Befehl Himmlers sah vor, Aufständische wie Zivilisten »ohne Unterschied niederzumachen« und die Stadt »dem Erdboden gleich zu machen«. Dazu eigneten sich zwei neu hinzugezogene Einheiten hervorragend: die aus NS-Kollaborateuren aus der Sowjetunion bestehende »Sturmbrigade RONA« und das aus gewöhnlichen Kriminellen zusammengestellte SS-Sonderkommando Dirlewanger. Beide Einheiten wüteten vor allem im Stadtteil Wola, wo binnen Tagen mindestens 30 000 Zivilisten erschossen wurden. Damit wurde der Aufstand von einer begrenzten militärischen Aktion, als die er gedacht war, für die bedrohte Bevölkerung in der Stadt zu einem Kampf auf Leben und Tod.

In diesem Ringen hätte Hilfe von dritter Seite viel bedeutet. Polens Exil-Premier Stanisław Mikołajczyk wurde am 9. August in Moskau von Stalin empfangen, der sich jedoch wenig später von dem Aufstand und der polnischen Exilregierung distanzierte. Dass die anfängliche Passivität der Roten Armee östlich der Weichsel, wie oft behauptet, keinen militärischen, sondern einen politischen Hintergrund hatte, kann nicht bewiesen werden. Klar ist allerdings, dass die Sowjets den Amerikanern, die die Polen unterstützen wollten, wochenlang die Zwischenlandung auf frontnahen Flugplätzen verweigerten. Dagegen flogen deutsche Sturzkampfbomber fast den ganzen Aufstand hindurch Angriffe auf die befreiten Stadtteile.

Erst nach sechs Wochen, Mitte September, ließ Stalin die US-Bomber landen, die daraufhin Waffen und Hilfsgüter über Warschau abwarfen (von denen der größte Teil in den deutsch besetzten Stadtteilen niederging). Auch die Sowjets warfen jetzt Güter ab und schalteten sich mit Flugzeugen und Artillerie in die Kämpfe ein. Zugleich durften die kommunistisch-polnischen Truppen, die inzwischen an der Seite der Roten Armee kämpften, einen Angriff von Osten über die Weichsel starten und etwa 2000 Soldaten übersetzen lassen. So schöpften die Aufständischen noch einmal Hoffnung und kämpften weiter. Dennoch bleibt festzuhalten, dass »Moskau an eine Rettung des Aufstands nicht dachte«[22].

Die Zivilbevölkerung litt weiter. Nur einige tausend Bewohner durften im Rahmen kurzer Feuerpausen umkämpfte Viertel verlassen. Am 17. September schlug der deutsche Kommandeur erstmals einen Waffenstillstand vor. Die Heimatarmee sicherte zu, gefangene Soldaten der Gegenseite nicht zu ermorden, »wie das die Deutschen tun«. Beide Seiten kämpften trotz ihrer Erschöpfung immer noch weiter. Erst am 2. Oktober unterzeichnete Komorowski die Kapitulation, die den Aufständischen die kriegsüblichen Rechte von Kombattanten einräumte. Für das plötzliche deutsche Werben um eine gemeinsame antisowjetische Front zeigte er sich unempfänglich.

Die deutsche Seite hatte auf der umgehenden »Evakuierung der Zivilbevölkerung aus Warschau« bestanden. Was konkret bedeutete, dass 90 000 Menschen zur Zwangsarbeit verschleppt wurden, 60 000 in Konzentrationslager kamen und der Rest in alle Himmelsrichtungen vertrieben wurde. Warschau, das vor dem Krieg 1,3 Millionen Einwohner und gegen Ende des Aufstands noch 350 000 gehabt hatte, war nun fast menschenleer. Nur einige wenige hielten sich noch in den Trümmern versteckt. Für sie hat sich der Begriff »Robinsons« eingebürgert; wie

Daniel Defoes Romanheld waren sie einsam und fern jeder Zivilisation. Einer von ihnen war der Musiker Władysław Szpilman, dem später der Regisseur Roman Polanski in seinem Film *Der Pianist* ein Denkmal setzte.

Jetzt hatten die Deutschen die Stadt für sich. Sie nutzten die drei Monate bis zum Übersetzen der Roten Armee über die Weichsel, um zu den bereits zerstörten 60 Prozent des Baubestands noch einmal 30 Prozent hinzuzufügen. Auch Kulturgüter wurden gezielt vernichtet. Die Opfer auf polnischer Seite, welche die Niederwerfung des Aufstands forderte, werden heute zumeist auf 110 000 bis 180 000 beziffert, davon etwa 90 Prozent Zivilisten. Allerdings gilt auch hier, wie für viele andere Opferzahlen in diesem Krieg: Es könnten auch wesentlich weniger gewesen sein, was jedoch nichts am Gewicht des Verbrechens, der brutalen Niederwerfung einer Großstadt, ändern würde.[23]

Die Stadt Warschau verlor durch Krieg, Besatzungsterror und Holocaust etwa so viele Menschenleben wie zur gleichen Zeit das Land Frankreich. Bei Kriegsende stellten manche die Frage, ob man nicht das nahe gelegene Łódź zur Hauptstadt machen solle. Doch die neuen Regierenden hielten an Warschau fest und ermöglichten der Stadt, einem Phoenix gleich, den Aufstieg aus der Asche. Laut Volkszählungen hatte die neue alte Hauptstadt Polens 1946 bereits wieder 479 000 Einwohner; vier Jahre später waren es 822 000. Doch erst 1970, als der deutsche Bundeskanzler Willy Brandt die Stadt besuchte und am Ghetto-Denkmal niederkniete, erreichte sie mit 1,3 Millionen Einwohnern wieder den Vorkriegsstand – und das, obwohl in der Zwischenzeit große Eingemeindungen stattgefunden hatten.

Beide Aufstände zeigten, dass die Bevölkerung, dass Juden und Polen weiterhin Spielball fremder (Besatzungs-)Mächte blieben, wenngleich mit unterschiedlichen Konsequenzen für die Betroffenen. Die Juden verfügten über keine eigene politische Vertretung im Ausland, wenn man von ihren zwei Vertretern im Nationalrat absieht, einem Konsultativorgan der Exilregierung (einer von ihnen, Szmul Zygielbojm, beging 1943 in London »aus Protest gegen die Untätigkeit« der Welt, wie er zum Abschied schrieb, Selbstmord). Der polnische Staat dagegen bestand – auch in Form von Truppen – zumindest im Exil weiter, und er versuchte die ganze Zeit über, politisch und militärisch präsent zu bleiben. Die USA, Großbritannien und Frankreich hatten die Exilregierung schon im September 1939 anerkannt. Viel schwieriger war es mit der Sowjetunion, die ja zunächst in Ostpolen Besatzungsmacht war. Erst nach dem deutschen Angriff im Juni 1941 stellten Moskau und die Exilregierung die diplomatischen Beziehungen wieder her – bis Moskau sie nach Entdeckung der Massengräber von Katyn 1943 wieder abbrach. Dennoch wuchs das Gewicht der Sowjetunion, die mit ihrem militärischen Vorrücken immer neue vollendete Tatsachen schuf und im Osten Europas zur kriegsentscheidenden Macht wurde.

## Kampf in fremden Uniformen

Solange die Sowjets mit dem Dritten Reich im Krieg standen, war ihnen an einem weiteren Verbündeten gelegen. So wurden aus den deportierten oder internierten Polen in den Weiten Russlands Anfang 1942 plötzlich (wieder) Soldaten. General Władysław Anders, in jungen Jahren zaristischer Offizier, seit 1939 polnischer Kriegsgefangener der Sowjets, wurde ihr Kommandeur. Doch die Beziehungen gestalteten sich für beide Seiten schwierig. Auch weigerten sich die Polen, sich schon jetzt gegen die immer noch vorrückende Wehrmacht ins Feuer schicken zu lassen. Es gelang Anders, im Laufe des Jahres den Abtransport der Truppen aus dem sowjetischen Mittelasien in den Iran zu erwirken. Auf diese Weise verließen 78 000 polnische Soldaten und 36 000 Zivilisten die Sowjetunion. Unter britischer Aufsicht gelangten sie nach Palästina, um schließlich 1943/44 an der Befreiung Italiens mitzuwirken.

Schon früher hatten Polen auch im Westen Europas gekämpft. Als die Wehrmacht gegen Frankreich losschlug, standen auch dort etwa 80 000 polnische Soldaten. Sie hatten sich zumeist über Rumänien und Südeuropa dorthin durchgeschlagen und versuchten jetzt, die Invasoren in der Luft und auf dem Boden zu stoppen. Nur eine Minderheit von ihnen konnte gegen Ende der Kämpfe über den Ärmelkanal evakuiert werden. Aber als 1940/41 die monatelange Luftschlacht um England tobte, stellten Polen mehr als zehn Prozent der Piloten der Royal Air Force. Sie waren in dieser Zeit – da weder die USA noch die Sowjetunion gegen Deutschland Krieg führten – der wichtigste kämpfende Verbündete der Briten. Sie waren bereits kampferprobt, und ihre hervorragenden Leistungen waren, wie ein Zeitzeuge notierte, »in London Stadtgespräch«. Doch mussten sie britische Uniformen tragen und zwei Eide schwören, auf Polen und auf König Georg VI. Erst 1944 durften die Polen Einheiten unter polnischem Befehl aufstellen und ein eigenes Luftwaffen-College gründen.

## Teheran und Jalta

Weniger erfreulich sah es für die Polen auf dem politisch-diplomatischen Parkett aus. Seit Oktober 1939 und erst recht seit 1941 versuchte London unentwegt, die Exilregierung zu politischer Zurückhaltung gegenüber Moskau zu bewegen. Das betraf vor allem die Frage der 1939 von der Sowjetunion annektierten Ostgebiete Polens, die mehrheitlich von Ukrainern, Weißrussen (und bis zum Holocaust von Juden) besiedelt waren. Stalin pochte früh auf eine weit im Westen liegende polnisch-sowjetische Grenze, während die Londoner Polen an der Vorkriegsgrenze festhielten. Die westlichen Alliierten versuchten mehr oder weniger sanft, die Exilregierung für die sowjetische Position zu gewinnen. Die Suche nach einer neuen polnischen Ostgrenze fand ihren markanten Höhepunkt in der ersten Konferenz der Großen Drei in Teheran Ende 1943, als Churchill die berühmten drei Streichhölzer nebeneinander legte. Sie standen für die Sowjetunion, Polen und Deutschland. Der Premierminister demonstrierte an ihnen, dass man Polen mit Deutschlands Ostgebieten entschädigen müsse, wenn die Sowjetunion Polens Ostgebiete bekommen wolle. Die Polen müssten eben wie Soldaten »zwei Schritte links aufschließen«, auch wenn sie dabei Deutschland auf die Füße träten.[24]

Dabei hatte die Westverschiebung Polens ohne Zutun der Großmächte im Grunde längst begonnen. Was von guter Nachbarschaft zwischen den Nationalitäten noch übrig gewesen war, das schmolz in der Hitze von Krieg und Besatzung dahin. Die ukrainischen Nationalisten, die von den deutschen Behörden gegenüber den Polen klar bevorzugt wurden, beschlossen, in der Hoffnung auf einen eigenen Staat jetzt selbst loszuschlagen. Im Jahr 1943 und auch danach noch attackierten Ukrainer, die vor allem der »Ukrainischen Aufständischen Armee« (UPA) zugerechnet wurden, zahlreiche Dörfer in den bisherigen polnischen Ostgebieten und ermordeten – oft unter schlimmen Misshandlungen – mindestens 60 000 Polen. Daraufhin flohen etwa 300 000 Polen auf eigene Faust in die zentralpolnischen Gebiete. Im Gegenzug töteten polnische Einheiten Tausende Ukrainer. Diese ethnische Säuberung seitens der Ukrainer, zumeist noch unter deutscher Besatzung, ist in Polen nach der am schlimmsten betroffenen Region als »Massaker von Wolhynien« in Erinnerung geblieben.

Auf der Konferenz von Jalta auf der sowjetischen Halbinsel Krim im Februar 1945 fanden die Großen Drei eine ganz neue Ausgangslage vor. Stalin hatte Fakten geschaffen, nicht nur militärisch, auch politisch: Was Polen betraf, hatte Moskau energisch für »Alternativen« zu Exilregierung, Auslandsarmee und Heimatarmee gesorgt. Mit langem Vorlauf, seit 1941, waren in der Sowjetunion eine neue kommunistische polnische Organisation und (seit 1943) polnisch-kommunistische Streitkräfte aufgebaut worden. Entsprechendes fand im deutsch besetzten

Polen im Untergrund statt, wo die Kommunisten einen »Landesnationalrat« (eine Art Parlament) und eine eigene Partisanenarmee bildeten, die »Armia Ludowa« (Volksarmee). Auch die Londoner Exilregierung entwickelte ihre Strukturen weiter, sodass es bald zwei konkurrierende Organe gab, die beide beanspruchten, in Polen nach dem Abzug der Wehrmacht die Macht zu übernehmen. Das Vordringen der Roten Armee verschob die Gewichte jedoch immer weiter zugunsten der Kommunisten. Im Juli 1944 wurde in Lublin ein von ihnen dominiertes Polnisches Komitee der Nationalen Befreiung (PKWN) gegründet, das sich im Januar 1945 zur Provisorischen Regierung Polens erklärte und bald auch nach Warschau übersiedelte.

So hatte Churchill, als er in Jalta für Demokratie und Selbstbestimmung in Polen kämpfte, einen schweren Stand. Jalta wurde zu einem sowjetischen Sieg und auf Jahrzehnte zu einem Symbol für die Teilung Europas in einen selbstbestimmten, demokratischen Westen und einen fremdbestimmten, diktatorisch regierten Osten. Die Provisorische Regierung, so wurde in Jalta entschieden, sollte beibehalten, lediglich ein wenig erweitert werden, sprich: sie sollte einige »demokratische *leader*« aus dem Exil und dem Untergrund aufnehmen. Geheime Wahlen im Nachkriegspolen wurden festgeschrieben, doch ohne internationale Kontrolle. Die Westverschiebung Polens wurde im Grundsatz bestätigt, nur der genaue Verlauf der deutsch-polnischen Grenze blieb zu klären. Was die demokratische und damit selbstbestimmte Zukunft des Landes betraf, sandten die sowjetischen Sicherheitskräfte im März 1945 ein deutliches Signal. Bei einer gemeinsamen Besprechung mit den obersten Vertretern des Widerstands bei Warschau wurden die Polen unerwartet festgenommen und als Gefangene nach Moskau ausgeflogen. Im Juni, als Exilpremier Mikołajczyk nach Moskau flog, um über die vereinbarte Erweiterung der Regierung zu verhandeln, lief dort gerade der Schauprozess (wegen angeblicher »terroristischer« Betätigung) gegen die 15 verhafteten nichtkommunistischen Politiker und Militärs. Unter ihnen befand sich auch der letzte Oberbefehlshaber der Heimatarmee, General Leopold Okulicki, der, wie zwei weitere Verurteilte, nach Antritt seiner Haftstrafe in einem sowjetischen Gefängnis ums Leben kam.

Dennoch kämpften polnische Truppen bis zum letzten Tag des Krieges. An der Seite der Roten Armee rückten sie an die Elbe vor und kämpften im Zentrum der Reichshauptstadt Berlin, wo sie weiß-rote Fahnen hissten. Auch auf dem künftigen polnischen Staatsgebiet wurde fast bis zum letzten Tag gekämpft. Die ostdeutschen Städte, die den Luftkrieg nur in wenigen Fällen (Stettin, Breslau, Danzig) und den Landkrieg bisher überhaupt nicht zu spüren bekommen hatten, wurden nun erobert und schwer zerstört. Die »Festung Breslau« kapitulierte am 6. Mai 1945, zwei Tage vor Kriegsende.

Politisch nützte den Polen ihr militärisches Engagement im Krieg wenig. Wenngleich ihr Land eines der 26 Gründungsmitglieder der Vereinten Nationen war, nahm, als San Francisco im April 1945 zur historischen ersten UN-Konferenz einlud, keine polnische Regierung am Konferenztisch Platz, weder die demokratische im Exil noch die kommunistisch dominierte in Warschau, weil die großen Mächte jeweils nur eine von ihnen anerkannt hatten. Erst im Juli rangen sich Washington und London dazu durch, die Exilregierung fallenzulassen. Diese verlor in der Folge schnell an Bedeutung, existierte jedoch de facto bis 1990, als der letzte Exilpräsident Ryszard Kaczorowski die Insignien seines Amts, darunter die alte Fahne vom Warschauer Königsschloss, Lech Wałęsa überreichte, dem ersten demokratisch gewählten Staatsoberhaupt nach einem halben Jahrhundert.

## Bilanz der Verluste

Als in Europa die Waffen schwiegen, konnte, wer die Kraft, die Zeit und die Möglichkeiten dazu hatte, versuchen, die Toten zu zählen.

Die Exilregierung hatte solche Versuche schon früher unternommen. Ende 1942 informierte sie die gerade ins Leben gerufenen Vereinten Nationen darüber, dass bereits etwa ein Drittel der polnischen Juden ermordet worden war. Im Februar 1944 nahm sie eine breitere Schätzung vor und kam auf 4,11 Millionen während des Krieges ums Leben gekommene polnische Bürger, darunter 2,48 Millionen Juden. Nach dem Einzug der Roten Armee stellten die neuen, zunehmend von den Kommunisten beherrschten Behörden weitere Berechnungen an und kamen auf 4,8 Millionen Tote, wobei vielfach 1,25 Millionen weitere Tote in Form von ausgebliebenen Geburten hinzugezählt wurden. Da die Zahl der ermordeten Juden nahe an der Drei-Millionen-Marke lag, gab es Überlegungen, die Zahl der nichtjüdischen Opfer nicht dahinter »zurückstehen« zu lassen. Am Ende der Berechnungen war eine »politische« Entscheidung nötig. Der mächtige Jakub Berman, Mitglied des Politbüros der Polnischen Arbeiterpartei, gab einem der höchsten Beamten am 17. Dezember 1946 eine Anweisung, die dieser mit den Worten notierte: »Zahl der Getöteten auf sechs Millionen festlegen.«[25]

In dem 1947 erstellten Bericht findet sich dann die Zahl von 6 028 000 Toten – über Jahrzehnte die offiziell geltende polnische Opferzahl. Einerseits, wie erwähnt, wegen der eingerechneten Geburtenausfälle zu hoch veranschlagt, wies sie andererseits Lücken auf. Sie umfasste ausdrücklich nur ethnische Polen und Juden. Angehörige der ukrainischen, weißrussischen und deutschen Minderheit, auch polnische Roma, die durch Krieg oder Besatzungspolitik ihr Leben verloren hatten – insgesamt fast ein Viertel der Vorkriegsbevölkerung Polens – wurden damit ausgeklammert. Opfer der kurzzeitigen sowjetischen Besatzung durfte es aus politischen Gründen ohnehin nicht geben. Weil die Sowjets in Polen keinen flächendeckenden Genozid betrieben und ihr Morden auch nicht industriell perfektioniert hatten, lagen die Opferzahlen hier deutlich niedriger, nach heutigen Schätzungen bei mindestens 150 000[26]. Fasst man all diese

Opfergruppen zusammen, so kommt man – wie der Historiker Andrzej Friszke – auf fünf bis sechs Millionen Opfer.[27]

Halbwegs klar ist lediglich, mit welchen Verlusten der neue Staat nach dem Krieg ins Leben trat. Hatte die Zweite Republik noch etwa 35 Millionen Bürger gezählt, so beherbergte, nachdem das Morden, die Grenzverschiebungen und millionenfachen Wanderungen zu einem Ende gekommen waren, das »neue« Polen nur noch 25 Millionen (nach der Volkszählung von 1950). Die übrigen waren tot, geflohen oder jenseits der neuen Ostgrenze in der Sowjetunion geblieben. Besonders schwer getroffen hatte es die Bevölkerung der Städte, in denen die weitaus meisten Juden gewohnt hatten, sowie die gesellschaftlichen Eliten. Laut einer offiziellen Nachkriegsschätzung überlebten 57 Prozent der Rechtsanwälte, 39 Prozent der Ärzte, 29 Prozent der Hochschullehrer und 27 Prozent der römisch-katholischen Geistliche den Krieg nicht.

Eine von den Behörden begonnene Aktion, mit der 2006 – auch mittels freiwillig auszufüllender Fragebögen – noch einmal versucht werden sollte, die Opfer (nur der deutschen Kriegführung und Besatzung) namentlich zu erfassen, brachte offenbar nur Teilergebnisse.[28] Eine halbwegs präzise Ermittlung der in die Millionen gehenden Opferzahl wird es daher wohl nicht mehr geben.

# Befreit und doch nicht frei

## Die großen Vertreibungen

Polen 1945: Ein sechsjähriger Krieg ist zu Ende. Das Land, das der Aggression Hitlers (und in seinem Fall auch Stalins) als erstes Land bewaffnet Widerstand geleistet hatte, litt auch am längsten unter den Kampfhandlungen. Jede Region des Landes hatte mindestens zweimal die Front durchziehen sehen. Und jedes Mal hatten die neuen Herren das Leben auf den Kopf gestellt, oft auch materielle Zerstörungen angerichtet. Mindestens fünf Jahre lang habe nach Kriegsende in der Hauptstadt noch der Brandgeruch in der Luft gehangen, so der Warschauer Dichter Miron Białoszewski. Wer nicht tot oder geflohen war, musste sich vor Krankheiten hüten. So starben allein im Jahr 1946 mindestens 65 000 Polen an Tuberkulose.

Dabei sollte bei Kriegsende für Millionen Menschen ein weiteres leidvolles Kapitel erst noch beginnen. Sollte der Anspruch der Sowjetunion auf Westerweiterung nicht schon auf der Landkarte neue »Ungerechtigkeiten« schaffen, musste auch die polnische Westgrenze möglichst weit nach Westen verschoben werden. Die unheilvolle Logik dieser Grenzverschiebungen zog fast zwingend eine ethnische »Flurbereinigung« nach sich, mit anderen Worten: die Aussiedlung beziehungsweise Vertreibung der Einwohner ganzer polnischer und deutscher Provinzen.

Stalin wollte diese Vertreibungen, und Churchill und Roosevelt (bzw. ihre Nachfolger Attlee und Truman) mussten sich die-

sem Ansinnen aus Bündnistreue fügen. Auch die polnische Exilregierung in London, ein immer schwächer werdendes Glied in
der Kette, verlangte deutsche Gebiete, vor allem dort, wo man
historisch oder ethnisch mehr oder weniger stichhaltige Ar-
gumente dafür anführen konnte. Was man nicht überall konnte.
»Wir wollen unsere Grenze nicht so weit nach Westen ausdeh-
nen, dass wir uns acht bis zehn Millionen Deutsche einver-
leiben. Wir wollen weder Breslau noch Stettin«, sagte im Dezember 1944 der Ministerpräsident der Exilregierung, der Sozialist
Tomasz Arciszewski.

Die Entwicklung rollte über seinen Standpunkt hinweg. Kurz
vor der Potsdamer Konferenz im Juli/August 1945 ließen die
westlichen Alliierten die Exilregierung fallen und erkannten
das Warschauer Kabinett an. Dieses hatte inzwischen, wie in
Moskau ausgehandelt, den Exilpolitiker Stanisław Mikołajczyk
von der Bauernpartei als Vize-Regierungschef und Landwirtschaftsminister aufgenommen. Doch tonangebend waren die
Kommunisten Bolesław Bierut und Władysław Gomułka, der
eine Vorsitzender des Landesnationalrats, also eine Art Staatsoberhaupt, der andere ebenfalls Vize-Regierungschef. Diese drei
durften in Potsdam den Großen Drei ihre Position vortragen. In
den Grenzfragen hatten sie aber alle, auch der kompromissbe-
reite Mikołajczyk, bereits die sowjetische Position übernommen. Zwar zeigten sich die Briten zögerlich – Churchill hatte
einmal davon gesprochen, man dürfe die »polnische Gans« nicht
mit deutschen Gebieten überfüttern, sonst werde sie wegen Ver-
dauungsbeschwerden eingehen. Doch an anderer Stelle hatte
der britische Premier auch – da gewisse Grenzverschiebungen
unvermeidbar schienen – klar gesagt: »Die nach unserem Er-
messen befriedigendste und dauerhafteste Methode ist die Vertreibung. Sie wird die Vermischung von Bevölkerungen abschaf-
fen, die zu endlosen Schwierigkeiten führt.«[1] Ähnlich hatte sich
Roosevelt zu »Umsiedlungen« geäußert. In Potsdam setzte sich
die territoriale Maximalposition durch – mit Breslau und Stet-

tin. Im Abschlussdokument der Konferenz wurde im Abschnitt IX zum Stichwort »Polen« festgehalten:

»Die Häupter der drei Regierungen bekräftigen ihre Auffassung, daß die endgültige Festlegung der Westgrenze Polens bis zu der Friedenskonferenz zurückgestellt werden soll. Die Häupter der drei Regierungen stimmen darin überein, daß bis zur endgültigen Festlegung der Westgrenze Polens, die früher deutschen Gebiete östlich der Linie, die von der Ostsee unmittelbar westlich von Swinemünde und von dort die Oder entlang bis zur Einmündung der westlichen Neiße und die westliche Neiße entlang bis zur tschechoslowakischen Grenze verläuft, einschließlich des Teiles Ostpreußens, der nicht unter die Verwaltung der Union der Sozialistischen Sowjetrepubliken in Übereinstimmung mit den auf dieser Konferenz erzielten Vereinbarungen gestellt wird, und einschließlich des Gebiets der früheren Freien Stadt Danzig, unter die Verwaltung des polnischen Staates kommen und in dieser Hinsicht nicht als Teil der sowjetischen Besatzungszone in Deutschland betrachtet werden sollen.«

Der nördliche Teil Ostpreußens fiel an die Sowjetunion, genauer: an ihren russischen Teil. Zugleich war damit das künftige Polen, wenn es die Oder-Neiße-Grenze halten wollte, auf Gedeih und Verderb an den sowjetischen Verbündeten gekettet, der diese Grenze seit Herbst 1946 als endgültig bezeichnete, ungeachtet aller späteren »Friedenskonferenzen«. Was aus dem besetzten Deutschland werden würde, war in Potsdam noch unklar. Jedenfalls hatte Stalin den sowjetischen Einflussbereich für alle Fälle schon mal bis zur Oder ausgeweitet. Aber was sollte aus der dortigen Bevölkerung werden? Im Potsdamer Abkommen heißt es dazu in Abschnitt XIII zum Stichwort »Ordnungsgemäße Überführung deutscher Bevölkerungsteile«:

»Die drei Regierungen haben die Frage unter allen Gesichts-
punkten beraten und erkennen an, daß die Überführung der
deutschen Bevölkerung oder Bestandteile derselben, die in
Polen [in seinen neuen Grenzen], der Tschechoslowakei und
Ungarn zurückgeblieben sind, nach Deutschland durchgeführt werden muß. Sie stimmen darin überein, daß jede derartige Überführung, die stattfinden wird, in ordnungsgemä-
ßer und humaner Weise erfolgen soll. Da der Zustrom einer
großen Zahl Deutscher nach Deutschland die Lasten vergrö-
ßern würde, die bereits auf den Besatzungsbehörden ruhen,
halten sie es für wünschenswert, daß der alliierte Kontrollrat
in Deutschland zunächst das Problem unter besonderer Berücksichtigung der Frage einer gerechten Verteilung dieser
Deutschen auf die einzelnen Besatzungszonen prüfen soll. Sie
beauftragen demgemäß ihre jeweiligen Vertreter beim Kontrollrat, ihren Regierungen so bald wie möglich über den Umfang zu berichten, in dem derartige Personen schon aus Polen,
der Tschechoslowakei und Ungarn nach Deutschland gekommen sind, [...]«[2]

Schon jetzt war die Mehrheit der Deutschen aus den Gebieten
östlich von Oder und Neiße verschwunden – sie waren entweder
in den letzten Kriegsmonaten evakuiert worden oder vor der näher rückenden Front nach Westen geflüchtet. Vor allem die
Angst vor der Gewalt der Rotarmisten gegen die Zivilbevölkerung, von der NS-Propaganda noch zusätzlich verstärkt, hatte
die Deutschen zur Flucht getrieben. Nach Kriegsende kam zur
Flucht noch die Vertreibung hinzu: Die neuen polnischen Behörden planten in Abstimmung mit den Sowjets und den westlichen Alliierten, weitere Deutsche per Bahn und Schiff aus ihrer
Heimat fortzuschaffen. Auf diese Weise wurden von Kriegsende
bis Ende 1949 noch einmal etwa drei Millionen Menschen in das
besetzte Rumpfdeutschland abtransportiert. Insgesamt verließen zwischen acht und neun Millionen Deutsche nach 1944/45

ihre Wohnorte innerhalb der neuen polnischen Grenzen.[3] Nach einer bis heute zitierten älteren Schätzung deutscher Historiker sind von diesen Menschen (das nördliche Ostpreußen mitgerechnet) etwa 400 000 ums Leben gekommen, davon die Hälfte bei der Deportation in die Sowjetunion und während der dortigen Zwangsarbeit sowie 60 000 in polnischen Lagern. Die Deportation in die Sowjetunion traf vor allem die Bewohner Oberschlesiens, gleich welcher Volkszugehörigkeit. Sie wurden vor allem in das Donbass-Industrierevier gebracht. Zudem gab es etwa 50 000 deutsche Kriegsgefangene in Polen. Zumeist waren sie von der Sowjetarmee den polnischen Behörden übergeben worden und mussten ohne Entgelt am Wiederaufbau Polens mitwirken, großenteils in »Grubenlagern« in Oberschlesien. Bis 1950 wurden alle freigelassen.[4]

Der andere Teil des Vertreibungsplans, der die polnischen Ostgebiete betraf, wird im Potsdamer Abkommen hingegen überhaupt nicht erwähnt, ebenso wenig wie die territorialen Gewinne der Sowjetunion auf Kosten von insgesamt sieben Staaten, von Finnland über Polen bis Rumänien. Als die Rote Armee im Herbst 1944 in Ostpreußen deutsches Territorium betrat, war die Vertreibung der Polen aus ihren Ostgebieten schon beschlossene Sache, sprich: auf dem Papier vereinbart. Bereits im September jenes Jahres hatte die Keimzelle des kommunistischen Polen, das Lubliner Komitee (PKWN), mit der ukrainischen, weißrussischen und litauischen Sowjetrepublik Verträge über die wechselseitige »Evakuierung«, wie es irreführend hieß, von Bevölkerungsanteilen geschlossen. Danach sollten »alle Polen und Juden, die bis zum 17. September 1939 polnische Bürger waren, in den westlichen Gebieten der UdSSR wohnen und auf das Territorium Polens umsiedeln wollen«, evakuiert werden. In umgekehrter Richtung sollte mit polnischen Bürgern, die einer der »östlichen« Minderheiten angehörten, genauso verfahren werden.

So mussten bis Ende 1946 fast 1,3 Millionen Polen und eine

größere Anzahl Juden ihre Heimat in den einstigen polnischen Ostgebieten verlassen, weitere Hunderttausende waren zuvor bereits auf eigene Faust geflohen, dazu kamen bis Ende 1949 noch 266 000 Polen aus fernerer Gebieten der Sowjetunion, großenteils Deportierte der Kriegsjahre. Im Gegenzug siedelte gut eine halbe Million Menschen, größtenteils Ukrainer, in die Sowjetunion um. In der Theorie waren diese Umsiedlungen freiwillig, weshalb überall – stark dezimierte – Minderheiten in ihren angestammten Regionen zurückblieben. Doch gerade die Ukrainer wollte das neue Polen weitestgehend loswerden. So übten die Behörden erheblichen Druck aus. Die Sicherheitskräfte, aber auch die aus der Kriegszeit überkommenen Partisanengruppen lieferten sich mit ukrainischen Partisanen Gefechte, in denen mehrere tausend Menschen getötet wurden, darunter ein Vize-Verteidigungsminister. Um den ukrainischen »Störfaktor« endgültig auszuschalten, begannen die Behörden 1947 eine letzte Vertreibung, die »Aktion Weichsel«, mit der 140 000 Ukrainer aus dem Gebirgsvorland im Südosten in die fast menschenleeren, ehemals deutschen Gebiete verpflanzt wurden. Nur eine Grenzänderung kam ohne Vertreibung aus: Im wieder aufflammenden polnisch-tschechischen Streit um das Olsa-Gebiet griff Stalin ein und entschied zugunsten der Tschechen.

Damit war die große Wanderungsbewegung aber noch nicht abgeschlossen. Am Ende der Vertreibungen »fehlten« auf dem Gebiet des neuen polnischen Staates acht bis neun Millionen Deutsche, während aus dem Osten nur etwa 2,1 Millionen Polen gekommen waren. So mussten für Schlesien, Pommern, Ostpreußen und Danzig weitere Neusiedler gewonnen werden. Etwa drei Millionen kamen aus den bisherigen zentralen Landesteilen. Gut eine Million deutsche Staatsbürger hatte außerdem in den ehemals deutschen Ostgebieten und jetzt polnischen Westgebieten ausgeharrt – Oberschlesier, Masuren und Ermländer. Deren Dialekte und Kultur wiesen sie als »slawisch« aus, was den Anspruch Polens, altes polnisches Siedlungsgebiet »wiedergewonnen« zu haben, wirkungsvoll unterstrich. Dass auch Zwangsarbeiter, KZ-Häftlinge und Soldaten sowie ehemalige polnische Emigranten aus Deutschland und Westeuropa in großer Zahl zurückkehrten, sei nur am Rande erwähnt.

Wer in die ehemals deutschen Gebiete kam, fand dort einen vielfach so genannten »Wilden Westen« vor. Der Mathematikprofessor Hugo Steinhaus, ein polnischer Jude, der die deutsche Besatzung in Verstecken in Lemberg überlebte, hat seine Erlebnisse in Breslau vom Herbst 1945 an eindrucksvoll beschrieben: In der Stadt befanden sich noch viele Deutsche, die von den polnischen Behörden gezwungen wurden, weiße Armbinden zu tragen, sowie die Vertriebenen aus Ostpolen, dazu Gruppen von Plünderern, unter denen sich Angehörige der polnischen Staatssicherheit und Miliz sowie der sowjetischen Armee hervortaten. Steinhaus machte sich daran, in den Mauern der deutschen jetzt eine polnische Universität aufzubauen. Für ihn war alles neu:

»Wrocław beginnt, eine Stadt zu sein. [...] Die Straßenbahnverbindung zur Universität braucht eine Dreiviertelstunde, so lange wie zu Fuß. Wrocław bevölkert sich. Niemand kennt die Straßen. Die Polen geben ihnen polnische Namen, aber wissen nicht, wo sie sich befinden. Und wenn man dann einen Deutschen fragt, weiß er nicht, wovon die Rede ist.«[5]

Nach dem weitgehenden Verlust seiner Minderheiten und der Übernahme entvölkerter deutscher Gebiete war Polen um 1950 ethnisch und konfessionell so homogen wie seit Jahrhunderten nicht. Etwa 95 Prozent der Bevölkerung waren ethnisch polnisch und römisch-katholisch. Doch für kurze Zeit sah es so aus, als hätte Polen wieder eine nennenswerte jüdische Minderheit (1946: 240 000). Die meisten dieser Juden waren nach dem Krieg aus ihrem Zufluchtsland Sowjetunion zurückgekehrt. Etwa 90 000 ließen sich im entvölkerten Niederschlesien nieder und entfalteten dort eine rege gesellschaftliche und kulturelle Tätigkeit; sogar von einem Autonomiestatus war bald die Rede. Erst der Stalinismus und die Emigration vieler Juden machten diese Pläne zunichte. Ein anderes Schicksal erlitten die heimkehrenden oder aus ihren Verstecken auftauchenden Juden in den altpolnischen Gebieten. Für viele waren sie keine willkommenen Rückkehrer. Oft fanden sie fremde Menschen vor, die ihre verwaist geglaubten Wohnungen oder Werkstätten in Besitz genommen hatten, was zu neuen Konflikten Anlass bot. Alte antisemitische Vorurteile vermischten sich mit neuen. Die überdurchschnittliche Präsenz jüdischer Kommunisten in den Strukturen von Partei und Sicherheitskräften führte zu Hass auf die »Juden in der UB« (Staatssicherheit), der sich leicht in einen allgemeinen Judenhass ummünzen ließ. In dieser angespannten Situation kam es zu Gewaltakten und Pogromen, dessen bekanntestes im Juli 1946 in Kielce stattfand: Dort führte ein Gerücht über einen angeblichen Ritualmord zu Zusammenrottungen und Ausschreitungen, bei denen 42 Juden ihr Leben verloren. Die unmittelbar Ausführenden wurden schnell verhaftet und verurteilt, doch vieles an dem Vorfall ist bis heute unklar, etwa die Frage, warum die Sicherheitskräfte Gewehr bei Fuß standen und nichts unternahmen, um dem Mob Einhalt zu gebieten.

Kielce fügt sich ein in eine Landschaft der Gewalt, des Hasses, der Selbstjustiz, wie sie die Verrohung durch Krieg und Besatzungsterror und der Hang oder Zwang zur illegalen Bereicherung hervorgebracht hatten. Allein die Zahl der getöteten Deutschen in der Nachkriegszeit »geht in die Zehntausende«, wie ein Historiker in einer Fußnote anmerkt.[6] Von den bürgerkriegsähnlichen Auseinandersetzungen zwischen Sicherheitskräften und Regimegegnern in Polen wird noch die Rede sein. All das waren mehr oder weniger direkte Erblasten des Krieges. Eine hohe Kriminalität und das erwähnte Plünderer-Unwesen (polnisch: Szaber) kennzeichneten das Land, die Aneignung von Wohnraum – gerade in den ehemaligen deutschen Gebieten – war gang und gäbe: Nicht nur aus Not, wenn sie ihre Heimat verloren hatten oder ausgebombt waren, zogen Menschen in den »Wilden Westen«, sondern auch, um Karriere zu machen, Spuren zu verwischen oder schlicht ein neues Leben anzufangen.

## Die Nacht des Kommunismus

Ein neues Leben, das versprachen auch die Kommunisten, die jetzt Schlüsselpositionen der Macht innehatten. Aber es ging ihnen nicht nur um den Wiederaufbau des zerstörten, zerrütteten Landes, sondern zugleich auch um einen radikalen wirtschaftlichen und gesellschaftlichen Umbau. Noch hatten sie sich längst nicht alle Bereiche des Lebens untergeordnet, doch gaben sie bereits Richtung und Tempo der Veränderungen vor. In der Wirtschaft bedeutete das zunächst, dass die Rolle des Staates erheblich gestärkt werden musste.

Das war am leichtesten in den ehemals deutschen Gebieten zu erreichen, die ein Drittel des neuen polnischen Staates ausmachten. Die alteingesessenen Bewohner waren fast alle weg, und sämtlicher deutscher Besitz, ob öffentlich oder privat, wurde jetzt verstaatlicht (eine Ausnahme bildete der Privatbesitz der »verifizierten«, also positiv überprüften »Autochthonen«, vor allem in Oberschlesien). Ebenfalls relativ leicht war es in den 1939/40 eingegliederten Gebieten der deutschen »Gaue«: Hier hatten die Besatzer massenhaft Polen und Juden vertrieben oder enteignet und deutsche Besitzer eingesetzt, die jetzt fast alle geflohen waren. Nur in den übrigen Landesteilen versprach die Neuordnung schwieriger zu werden. Ein wichtiger Schritt war Anfang 1946 ein Gesetz, das in 17 Industriezweigen sämtliche Betriebe verstaatlichte, dazu alle weiteren mit mehr als 50 Arbeitskräften pro Schicht. Entschädigungen wurden zwar angekündigt, doch in deren Genuss kamen am Ende nur ausländische Besitzer, und zwar im Rahmen zwischenstaatlicher Abkommen.

Zunächst einmal war jedoch beschwichtigend davon die Rede, dass eine »multisektorielle Wirtschaft« geschaffen werden solle: Staat, Genossenschaften und privates Kleinunternehmertum sollten nebeneinander existieren. Doch während sich vor dem Krieg 30 Prozent der Industrieproduktion in staatlicher Hand befunden hatten, waren es 1947 schon 86 Prozent, und der Anteil sollte weiter steigen. Drei Jahre später hatte die Produktion etwa das Niveau der Vorkriegszeit erreicht. Keine Frage, es ging in vieler Hinsicht deutlich aufwärts, die Arbeitslosigkeit sank rapide. Seit 1946 waren die Häfen Danzig und Gdingen wieder in Betrieb, der Energiesektor und viele Verkehrsverbindungen und Brücken wurden wiederhergestellt.

Es gab jedoch noch unabhängige produktive Gruppen im Land, denen die Regierung im wahrsten Sinne des Wortes »das Handwerk legen« wollte. Mehr als 80 Prozent des Klein- und Großhandels befanden sich noch in privatem Besitz, als im April 1947 Hilary Minc von der kommunistischen Arbeiterpartei, der in wechselnden Ämtern über viele Jahre der mächtigste polnische Wirtschaftspolitiker bleiben sollte, die »Schlacht um den Handel« eröffnete. Unter Verweis auf die Versorgungsengpässe während des letzten Winters wurde eine »Sonderkommission gegen Wirtschaftsschädlinge« aktiv. Etwa 20 000 Händler wurden unter dem Vorwurf des Spekulantentums ohne Gerichtsurteil in Arbeitslager gesteckt. Daraufhin gab ein erheblicher Teil der Groß- und Einzelhändler »freiwillig« auf. Die Geschäfte gingen an den Staat oder an Genossenschaften, die 1948 ebenfalls verstaatlicht wurden. (Dieser Konflikt war Teil des Ringens zwischen Kommunisten und Sozialisten, die das Genossenschaftswesen gestärkt sehen wollten, doch letztere wurden immer mehr zurückgedrängt.) Auch private Kneipen und Cafés waren unerwünscht. Im Jahr 1948 existierten in Polen noch 14 000 von ihnen, sieben Jahre später waren es nur noch knapp 500. Im Jahr 1950 wurde eine Währungsreform durchgeführt, die große Teile des Barvermögens in der Bevölkerung – und damit potenzielles unternehmerisches Kapital – vernichtete.

Schon seit Ende 1945 leitete ein Zentrales Planungsamt die Wirtschaft, die entsprechend immer straffer von oben organisiert wurde. Für die noch vom Wiederaufbau geprägte Zeit von 1947 bis 1949 wurde ein Dreijahresplan beschlossen. Er sollte Geschichte schreiben: Als einziger Mehrjahresplan im kommunistischen Polen wurde er vor der Zeit erfüllt. Als nächstes kam ein Sechsjahresplan. Der jetzt folgende Aufbau der Schwerindustrie nach sowjetischem Vorbild vernachlässigte andere Wirtschaftszweige derart, dass die 1947 abgeschafften Lebensmittelmarken vier Jahre später wieder eingeführt werden mussten. Als die Rationierung 1953 ein zweites Mal aufgehoben wurde, verdoppelte der Staat zum Ausgleich die Lebensmittelpreise. Eine zentrale Steuerung der Wirtschaft und die wirksame Einschüchterung der Bevölkerung machten das möglich. In späteren Jahrzehnten führten dann weit geringere Preiserhöhungen regelmäßig zu unerwartet großen Protesten, doch während des Stalinismus wagte das kaum jemand.

Die Lokomotive des Kommunismus fuhr unter Volldampf – nicht zuletzt auf Wunsch des sowjetischen Hegemons, der von seinen Satelliten unter anderem gewaltige Rüstungsanstrengungen erwartete. Der Investitionssprung in Polen in diesem Sektor war 1953 am größten, die Steigerung betrug 500 Prozent. In der Zeit des Sechsjahrplans stieg die gesamte Produktion in der Industrie offiziell um 185, die in der Landwirtschaft um 19 Prozent. Allerdings ziehen manche Historiker diese Zahlen heute in Zweifel. Womöglich waren es statt 185 doch nur 76 Prozent. Außenpolitische und innenpolitisch-propagandistische Zwänge ließen freilich höhere Ziffern damals geboten erscheinen. Tatsache bleibt, dass in dieser Zeit viele Fabriken gebaut wurden, die das Land auf Jahrzehnte prägen sollten, zum Beispiel das Stahlwerk in der sozialistischen Musterstadt Nowa Huta bei Krakau, die Hütte Warschau, ein Lkw-Werk in Lublin, ein Pkw-Werk in Warschau, dazu das Lokomotiv-Werk in Wrocław, dem ehemaligen Breslau, und die Chemiewerke in Oświęcim, ehemals Auschwitz, die beide auf deutschen Vorgängerbetrieben fußten.

Allerdings hätten viele der neuen polnischen Produkte, die mit sowjetischen Technologien und bei geringer Arbeitsproduktivität entstanden, auf dem Weltmarkt nicht konkurrieren können. Aber darauf kam es immer weniger an. Im Jahr 1949 wurde der Rat für Gegenseitige Wirtschaftshilfe (RGW bzw. Comecon) gegründet, der die wirtschaftliche Grundlage für die Entstehung eines »Ostblocks« legte. Immer mehr Waren wurden in die Sowjetunion und die übrigen Länder des Blocks exportiert; in den Westen gingen allenfalls Kohle und Lebensmittel. Die Aushebelung der Marktprinzipien und die wachsende Abschottung von der Weltwirtschaft ermöglichten es zudem, im Inland die Preise fast beliebig zu manipulieren und für ausländische Währungen fiktive Wechselkurse festzulegen.

Hand in Hand mit der Integration nach Osten schritt die Teilung Europas voran. Als US-Außenminister George C. Marshall 1947 den Europäern, die Sowjetunion inbegriffen, ein großes Wiederaufbau- und Hilfsprogramm in Form von Krediten und Zuschüssen anbot, bekundete Warschau zunächst Interesse. Doch wenige Tage später musste die Regierung einen Rückzieher machen und, wie auch andere Staaten Ostmitteleuropas, der plötzlich von Moskau vorgegebenen Linie folgen: Nein zum Marshall-Plan. Im Jahr 1950 verließ Polen den Internationalen Währungsfonds, die Weltbank und die Ernährungs- und Landwirtschaftsorganisation der Vereinten Nationen FOA (Food and Agriculture Organization). Was das Land in den ersten zwei Nachkriegsjahren an Unterstützung aus dem Westen noch erreichte, waren lediglich die Hilfspakete der UN-Nothilfe- und Wiederaufbauverwaltung UNRRA (United Nations Relief and Rehabilitation Administration). Sie wurde im Volksmund bald liebevoll »Tante Unrra« genannt, und sie schickte ziemlich große

Pakete. Die vor allem aus den USA kommenden Lieferungen reichten von Lebensmitteln, Medikamenten und Kleidung bis hin zu ganzen Fahrzeugen und Lokomotiven. Polen war in Europa der größte Empfänger der UNRRA-Hilfe, nur nach China gingen noch größere Lieferungen. Doch 1947 fiel auch Tante Unrra der Politik der Abschottung zum Opfer.

Die Zeichen der Zeit waren unübersehbar. Polen bewegte sich Schritt für Schritt in Richtung einer totalitären Diktatur. Nur diese Regierungsform konnte gewährleisten, dass aus dem überwiegend katholischen Land mit seiner ursprünglich winzigen kommunistischen Partei der nach Fläche, Bevölkerung und Wirtschaftsleistung größte europäische Bündnispartner der Sowjetunion wurde – und das Verbindungsstück zum noch wichtigeren Deutschland, wo die Einflusszonen der Großmächte aufeinanderstießen. Dazu mussten die polnischen Kommunisten, getreu dem sowjetischen Lehrbuch, auf Dauer die »führende Rolle« in Staat und Gesellschaft erobern.

Da die polnischen Kommunisten und die 1944 gegründete »Polnische Armee« (Wojsko Polskie) die siegreiche Sowjetarmee und ihre Organe der inneren Sicherheit an ihrer Seite hatten, war diese Aufgabe zu bewältigen. Bei Kriegsende war die von Kommunisten dominierte Provisorische Regierung in Warschau installiert und wurde von den wichtigsten Ländern des Westens anerkannt (siehe S.107). Das aus dem kommunistischen Untergrund hervorgegangene Quasi-Parlament, der Landesnationalrat (KRN), arbeitete jetzt als die einzige anerkannte Volksvertretung. Allerdings war er nicht aus Wahlen, sondern aus recht willkürlichen Ernennungen hervorgegangen, und die Kräfteverhältnisse waren gegenüber den Sympathien in der Bevölkerung auf den Kopf gestellt: Die kommunistische PPR, die bereits drei weitere Parteien als »Satelliten« an ihre Seite gezogen hatte, dominierte. Die starke, für ein demokratisches System eintretende Bauernpartei PSL dagegen fand sich in der Minderheitsposition wieder.

Stanisław Mikołajczyk, der in den Kriegsjahren zum bedeutendsten Vertreter dieser politischen Strömung geworden war, stand jetzt ein harter Kampf bevor. Auf ihn richteten sich die Hoffnungen aller, die sich der Sowjetisierung widersetzten. Mikołajczyk war ein »Ruhrpole«, er war 1901 in Deutschland geboren worden, in Holsterhausen (heute Stadtteil von Herne). Sein Vater, ein Bauernsohn mit 15 Geschwistern, war einst aus dem preußischen Teilgebiet Polens auf der Suche nach Arbeit ins Ruhrgebiet gezogen und hatte sich dort als Bergmann verdingt. Seinen Sohn musste er auf den germanisierten bzw. lateinischen Namen »Stanislaus« taufen, da polnische Vornamen in Deutschland verboten waren. Seine Jugend verbrachte der junge Mikołajczyk jedoch wieder in der polnischen Heimat seiner Eltern. Er meldete sich als Freiwilliger und kämpfte im polnisch-sowjetischen Krieg, bewirtschaftete später erfolgreich den kleinen elterlichen Hof, engagierte sich in der Bauernpartei und saß für sie als Abgeordneter im Sejm. Im Jahr 1939 floh er über Frankreich nach Großbritannien, wo er von 1940 bis 1943 Stellvertreter des Exilpremiers Władysław Sikorski war. Nach dessen tödlichem Flugzeugabsturz wurde er sein Nachfolger. Gut ein Jahr später, im November 1944, als die Lage der Exilregierung angesichts des Drucks der Alliierten hoffnungslos geworden war, trat Mikołajczyk als Regierungschef zurück.

Nach der Konferenz von Jalta, auf der die westlichen Alliierten die Erweiterung der Provisorischen Regierung um demokratische Vertreter sowie für die Zukunft freie Wahlen durchsetzten, konnte Mikołajczyk wieder Hoffnung schöpfen. Im Juni 1945 reiste er zu Verhandlungen über die Regierungsbeteiligung nach Moskau. »Zufällig« wurden dort zur gleichen Zeit die verhafteten führenden Widerstandskämpfer aus Polen vor Gericht gestellt (siehe S. 106 f.). Mikołajczyk hat seine Gefühle in dieser schwierigen Lage später so geschildert:

»Ich dachte, es könne keine größere Erniedrigung geben als jene, die wir erlebten: Unsere Weggefährten waren im Gefängnis, während wir die Bedingungen des Vertrags festlegten. [...] Diese Menschen hatten seit 1939 gegen die Deutschen gekämpft, und das allen Widrigkeiten, Terror, größten Gefahren und dem Mangel an Kampfmitteln zum Trotz. Verurteilt wurden sie von einem russischen Gericht nach einem Prozess, der in der Geschichte des internationalen Rechts ohne Beispiel ist. Wie sich herausstellen sollte, gab es keine Möglichkeit, Berufung einzulegen.«[7]

Dennoch spielte Mikołajczyk das Spiel mit, so gut es ging. Er kehrte nach Polen zurück, wurde Vizepremier und zugleich Landwirtschaftsminister, im Januar 1946 auch Vorsitzender der Bauernpartei. Seine Heimkehr war ein großer Erfolg: Nach Jahren der deutschen Besatzung konnten sich die Menschen wieder halbwegs frei betätigen, und viele taten dies in der PSL. Im Mai 1946 zählte sie 800 000 Mitglieder und war nun die stärkste Partei in der Geschichte Polens. Sie war weit über die Bauernschaft hinaus attraktiv. Auch ein junger Warschauer Intellektueller wie der Auschwitz-Häftling und spätere Historiker Władysław Bartoszewski sah genügend Gründe, sich ihr anzuschließen. Programmatisch ähnelte sie in mancher Hinsicht den westeuropäischen Sozialdemokraten und Sozialisten. Und sie hoffte, der Einfluss der Westmächte würde genügen, um in Polen eine demokratische Entwicklung zu gewährleisten.

Das prokommunistische Lager sah das naturgemäß anders. Schon im Herbst 1944, als ihre Zentrale sich noch im ostpolnischen Lublin befand, hatten die Kommunisten begonnen, auf den Trümmern der Nachkriegsgesellschaft Satellitenparteien zu bilden, vielfach unter regulärer Mitwirkung nichtkommunistischer Politiker, aber auch unter starkem Einsatz von vertraglich verpflichteten und bezahlten Agenten. So entstanden eine zweite, konkurrierende Bauernpartei (SL), die in kurzer Zeit auf 150 000 Mitglieder anwuchs, eine Demokratische Partei (SD) und, besonders wichtig, eine neue Sozialistische Partei (PPS), die ähnlich stark war wie die SL. Das Bestreben, nach dem Abzug der deutschen Besatzer Schulen, Fabriken, Verkehrswege, ja das gesamte öffentliche Leben wiederherzustellen und zu reformieren, dabei auch selbst mit anzupacken, war groß, und es bescherte auch den sogenannten »Lubliner Parteien« Zulauf.

Allerdings sahen die Kommunisten die Machtfrage als ein für allemal geklärt an, ganz im Sinne des prophetischen Ausspruchs ihres Anführers Władysław Gomułka vom Juni 1945, die einmal eroberte Macht werde man »nie wieder hergeben«. Die versprochenen Wahlen wollte man lieber noch nicht riskieren; Ungarn bot ein abschreckendes Beispiel, gewann doch die der PSL verwandte dortige Partei der Kleinlandwirte im November 1945 sensationelle 57 Prozent der Stimmen. So steuerte die polnische Regierung als Stimmungstest und Probelauf für die eigenen Apparate zunächst ein Referendum an, dessen Fragen wörtlich lauteten:

1. Bist du dafür, den Senat abzuschaffen?
2. Willst du, dass in der künftigen Verfassung eine Wirtschaftsordnung festgelegt wird, die durch eine Agrarreform und die Nationalisierung der grundlegenden Zweige der Volkswirtschaft eingeführt wird, unter Beibehaltung der gesetzlichen Rechte des privaten Unternehmertums?
3. Willst du, dass die Westgrenze an Ostsee, Oder und Lausitzer Neiße gefestigt wird?

Die erste Frage – zur Beseitigung des Oberhauses als eines vermeintlichen Relikts der »bourgeoisen« Zweiten Republik – war vergleichsweise nebensächlich. Die beiden anderen Fragen waren so formuliert, dass man schlecht dagegen stimmen konnte. Fragen nach der Ostgrenze, nach Demokratie und Rechtsstaat oder dem Verhältnis zur Sowjetunion standen nicht auf dem

Stimmzettel. Diese Abstimmung im Juni 1946 brachte die PSL in Verlegenheit. Während die Lubliner Parteien in einer massiven Kampagne dafür warben, »dreimal Ja« zu stimmen, setzte sich die große Oppositionspartei davon ab und forderte dazu auf, die erste Frage mit Nein zu beantworten. Die Referendumskampagne lieferte einen Vorgeschmack auf das, was dem Land noch bevorstand. Die angeblich »reaktionäre« PSL wurde massiv verleumdet und behindert, aus vielen Wahlkommissionen ausgeschlossen, bespitzelt und physisch attackiert. Allein bis März 1946 wurden 50 PSL-Aktivisten von angeblich unbekannten Tätern ermordet.[8]

Die mit erheblicher Verspätung veröffentlichten Abstimmungsergebnisse lauteten: 68 Prozent Ja-Stimmen bei Frage 1, 77 Prozent bei Frage 2 und 91 bei Frage 3. Die Regierung feierte einen Erfolg. Erst 1990 fand ein Historiker im Archiv die »echten« Abstimmungsprotokolle: In Wirklichkeit waren es nur 25, 44 und 68 Prozent gewesen.[9] Doch die Apparate, allen voran das Ministerium für Öffentliche Sicherheit, hatten die Lage im Griff. Die Arbeit der Dokumentenfälscher, von einem Trupp sowjetischer »Experten« personell verstärkt, galt als großer Sieg. Damit wurde deutlich, was Winston Churchill, damals konservativer Oppositionsführer, schon im März 1946 warnend beschrieben hatte: »Von Stettin an der Ostsee bis hinunter nach Triest an der Adria ist ein eiserner Vorhang über den Kontinent gezogen. [...] Die von Russland beherrschte polnische Regierung ist ermutigt worden, sich in unrechtmäßiger Weise und in gewaltigem Ausmaße in deutsche Angelegenheiten einzumischen und Massenausweisungen von Millionen von Deutschen anzuordnen, wie man sie bisher noch nicht kannte.« Überall im Osten Europas – mit Ausnahme der Tschechoslowakei – seien die kleinen kommunistischen Parteien bereits am Werk, mit polizeistaatlichen Mitteln »die totalitäre Kontrolle an sich zu reißen«.[10]

Jetzt ging es Schlag auf Schlag. Für Januar 1947 wurden die ersten Parlamentswahlen angesetzt. Zuvor versuchte die PPS noch, als Vermittler im Sinne einer »gütlichen Einigung« die Mandatsverteilung vorher auszuhandeln: ein Viertel der Sitze wollte man der Bauernpartei anbieten. Die übrigen Sitze hätte der Lubliner Block bekommen (die Gründung weiterer Parteien hatte man bereits amtlich für unerwünscht erklärt). Doch mit einem Viertel wollte Mikołajczyk sich nicht zufriedengeben. Die Verhandlungen scheiterten. Es kam zu einem »Wahlkampf«, der die Referendumskampagne noch in den Schatten stellte. Proteste Washingtons und Londons in Moskau und Warschau verhallten ohne Wirkung. Jetzt wurden tausende PSL-Aktivisten und auch Kandidaten verhaftet, andere von der Wahl ausgeschlossen, wieder kam es zu Morden und Gewaltakten sowie zu Manipulationen nach dem Wahlgang. Das Ergebnis war entsprechend: 80 Prozent für den von den Kommunisten geführten Block, zehn Prozent für die oppositionelle PSL, der Rest für zwei Kleinparteien. Im Oktober gab Mikołajczyk auf. Seine Sorge, bald die Freiheit oder womöglich sein Leben zu verlieren, war berechtigt. Mit Hilfe amerikanischer Diplomaten wurde er in einem Lastwagen nach Gdingen gebracht und auf ein Schiff geschmuggelt, mit dem er Polen verlassen konnte. Derweil übernahmen PPR-treue Politiker in der PSL die Macht und säuberten sie von Mikołajczyk-Anhängern. Im Jahr 1948 schrumpfte die Partei auf 30 000 Mitglieder.

Da die legale Betätigung nicht zum Erfolg führte, ging die Arbeit im Untergrund weiter. Im Januar 1945 hatte General Leopold Okulicki in seinem letzten Tagesbefehl die Soldaten der Heimatarmee von ihrem Eid entbunden und die Armee aufgelöst. Er forderte jedoch jeden Soldaten auf, »für sich selbst Befehlshaber zu sein« und für die volle Unabhängigkeit Polens, die Freiheit des Menschen und »den Schutz der polnischen Bevölkerung vor Vernichtung« zu arbeiten. Auch wenn man »nicht gegen die Sowjets kämpfen« wolle: Das neue System bedeute »trotz der geschaffenen Fassaden der Freiheit nur die Auswechslung einer Besatzung gegen eine andere«. Im Sommer 1945 nutzten

30 000 Angehörige der Heimatarmee eine erste Amnestie, um aus dem Untergrund aufzutauchen und ihre Waffen abzugeben. Andere kämpften weiter, stürmten Gefängnisse, um inhaftierte Kameraden zu befreien, oder verübten Anschläge auf Funktionsträger des neuen Regimes. Im Herbst entstand – als eine Art Nachfolgerin der Heimatarmee – die große konspirative Organisation »Freiheit und Unabhängigkeit« (WiN), die sich eigentlich auf friedliche Aktivitäten beschränken sollte. Aber auch in ihren Reihen – wie auch außerhalb – gab es Anhänger des bewaffneten Kampfes, die größere Partisanenaktionen durchführten. Im Jahr 1946 sollen bei Kämpfen und Anschlägen etwa 10 000 Partisanen und 4000 bis 5000 Vertreter des Staates ums Leben gekommen sein. Einzelne Partisanengruppen lebten noch bis Anfang der 1950er-Jahre in den Wäldern. An die antikommunistischen Kämpfer der Nachkriegszeit wird seit einigen Jahren (insbesondere seit dem Regierungsantritt der PiS 2015) verstärkt erinnert – ähnlich wie in Litauen und der Ukraine, wo es ebenfalls über Jahre Partisanenwiderstand gab.

Der bewaffnete Kampf erwies sich also über kurz oder lang ebenfalls als nicht erfolgreich. Unterstützung aus dem Ausland gab es praktisch nicht, und der große Zusammenstoß zwischen dem Westen und der Sowjetunion, den viele als »dritten Weltkrieg« erwarteten oder erhofften, blieb aus. So nahmen die Stalinisierung und Gleichschaltung der polnischen Gesellschaft ihren Lauf. Nachdem die ohnehin schon gezähmte PPS einer weiteren Säuberung unterworfen worden war, die ihre Mitgliederzahl fast um ein Drittel verringerte, wurde sie mit der inzwischen zur größten Partei angeschwollenen PPR im Dezember 1948 »vereinigt«. So entstand die Polnische Vereinigte Arbeiterpartei (PVAP bzw. PZPR), die das Land während der nächsten vier Jahrzehnte beherrschen sollte. Mitte der 1950er-Jahre zählte sie 1,3 Millionen Mitglieder, unterhielt einen aufwändigen Apparat und entschied dank des Nomenklatura-Systems über die Besetzung der 100 000 wichtigsten Posten im Lande. Was für eine Art

Staat da entstanden war, zeigt beispielhaft die Umbenennung von Kattowitz in Stalinogród.

Ein Gradmesser für die Repression im Ostblock war stets die Stärke der Stasi-Organe. So zählte das polnische Ministerium für Öffentliche Sicherheit 1953 die später fast nie mehr erreichte Rekordzahl von 33 000 hauptamtlichen Mitarbeitern, dazu kamen etwa 70 000 inoffizielle Spitzel. Hatte die Stasi bis 1948 vor allem Regimegegner überwacht, so versuchte sie fortan, die gesamte Gesellschaft zu durchdringen, und wendete sich sogar gegen ranghohe Kommunisten. Es begann die Zeit, als Tausende wegen eines politischen Witzes (»Flüsterpropaganda«) und weitere Tausende wegen angeblich mangelhafter Arbeitsleistung hinter Gittern landeten. Für Ende 1952 schätzt man die Zahl der politischen Gefangenen in Polen auf etwa 50 000. Manche wurden in den Verhören gefoltert, Angehörige der alten Eliten wurden zu langjährigen Haftstrafen, seltener zur Todesstrafe verurteilt. Einer der Hingerichteten war Witold Pilecki, der von 1940 bis 1943 in Auschwitz unter den Häftlingen den Widerstand organisiert hatte und nach dem Krieg ebenfalls im Widerstand tätig war. Die Angst vor Verfolgung und die gleichzeitige Erfolgspropaganda des Regimes ließen eine Atmosphäre entstehen, die der Historiker Andrzej Friszke folgendermaßen charakterisiert:

»Die Propaganda war niederdrückend, sie erweckte den Eindruck einer außerordentlichen Macht des Staates und der Entschlossenheit von Millionen, die am Aufbau einer ›neuen Welt‹ mitwirkten. Der Einzelne, der das nicht akzeptierte, sollte seine Isolation, Vereinsamung und die Zwangsläufigkeit seines Scheiterns spüren. Angst war der häufigste Grund dafür, warum die Massen an den vom Regime organisierten Demonstrationen teilnahmen, und einer der Hauptgründe, warum Millionen Menschen die von den Machthabern organisierten Appelle unterschrieben und massenhaft an Wahlen teilnahmen. Der Terror, den die Gesellschaft erlebte, führte zu tiefen und dauerhaften Veränderungen im Sozialverhalten. Die Bereitschaft, Widerstand zu leisten, sank fast auf Null, soziale Bindungen, etwa im Milieu oder am Wohnort, wurden zerstört. Misstrauen gegenüber Fremden und sogar gegenüber nahestehenden Menschen breitete sich aus, und in Gesprächen mied man heikle Themen. [...] Denunziantentum machte sich breit.«[11]

Diese schlimmen Erfahrungen hatten die Sowjetbürger schon in den 1930er-Jahren machen müssen. Jetzt, nach dem Krieg und der Entstehung des Ostblocks, teilten sie auch die Nachbarländer. Allerdings fallen in Polen drei Besonderheiten auf: das Verhalten der Bauern; die Rolle der Kirche; und schließlich das wechselhafte Schicksal Władysław Gomułkas, einer Führungsfigur aus der regierenden Partei.

Die Bauern, konservativ, katholisch, am Privateigentum festhaltend und skeptisch gegenüber den »aus der Stadt« importierten Patentrezepten, passten nur schlecht in die neue Welt, welche die Kommunisten aufzubauen versuchten. Ihre politische Vertretung, die Bauernpartei PSL, war brutal an den Rand gedrängt worden und radikal geschrumpft. Regimetreue Personen übernahmen die Leitung und führten 1949 die Vereinigung mit der ebenfalls regimetreuen SL herbei, sodass am Ende eine Vereinigte Bauernpartei (ZSL) als Satellit der PZPR übrigblieb. Zugleich setzten die Regierenden schon früh auf eine Landreform. Bis 1950 wurden in den altpolnischen Gebieten 2,4, in den ehemals ostdeutschen Gebieten 3,6 Millionen Hektar umverteilt beziehungsweise – in den ehemals deutschen Provinzen – eine halbe Million Höfe neu gegründet. Das brachte vielen (neuen) Landwirten eine Chance auf Besserung ihrer Lage. Doch immer noch waren etwa 60 Prozent der Höfe, vor allem in Süd- und Südostpolen, Kleinbauernhöfe mit höchstens fünf, manchmal sogar kaum zwei Hektar Land. Dagegen machten die Höfe mit mehr als 20 Hektar nur 1,3 Prozent aller Wirtschaften und knapp sieben Prozent der Nutzfläche aus.

Die geringen Hofgrößen hemmten, wie vor dem Krieg, die Entwicklung der Landwirtschaft; andererseits sorgte der private Grundbesitz der Bauern für verantwortliches Wirtschaften und eine relativ hohe Produktivität. Sie war, wie sich bald herausstellen sollte, höher als bei den Landwirtschaftlichen Produktionsgenossenschaften, welche der Staat 1949 zu favorisieren begann. Jetzt trat das ein, was die traditionell misstrauischen Bauern schon befürchtet hatten: Eine Kollektivierung nach sowjetischem Muster wurde in Angriff genommen. Die Felder der Landwirte sollten in Genossenschaften gemeinsam bewirtschaftet werden. Auch Staatsgüter wurden gegründet. Viele Bauern leisteten jedoch hinhaltenden Widerstand, weigerten sich, den Genossenschaften beizutreten. Daraufhin wurde Druck ausgeübt, zudem begann eine Kampagne gegen die wohlhabenderen Bauern (»Kulaken«), die zugleich die ärmere Landbevölkerung auf die Seite des Staates ziehen sollte. Die an- und abschwellende Kollektivierungsschlacht führte über mehrere Jahre zur Gründung von knapp 10 000 Genossenschaften, die aber weniger als zehn Prozent der Nutzfläche umfassten. Ihr Schwerpunkt lag in Pommern und Niederschlesien. Zugleich aber führte dieser Kampf zu Versorgungsengpässen, und ganz nebenbei wurden in den Jahren 1952 bis 1955 Hunderttausende Bauern vor Ordnungsgerichte gestellt und mit Strafen belegt, weil sie die Pflichtabgaben an den Staat nicht erfüllt hatten. Diese Abgaben umfassten etwa die Hälfte der jeweiligen Produktion, die die Bauern weit unter dem Marktpreis abzugeben hatten. So beschädigte die neue Wirtschaftspolitik, die ohnehin das Dorf gegenüber der Fabrik benachteiligte, auch noch die laufende Produktion der Landwirtschaft. Anders als in der Sowjetunion in den 1930er-Jahren wollte in Polen aber niemand riskieren, die Kollektivierung – wohl um den Preis noch größerer Probleme – bis zum Ende durchzudrücken. Und so blieb sie weitgehend eine Eintagsfliege: Als 1956 das »Tauwetter« kam, schmolzen die meisten Genossenschaften dahin wie Eis in der Sonne, und die meisten Bauern wirtschafteten nach alter privater Art weiter.

Die römisch-katholische Kirche war, da ihr nach Holocaust, Grenzverschiebungen und Vertreibungen nunmehr etwa 95 Prozent der Bürger angehörten, für das Land wohl noch wichtiger als vor dem Krieg. Das wussten auch die führenden Kommunisten, die in ihr natürlich einen ideologischen Feind sehen mussten, sich jedoch zunächst auch bei Prozessionen und anderen Gelegenheiten neben kirchlichen Würdenträgern zeigten. Schon im September 1945 kündigte die Regierung das 20 Jahre zuvor geschlossene Konkordat mit dem Vatikan. Von 1947 an trat die Gegnerschaft zwischen Kommunisten und Kirche immer stärker hervor. Einer der Anlässe waren Worte von Papst Pius XII., der sagte, was den deutschen Vertriebenen geschehen sei, solle rückgängig gemacht werden, »soweit es sich noch rückgängig machen lässt«.[12] Angesichts solcher Äußerungen konnte die Regierung die Kirche im Land als potenziell illoyal darstellen und ihr Treuebekenntnisse zum polnischen Staat abverlangen. Spätestens seit 1949 stand die Kirche unter größtem Druck. Regierungsnahe Kreise, nicht zu vergessen die Stasi-Organe, betrieben fortan die Entstehung einer Bewegung regimetreuer »patriotischer Priester«, der bald etwa jeder zehnte der 10 000 Geistlichen angehörte und die gut geeignet war, die Hierarchie in Schwierigkeiten zu bringen. Zugleich ging die Staatsmacht gegen kirchliche Publikationen und Vereine sowie gegen den bislang weiter stattfindenden kirchlichen Religionsunterricht in den Schulen vor, verhaftete Priester oder klagte sie der »Spionage« an.

Im Jahr 1953 erreichte der Kirchenkampf seinen Höhepunkt: Die Regierung reklamierte fortan für sich ein Vetorecht bei der Besetzung kirchlicher Ämter. Auch wurde erstmals ein hoher Geistlicher, der Bischof von Kielce, Czesław Kaczmarek, aufgrund absurder Vorwürfe zu einer langjährigen Haftstrafe verurteilt. Jetzt kam es auf den Oberhirten an, den seit 1948 amtierenden Primas der katholischen Kirche, Kardinal Stefan Wyszyński, Erzbischof von Gnesen und Warschau. Er hatte aus der Ferne mit ansehen müssen, wie die Kirchenoberhäupter in Ungarn und der Tschechoslowakei 1949/50 verhaftet und für Jahre hinter Gitter gebracht wurden. Er hatte bisher, bei aller Prinzipientreue, mit der Regierung den Dialog gepflegt, was nicht alle im Volk begrüßten, und den Machthabern immerhin einige – kurzfristig auch eingehaltene – Zugeständnisse abgerungen. Unter welchem Druck er dabei stand, hat er wenig später beschrieben:

»Mehrfach wurde mir aus Regierungskreisen vorgeworfen, dass ich Märtyrer werden ›will‹. Ich war von solchen Gedanken weit entfernt, wenngleich ich diese Möglichkeit nicht ausgeschlossen habe. Doch seit dem Beginn meiner Arbeit stand ich auf dem Standpunkt, die polnische Kirche habe bereits zu viel Blut in den deutschen Konzentrationslagern verloren, als dass sie jetzt leichtfertig das Blut der übrigen Kapläne aufs Spiel setzen dürfe. Das Märtyrertum ist zweifellos sehr ehrenwert, aber Gott führt die Kirche nicht nur auf dem außergewöhnlichen Weg des Märtyrertums, sondern auch auf dem gewöhnlichen, jenem der apostolischen Arbeit.«[13]

Was das Vetorecht und die Verurteilung des Bischofs anbelangte, sagte Wyszyński deutlich Nein. Kurz nach einer Predigt in Warschau (»Die Kirche wird ewig Wahrheit und Freiheit fordern. Vielleicht hat sie deshalb so viele Feinde«) wurde er in seinem Amtssitz festgenommen. Mehr als drei Jahre lang wurde er ohne Prozess in wechselnden, teils verlassenen, teils bewohnten, jedenfalls möglichst weit abgelegenen Klöstern interniert und dort von Dutzenden von Soldaten und Geheimpolizisten bewacht, abgeschirmt und – zusammen mit zwei vermutlich als

Spitzel tätigen »Mithäftlingen« – abgehört. In den ersten zwei Jahren bekam Wyszyński keine einzige Zeitung zu Gesicht. Gebrochen hat ihn die Isolation nicht. Allerdings ließ sich die Bischofskonferenz einschüchtern und leistete den geforderten Treueeid auf den Staat. Erst als 1956 das Tauwetter kam, wurde Wyszyński wieder freigelassen, mehr noch: Anders als seine Amtskollegen in Budapest und Prag durfte er triumphal auf seinen Posten zurückkehren. Das sagt einiges über die Stellung der Kirche in Polen.

Dass er schließlich freikam, hat mit Władysław Gomułka zu tun, einem der führenden Kommunisten, die das Land nach 1945 regierten. Trotzdem wurde auch Gomułka – welch überraschende Parallele – aus seiner Arbeit herausgerissen und verbrachte ebenfalls drei Jahre im Gefängnis, ehe auch er triumphal zurückkehrte und zum mächtigsten Politiker Polens wurde. Warum musste er, obwohl er auf der »richtigen« Seite gestanden hatte, in seiner Karriere diese dramatischen Wendungen erleben?

Um das zu erklären, muss man sich das Innenleben der kommunistischen Parteien des Ostblocks vor Augen führen. Gomułka stammte wie sein Weggefährte Bolesław Bierut aus der Vorkriegs-KPP; beide hatten für ihren Kampf gegen die Zweite Republik mehrere Jahre im Gefängnis verbracht (wären sie damals in der Sowjetunion gewesen, wären sie, wie viele ihrer Genossen, wahrscheinlich Stalins »Säuberungen« zum Opfer gefallen). Beide gehörten in Polen nach dem Krieg zu den wichtigsten Parteifunktionären. Gomułka war von 1943 bis 1948 Generalsekretär – also Chef – der Partei (PPR), bis kurz vor ihrer Vereinigung mit den Sozialisten. Bierut war seit 1944 Vorsitzender des Quasi-Parlaments (KRN) im polnischen Untergrund und damit eine Art Staatsoberhaupt. Als 1947 das erste gewählte Parlament zusammentrat, wählte es Bierut zum Staatspräsidenten.

Wichtiger war jedoch, dass Bierut, ein eher durchschnittlich begabter Politiker, von Moskau zum obersten Gefolgsmann und

Ansprechpartner Stalins in Polen gekürt wurde, während Gomułka ein eigener Kopf war – wie sich im Laufe des Jahres 1948
zeigen sollte. In einer ohnehin spannungsreichen Zeit (Bruch
zwischen Stalin und dem jugoslawischen »Verräter« Josip Broz
Tito; Beginn der Berlin-Blockade) riskierte es Gomułka, eigene
Akzente zu setzen. Ohne die ideologische Basis des Marxismus-
Leninismus zu verlassen, forderte er Respekt für die nationalen
Besonderheiten Polens. Dies bedeutete zum Beispiel, den Kurs
der alten sozialistischen PPS im Zarenreich, der auf ein unabhängiges Polen abgezielt hatte, als Teil der eigenen Tradition zu
würdigen und für die Gegenwart ein stärker partnerschaftliches
(und nicht unterwürfiges) Verhältnis zur Sowjetunion anzustreben. Auch müssten das Bauerntum und andere private Elemente
in Polens Wirtschaftsordnung ihren Platz finden. »Nationaler
Nihilismus« werde die Partei nicht weit bringen. Mit anderen
Worten, das Bewusstsein der polnischen Massen war ihm wichtiger als die reine Lehre aus Moskau.

In den höchsten Parteigremien folgten darauf scharfe Angriffe gegen Gomułka, dem seine Kritiker »Nationalismus« und
»Rechtsabweichung« vorwarfen. In den Jahren 1948/49 wurden
Hunderte von Anhängern Gomułkas in der Partei, darunter
engste Mitarbeiter des (inzwischen abgelösten) Parteichefs, ver-
haftet, manche von ihnen gefoltert. Die Macht konzentrierte
sich jetzt zunehmend in den Händen eines informellen »Trium-
virats« aus Bolesław Bierut, Jakub Berman und Hilary Minc.
Bierut hatte neben dem Präsidentenamt jetzt auch das Amt des
Parteichefs inne, Berman unterstand die Sicherheit im Staat,
Minc die Wirtschaftspolitik. Im gesamten Ostblock suchten die
Sicherheitsorgane jetzt nach »Verrätern«, jüdischen Verschwö-
rern, Agenten des US-Imperialismus und anderen Feinden. Im
Ministerium für Öffentliche Sicherheit organisierte eine neue
X. Abteilung unter dem Oberstleutnant Józef Światło die Bespit-
zelung auch höchster Partei- und Staatsfunktionäre. Bierut und
Berman lasen persönlich viele Verhörprotokolle und gaben

Anweisungen, wie der Kampf noch besser zu führen sei. Jetzt spürten auch ranghohe Kommunisten, was Verfolgung bedeutete – eine Erfahrung, die viele »Andersdenkende« schon früher gemacht hatten. Auf dem Höhepunkt der Überwachung fanden sich sechs Millionen Menschen, ein Drittel der erwachsenen Bevölkerung, als irgendwie »Verdächtige« in einer Kartei der Stasi-Organe.[14]

Erst im August 1951 traf es auch Gomułka persönlich. Nach und nach an den Rand gedrängt, wurde er an seinem Urlaubsort zusammen mit seiner Frau von einem Greiftrupp mit Światło an der Spitze festgenommen. Beide wurden nicht gefoltert, stattdessen wurden sie in einer Villa der Stasi am Warschauer Stadtrand drei Jahre lang festgehalten. Möglicherweise planten die Machthaber nach sowjetischem Vorbild einen Schauprozess gegen den »Abweichler«. Doch dann kam – zunächst einmal in Moskau – einiges dazwischen. Stalin starb. Etwas später wurde sein Geheimpolizeichef Berija abgesetzt, zum Tode verurteilt und hingerichtet. Im Dezember 1953 setzte sich Światło aus Polen in den Westen ab. Ein Jahr später begann der in München ansässige Rundfunksender Radio Free Europe, Światłos Enthüllungen aus dem innersten Kreis der polnischen Machthaber auszustrahlen. Der vom US-Kongress finanzierte Sender, bei dem prominente Flüchtlinge aus Osteuropa das Programm machten, war für viele Polen die wichtigste Stimme der freien Welt.

All diese, aus Sicht der Regierenden unerfreulichen Entwicklungen erschütterten die Diktatur. Minc und Berman wurden nach und nach entmachtet, das Ministerium für Öffentliche Sicherheit aufgelöst, mit anderen Worten, der Repressionsapparat wurde verkleinert und umorganisiert. Im Dezember 1954 kam auch das Ehepaar Gomułka frei. Damit gab es in der Partei plötzlich das, was es eigentlich nicht geben durfte, eine Art von »Fraktionen«. Die Zensur wurde gelockert, die Militarisierung des Staates zurückgefahren, die dogmatische Kulturpolitik etwas liberalisiert. Einen bunten Schlusspunkt im stalinistischen Internationalismus setzte im Sommer 1955 das »Weltfestival der Jugend«: Aus dem Ausland, auch aus dem Westen, in den man ja nicht reisen durfte, kamen 23 000 junge Menschen nach Warschau. Ein »großer Alkohol- und Erotikevent« sei dieses Fest gewesen, notierte ein Teilnehmer.[15] War dies das Ende der Diktatur?

# Eine fröhliche Baracke
# im Lager?

## Der Wind des Wandels

Das Jahr 1956 sollte für viele Länder des Ostblocks ein Epochen-
jahr werden. Nachdem es im Machtgefüge Polens und der Sowjetunion schon länger geknirscht hatte, begann das Jahr mit
einem Paukenschlag: Der neue sowjetische Parteichef Nikita
Chruschtschow hielt auf dem Parteitag der KPdSU im Kreml
seine berühmte Geheimrede über die Stalinzeit. Er hielt sie erst
am letzten Tag dieser großen Versammlung. Er kritisierte Massenmord und Folter, er tadelte die Verbrechen des Sowjetstaa-
tes – aber nur jene an den eigenen Bürgern, und unter diesen
nur jene an den Eliten: an Kommunisten und Militärs. Die Millionen anderer Opfer schwieg er tot. Immerhin, er forderte Veränderungen. Die Rede blieb nicht lange geheim; ranghohe Vertreter der »Bruderparteien«, darunter Bierut, waren im Saal, und
schon einige Wochen später sollte der Text in Polen sogar ganz
offiziell verbreitet werden. Die Schockwellen waren stark: Wenn
Stalin, der fast schon vergötterte Führer des sozialistischen Lagers, im Kreml offiziell vom Sockel gestürzt wurde, konnte sein
Vasall Bierut, der gelegentlich »der polnische Stalin« genannt
wurde, von Kritik nicht mehr verschont bleiben.[1]

Bierut blieb zunächst, erkältet und – wie seine Lebensgefähr-
tin Wanda Górska berichtete – zutiefst aufgewühlt von der Rede,
in der Sowjetunion. Zwei Wochen nach dem Ende des Parteitags
starb er in Moskau, den sowjetischen Ärzten zufolge an einer
Lungenentzündung und Herzproblemen. Er bekam ein Staats-

begräbnis auf dem Warschauer Heldenfriedhof Powązki, mit Chopins Trauermarsch und militärischen Ehren. Bis heute ranken sich alle möglichen Gerüchte um seinen Tod, die kaum zu überprüfen sind. Laut dem Urteil eines Historikers starb Bierut jedenfalls »zur rechten Zeit«, als die Hochphase des Stalinismus, die er in Polen verkörperte, zu Ende ging. Zum Nachfolger als Erster Sekretär (Chef) der Partei wurde ein altgedienter Vorkriegskommunist gewählt, der sich im jüngsten Streit der Fraktionen eher zurückgehalten hatte, Edward Ochab. Jetzt wurden Tausende politischer Häftlinge (darunter viele Soldaten der Heimatarmee) freigelassen und die schlimmsten Stasi-Schergen abgesetzt. Zum ersten Mal seit Jahren durften im August Hunderttausende Gläubige wieder zum Wallfahrtsort Tschenstochau (Częstochowa) pilgern – ein Zeichen, dass die katholische Kirche nicht unterzukriegen war. Auch wurde der extreme Druck in den Betrieben auf die Arbeitskräfte etwas abgemildert.

Wie so oft, ermutigte auch in Polen 1956 ein erstes Nachgeben der Machthaber ihre »Untertanen«, in diesem Falle vor allem die Arbeiter der Stalin-Werke (davor und danach: Cegielski-Metallwerke) in Posen, weitere Zugeständnisse zu fordern. Wie drei Jahre zuvor beim Aufstand in der DDR, so war auch hier ein Streit um Arbeitsnormen, Löhne und Arbeiterrechte der Auslöser für eine große Demonstration. Und wie dort wurden aus materiellen sehr schnell politische Forderungen: Sprechchöre wie »Brot und Freiheit«, »Russen raus« und »Freie Wahlen« wurden laut. So zogen Arbeiter dieses Betriebs und andere Demonstranten an einem Junitag durch die Innenstadt, stürmten das Parteigebäude, befreiten Häftlinge aus einem Gefängnis und besorgten sich bei dieser Gelegenheit auch Schusswaffen. Schließlich versuchten sie, das Gebäude der Stasi (UB) zu erobern; es kam zu stundenlangen Straßenkämpfen. Schließlich rief die Staatsmacht die – damals großenteils von »importierten« sowjetischen Generälen geführte – polnische Armee zu Hilfe, die mit 400 Panzern und gepanzerten Fahrzeugen einrückte. Am Ende siegten die Sicherheitskräfte – um den Preis von 73 Toten, überwiegend jüngere Demonstranten, und mehr als 500 Verletzten.

Der Umgang mit den Hunderten festgenommener Demonstranten fiel zurückhaltend aus: Am Ende wurden gerade einmal zwölf Personen wegen Körperverletzung zu Haftstrafen verurteilt. Denn die Debatte um den richtigen Kurs im Land kochte weiter, wurde jetzt eher noch stärker. Dass die »Partei der Arbeiterklasse« auf Arbeiter schießen ließ, dass polnische Soldaten auf polnische Zivilisten schossen, war eine neue, schwere Erschütterung für das Land. Jetzt formierten sich in der Parteiführung und selbst im Kreis der alten Vorkriegskommunisten zwei informelle »Fraktionen«: eine reformfeindliche, die nach dem Warschauer Stadtteil Natolin benannt war, und eine reformfreundliche, die ihren Namen von der Stadt Puławy bekam.

Die Natolin-Fraktion war allenfalls bereit, die persönlich Verantwortlichen für die »Fehler« vergangener Jahre zu bestrafen, und machte dabei auch die starke Präsenz hoher Funktionäre jüdischer Herkunft zum Thema. Sie wollte jedoch auf keinen Fall systemische Veränderungen zulassen. Die Puławy-Fraktion dagegen befürwortete genau das; sie forderte Änderungen an den Mechanismen der Macht und begrüßte die immer offenere Debatte in den Medien und weiten Teilen der Gesellschaft. In der Tat hatten sich im Land in kurzer Zeit Dutzende von »Diskussionsklubs« gebildet (von deren jungen Teilnehmern manche Jahrzehnte später als Bürgerrechtler oder nach 1989 als Politiker bekannt werden sollten). Doch nicht sie bestimmten die Entwicklung. Auf einem Plenum des Zentralkomitees der Partei erschien im Juli der sowjetische Ministerpräsident Nikolaj Bulganin und unterstützte die Reformgegner. Er machte deutlich, dass Moskau sich auch in dieser turbulenten Zeit die Kontrolle über die Vorgänge in Polen nicht aus der Hand nehmen lassen wollte. Damit erschienen die Reformer immer mehr auch als Verteidiger der Souveränität ihrer Partei und ihres Landes gegenüber den Moskauer Ansprüchen.

Der dramatische Höhepunkt des Konflikts kam erst noch, und zwar im Herbst. Der »Oktober« als Bezeichnung für diesen weitreichenden Umbruch ist seitdem ein fester Begriff in der polnischen Geschichte. Für den 19. Oktober war ein ZK-Plenum angesetzt. In der Partei war immer deutlicher geworden, dass, wenn überhaupt, nur einer ihre erschütterte Autorität wiederherstellen konnte: Władysław Gomułka. Der langjährige Häftling lebte zwar wieder in Freiheit, doch ohne sich politisch zu betätigen. Jetzt wurde er gerufen, die Führung der Partei zu übernehmen.

Dagegen sollte eine Symbolfigur des Moskauer Einflusses, der polnische Verteidigungsminister Konstantin Rokossowski (der sowjetischer Staatsbürger und sowjetischer sowie zugleich polnischer Marschall war), ebenso zurückgedrängt werden wie die Natolin-Leute. Rokossowski, teilweise polnischer Herkunft, hatte aufseiten der Bolschewiki im russischen Bürgerkrieg gekämpft. Später war er in die stalinistischen Säuberungen geraten, hatte in Verhören mehrere Zähne und ein Auge verloren, hatte Scheinhinrichtungen erlebt, blieb jedoch, wie so mancher der Gefolterten, dem System aus Angst, Gehorsam oder Überzeugung treu. Jetzt war er einer von vielen Sowjetbürgern, die an der Weichsel die Stellung hielten. Etwa 700 sowjetische Generäle, hohe Offiziere und »Berater« bekleideten in Warschau in Armee und Verteidigungsministerium führende Positionen. (Kurz nach dem Krieg waren nach offiziellen Angaben in der im Aufbau befindlichen neuen Armee sogar 17 800 sowjetische Offiziere tätig; zugleich waren fast alle polnischen Offiziere der Vorkriegszeit entlassen worden.) Polens Soldaten – 1953 waren es beachtliche 400 000 – mussten jetzt ihren Eid auf das »Bündnis« mit der Sowjetunion leisten. Und ausgerechnet diesen sowjetischen Verteidigungsminister im polnischen Staat – einen zweiten »Gastminister« dieser Art hat es im ganzen Ostblock nie gegeben – wollte man absetzen?

Die Führung in Moskau war höchst besorgt. Da Ochab sich weigerte, zu Besprechungen im Kreml zu erscheinen, kam uneingeladen am 19. Oktober eine starke sowjetische Delegation nach Warschau, diesmal mit dem streitbaren Chruschtschow an der Spitze. Schon bei der Ankunft auf dem Flugplatz drohte er seinen Gastgebern lautstark und mit geballter Faust. Zugleich verließen Kolonnen sowjetischer Panzer ihre Kasernen in Pommern und Niederschlesien und rückten auf die Hauptstadt vor. Teile der polnischen Sicherheitskräfte waren offenbar bereit, die Regierung gegen die sowjetischen Einheiten zu verteidigen. In Warschau kam es zu einer stundenlangen erbitterten Diskussion im kleinen Kreis zwischen der sowjetischen und der polnischen Führung. Eine Mitschrift der Debatte, angefertigt von einem der sowjetischen Übersetzer, ist erst kürzlich von dem russischen Historiker Aleksandr M. Orechow entdeckt und daraufhin im Jahr 2008 in Russland und Polen veröffentlicht worden. Diese »Verhandlungen« vermitteln ein scharfes Bild davon, was Moskau im Ostblock unter der gerne beschworenen »Völkerfreundschaft« und »Bruderschaft« verstand. Ein Auszug vom Beginn der Gespräche:

»Gen. [Genosse] Gomułka: Euer Besuch ist eine Einmischung in unsere Angelegenheiten.

Gen. Chruschtschow: Man will uns von unseren Truppen in Westdeutschland abschneiden [gemeint sein dürfte Ostdeutschland].

Gen. Gomułka: Wer will das?

Gen. Chruschtschow: Polen. Ihr habt die Absicht, die Gen. Rokossowski, Jóźwiak, Nowak, Gierek aus dem Politbüro zu entfernen und Morawski hereinzuholen. Wir können das nicht zulassen, und wenn ihr uns vor vollendete Tatsachen stellt, werden wir gezwungen sein, uns brutal einzumischen.

Gen. Ochab: Polnische Kommunisten haben in euren Gefängnissen gesessen und werden offenbar wieder dort sitzen.

Gen. Chruschtschow: Das habe ich nicht gesagt, verdreht nicht meine Worte. Ihr wollt unsere Freundschaft kaputtmachen. [...] Versteht doch, wir sind nicht deswegen hergekommen, um euch ausnutzen und euch etwas wegzunehmen. Wir haben uns nie in eure Angelegenheiten eingemischt.

Gen. Gomułka: Darum geht es: Wenn ihr euch nicht eingemischt habt, dann möge doch alles beim alten bleiben, dann mischt euch auch jetzt nicht ein.«[2]

Gomułka argumentierte, Polen wolle keineswegs den Ostblock verlassen oder aus dem (gerade erst, 1955, gegründeten) Warschauer Pakt austreten. Das polnisch-sowjetische Bündnis müsse vielmehr auf eine neue, bessere Grundlage gestellt werden. Aber in der Vergangenheit seien sowjetische »Berater« der polnischen Stasi für Folterungen in Polen mitverantwortlich gewesen. Schon gar nicht wolle man sich in Warschau in Personalfragen an der Spitze von Moskau hineinreden lassen. Nur eine neue Parteispitze unter seiner Führung, meinte Gomułka, könne die Ordnung in Polen aufrechterhalten.

Die Spannung erreichte ihren Höhepunkt, als Gomułka mitteilte, es würden neue Bewegungen sowjetischer und polnischer Truppen gemeldet, und er an Chruschtschow die Frage richtete, was seine zuvor geäußerten Worte »Wir sind bereit zu einer entschlossenen Intervention« bedeuteten. Die Gäste aus Moskau versuchten sich damit herauszureden, dass es sich lediglich um seit Langem geplante »Herbstmanöver« handele, und kritisierten ihrerseits geplante Massendemonstrationen zugunsten Gomułkas in Warschau. Sie warnten jedoch zugleich vor der angeblich fortbestehenden deutschen Gefahr und beharrten darauf, das Ausscheiden Rokossowskis aus seinen Ämtern komme einem Bruch des Warschauer Paktes gleich. Darauf Gomułka: »Ihr habt kein Recht, uns zu drohen.«

Ein großes Blutvergießen schien bevorzustehen; doch Gomułka blieb hart. Chruschtschow musste ohne Einigung abreisen, die sowjetischen Panzer kehrten in ihre Kasernen zurück. Gomułka wurde tatsächlich Parteichef, Rokossowski verlor bei einer Abstimmung seinen Sitz im Politbüro, später auch die anderen Ämter (wie Hunderte seiner Kameraden in Armee und Stasi-Organen kehrte er in die Sowjetunion zurück, wo er immerhin noch Vize-Verteidigungsminister sein durfte). Bei Gomułkas Erfolg dürfte die große Mobilisierung der polnischen Bevölkerung und sogar der Sicherheitskräfte eine Rolle gespielt haben. Die »vermutlich größte Bedeutung«[3] hatte jedoch die Tatsache, dass das kommunistische China signalisierte, man werde eine sowjetische Intervention in Polen nicht unterstützen und eine stärker partnerschaftliche Behandlung anderer kommunistischer Parteien durch Moskau einfordern (Ochab hatte kurz zuvor China besucht). Wie groß die Gefahr eines Blutbads war, zeigte der ungarische Volksaufstand, der zwei Tage später begann – und zwar mit einer Solidaritätsdemonstration von Studenten in Budapest zugunsten Polens und Gomułkas. Tatsächlich kam es kaum zwei Wochen später in der ungarischen Hauptstadt zu einer sowjetischen Intervention, in deren Verlauf ungarische Spitzenpolitiker hingerichtet wurden und die mehr als 3000 weitere Opfer forderte, großenteils durch Straßenkämpfe gegen die sowjetischen Armee.

Nach seinem innerparteilichen Sieg hatte Gomułka auch einen öffentlichkeitswirksamen Auftritt: Vor dem Warschauer Kulturpalast hielt er am 24. Oktober eine Rede, der Hunderttausende von Menschen lauschten. Gleichberechtigung und Freundschaft mit der Sowjetunion, aber auch das Recht auf einen eigenen Weg zum Sozialismus ohne den Massenterror der Vergangenheit waren seine Positionen. Während seiner Rede erinnerten Sprechchöre aus der Menge unerwartet an den anderen großen Gefangenen der 1950er-Jahre: Kardinal Wyszyński. Vier Tage später war der Kirchenmann wieder frei – und abermals Oberhaupt der polnischen Kirche. Die Kirche bekam größere Freiräume zugestanden, das Krakauer katholische Wochenblatt *Tygodnik Powszechny*, 1953 von einer feindlichen, aber regimefreundlichen Redaktion gekapert, wurde an die recht-

mäßigen Verleger zurückgegeben. Die große Mehrheit der landwirtschaftlichen Kollektivbetriebe brach binnen Monaten auseinander, die Bauern machten sich wieder selbständig. Überall
wehte der Wind des Wandels. Ein damals 17 Jahre alter Zeitzeuge, Marcin Libicki (2004–2009 Europa-Abgeordneter), erinnerte sich später, wie stark der Umbruch wirkte: »Das machte
im Alltagsleben einen größeren Unterschied aus als die Wende
1989/90. Wir hatten damals das Gefühl, wir seien aus einem
Kellerloch auf eine große, sonnenüberflutete Wiese gekommen.
Nur weit in der Ferne sah man einen Stacheldrahtverhau.«[4]

Schon in seiner großen Volksrede hatte Gomułka jedoch ge-
mahnt, jetzt müsse es aber »genug sein mit Versammlungen
und Demonstrationen«. Er wollte seinen neuen Kurs absichern,
seine gerade eroberte Macht festigen. Von den 15 000 Mitarbeitern des Parteiapparats und den hauptamtlichen Stasi-Leuten
wurde jeweils etwa die Hälfte vor die Tür gesetzt; aus dem mächtigen Ministerium für Öffentliche Sicherheit wurde jetzt der
»Sicherheitsdienst« (SB) als Teil des Innenministeriums. Kultur
und Wissenschaft, Vereine und Blockparteien sollten mehr Freiheit bekommen, aber ein echtes Mehrparteiensystem sah der
weiterhin geltende »demokratische Zentralismus« nicht vor.
Das wurde schon im Januar 1957 deutlich, als Wahlen zum Sejm
anstanden. Wie bisher gab es eine Einheitsliste; die Sitzverteilung wurde schon vorher in Verhandlungen so festgelegt, dass
die »führende« PVAP mehr als die Hälfte der Mandate bekommen sollte. Doch es wurde vorsichtig experimentiert: Auf der
Liste sollten mehr Kandidaten stehen, als Sitze zur Verfügung
standen, man konnte also durch Streichung versuchen, einen
bestimmten Kandidaten von den vorderen Listenplätzen zu
verhindern. Auch »Parteilose« durften jetzt in strengen Grenzen
kandidieren, vor allem katholische Aktivisten, die jedoch zumeist regimetreuen katholischen Vereinigungen entstammten.
Gegen Ende des Wahlkampfs bekam Gomułka Angst vor der eigenen Courage und forderte dazu auf, den Zettel »ohne Strei-

chungen« in die Urne zu werfen. Das offizielle Wahlergebnis: 94 Prozent Wahlbeteiligung, und 90 Prozent »wählten« ohne Streichungen die Einheitsliste.[5]

Weit demokratischer ging es in den Betrieben zu. Dort nutzten die Belegschaften die Möglichkeit, Arbeiterräte zu wählen. Diese Vertretungsorgane galten zunächst als interessantes Experiment im Sinne von Mitbestimmung und Motivationssteigerung. Doch je aktiver sie wurden, desto mehr fürchteten Partei und Verwaltung auch hier einen Kontrollverlust. Eine Wahl der Betriebsdirektoren durch die Belegschaft oder gewerkschaftsähnliche Zusammenschlüsse wurden schnell verboten, die Räte 1958 aufgelöst.

Auch in anderen Bereichen mussten der Freiheit bald wieder Grenzen gesetzt werden. Ein paar gegenüber dem Stalinismus kritische Romane durften erscheinen, und doch wurden 1957/58 wieder 48 Bücher, welche die Kritik zu weit trieben oder angeblich die Heimatarmee »verherrlichten«, von der Zensur nicht zum Druck zugelassen. Eine von Schriftstellern geplante Zeitschrift namens *Europa* durfte gar nicht erst gegründet werden, worauf die Autoren aus der Partei austraten, was wiederum Schikanen nach sich zog. Diskussionsklubs wurde die Registrierung verweigert; im Wesentlichen überlebten nur fünf der neuen »Klubs der Katholischen Intelligenz« (KIK). Viele Intellektuelle, allen voran der Philosoph Leszek Kołakowski, forderten zwar eine »zweite Etappe des Oktober«, eine Erweiterung der erkämpften Freiheiten, einen »demokratischen Sozialismus«. Doch was sie bekamen, war das Gegenteil: Die Zeitschrift *Po prostu*, das mutigste Reformorgan, wurde im Oktober 1957 verboten. Studenten protestierten heftig dagegen, die Polizei schritt ein, es gab zwei Tote. Das war das symbolische Ende des Reformkurses, ein Jahr nach Beginn.

Im Rückblick kann man von Gomułka dennoch sagen, dass kein Machthaber der Volksrepublik Polen jemals populärer war als er – im Umbruchjahr 1956. Keiner hat auch länger regiert.

Nach den heftigen politischen Pendelschwüngen zuvor konnte er den Staat für längere Zeit stabilisieren. Er hat den Spielraum für die polnische Führung innerhalb des Ostblocks erweitert und am Ende auch auf bessere Beziehungen zur Bundesrepublik Deutschland hingearbeitet.

Eine Zeitzeugin, die damals nach langer Lagerhaft aus der Sowjetunion zurückkehrte, erblickte in Polen »ein armes, aber einfaches Leben. Zwar ist man an der Kette, dafür ist die Schüssel eigentlich voll. Dass die Kette kurz ist, schadet nicht.«[6] Ein Historiker drückte es später anders aus: Das System »wurde zu etwas Selbstverständlichem und Gewöhnlichem: So wie die Weichsel von Süden nach Norden floss und nach dem Winter der Frühling kam, so war Polen sozialistisch.«[7]

## Politische Stabilisierung und gesellschaftliche Konflikte

Stabilisierung war damals angesagt, ein gutes Jahrzehnt nach dem Ende des Zweiten Weltkriegs. Keine große, mit westlichem Wohlstand und Freiheit, sondern »unsere kleine Stabilisierung«, wie diese Zeit bald genannt wurde, nach einem damals entstandenen Drama von Tadeusz Różewicz. Und die Menschen hatten etwas davon. Die Reallöhne stiegen schneller als je zuvor. Und man konnte das Geld auch besser ausgeben: Im Zuge der neuen Toleranz in Wirtschaftsfragen stieg die Zahl der Cafés und Restaurants bis 1957 schnell um das Fünffache, die Zahl der privaten Läden verdoppelte sich. Für viele Familien gab es endlich Wohnraum: Im Laufe der 1960er-Jahre wurden 3,5 Millionen Zimmer in neuen Häusern fertiggestellt. (Doch die hohe Geburtenrate kompensierte diesen Zuwachs, und 1970 warteten immer noch eine Million Kandidaten auf eine Wohnung.)

Viele Menschen zogen in die Städte, doch auch auf dem Dorf hielt der Fortschritt Einzug. Hatte 1955 nur ein Drittel der Bauernhöfe Strom, so waren es 1970 bereits 90 Prozent. Zwischen

Stadt und Land pendelten in jenem Jahr etwa 1,2 Millionen »Bauern-Arbeiter« – Dorfbewohner mit einem eigenen bebauten Stück Land und einer Arbeitsstelle in einem städtischen Betrieb. Im Bildungsbereich konnte der neue Staat große Erfolge vorweisen. Im Jahr 1970 hatte das Land bei ähnlicher Bevölkerungszahl fast zehnmal so viele Studierende wie die Zweite Republik der Vorkriegszeit. Analphabetismus gab es nur noch unter älteren Personen. Kurz und gut: Etwa 20 Jahre nach dem Krieg stand Polen bei manchen sozialen Indikatoren besser da als einige Länder Südeuropas.[8]

Die katholische Kirche hatte, ähnlich wie in Italien und Spanien, eine starke Stellung in der Gesellschaft beziehungsweise konnte sie nach den schlimmen Jahren des Stalinismus wiederherstellen. Dennoch ging es nicht ganz so beschaulich zu wie in den einschlägigen Filmen über Don Camillo und Peppone. In Polen stellten die Kommunisten nicht nur den einen oder anderen Bürgermeister, sondern die gesamte Staatsmacht. Und die sorgte dafür, dass kein Priester eine Kaserne oder Schule betrat, und bremste auch mit aller Kraft den immer wieder beantragten Neubau von Kirchen (von 1967 bis 1970 wurden von 406 Anträgen nur 31 genehmigt). Wenn man schon Neubauten genehmigte, versuchte man »loyale« Priester damit zu belohnen oder in Abhängigkeiten zu verstricken. Die Behörden verrechneten sich jedoch. In den relativ ruhigen Gomułka-Jahren wurde die Auseinandersetzung um Kirchenbauten zum ersten großen Konfliktthema, das auch zu gewaltsamen Zusammenstößen führte. Ein bekannter Fall ist der in der sozialistischen Mustersiedlung Nowa Huta, einem neuen Krakauer Stadtteil mit anfangs 100 000 Einwohnern. Die um das 1954 eröffnete neue Stahlwerk »Lenin-Hütte« gebaute Siedlung war als »Stadt ohne Gott« und daher auch ohne Kirchen geplant. Bald sah Gomułka sich jedoch gezwungen, einer Delegation der Katholiken aus Nowa Huta eine Baugenehmigung zu versprechen.

Nun beteten die Gläubigen zunächst an einem Holzkreuz. Als

der Wind des »Oktober« abgeflaut war, zogen die Behörden die Baugenehmigung wieder zurück und wollten auch das Kreuz beseitigen. Der Krakauer Erzbischof Karol Wojtyła erklärte jedoch, dies sei nicht zulässig und verletze die Gefühle der Gläubigen. Bei dem Versuch, das Objekt wegzuräumen, kam es 1960 zu einer stundenlangen Straßenschlacht rund um das Kreuz und zu Hunderten von Verhaftungen. Das Kreuz blieb. Doch erst 1967 konnte in Nowa Huta mit Unterstützung Wojtyłas ein Kirchenbau begonnen werden, wenn auch an anderer Stelle. So entstand – mit tatkräftiger Unterstützung der Gläubigen – die »Arche des Herrn«, die ein wenig an die berühmte Kapelle im französischen Ronchamp erinnert.

Diese Konflikte waren weit mehr als lokale Streitfälle um eine Baugenehmigung. Sie waren symbolisch. Für die Kommunisten war Religion ein Synonym für Rückständigkeit und Fanatismus, und die Institution Kirche wurde gelegentlich sogar als vermeintlicher Hort »bourgeoiser« Elemente mit Verbindungen zu den Überresten der »Untergrundgruppen« attackiert. Umgekehrt war für viele Polen (die Hälfte ging jeden Sonntag zur Messe, ein weiteres Drittel unregelmäßig) die Propagierung des Atheismus nichts weniger als ein Angriff auf nationale Identität und Tradition. Nach der kurzen Lockerung des »Oktobers«, während der in vielen Klassenzimmern und Krankenhäusern Kreuze aufgehängt wurden und die Kirche verstärkt im öffentlichen Raum aktiv werden konnte, zog der Staat schon 1958 die Zügel deutlich an. Die Kreuze wurden wieder abgehängt, der Religionsunterricht wurde aus den Schulen verbannt (worauf die meisten Kinder zum Unterricht in kirchliche Räume gingen). Hilfspakete aus dem Westen durften nicht mehr ausgeliefert werden, und das Hilfswerk Caritas, welches der Staat 1950 an sich gerissen hatte, wollte er nicht mehr hergeben. Gelegentlich wurde eine kirchliche Einrichtung aufgelöst oder wurden an der Zensur vorbei gedruckte kirchliche Zeitschriften konfisziert. Immer wieder erhob sich offener Protest gegen solche Maßnahmen.

Immerhin durfte die 1918 gegründete Katholische Universität Lublin bestehen bleiben, die einzige nichtstaatliche Hochschule im Ostblock; nur die deutsche Besatzung hatte deren Lehrbetrieb unterbrochen.

Der neue Konflikt zwischen Staat und Kirche kulminierte in den Jahren 1965/66, und das gleich aus zweierlei Anlässen. Für 1966 hatten beide Seiten die Tausendjahrfeier der Staatswerdung Polens angesetzt, die nun einmal untrennbar mit der Taufe des Fürsten Mieszko im Jahr 966 verbunden war. Die Regierung versuchte das Jubiläum als weltliches Ereignis zu behandeln, doch die Kirche sah sich durch das nahende Millennium zu jahrelangen vorbereitenden Veranstaltungen, Exerzitien und Konferenzen veranlasst. Als sie schließlich die »Schwarze Madonna« von Tschenstochau, die wichtigste Ikone des Landes, auf eine Rundreise durch das Land schickte, in deren Verlauf sie am Wegesrand von betenden Menschenmengen begrüßt wurde, griff die Staatsmacht ein. Sie konfiszierte das Fahrzeug, auf dem die Madonna reiste, und brachte diese anschließend unter Polizeischutz (um ihre »Entführung« zu verhindern) in ihr Heimatkloster in Tschenstochau zurück. Ob dieses Eingreifen die Beliebtheit der Regierung im Volk verstärkt hat, darf bezweifelt werden; jedenfalls reiste nach der »Verhaftung« der Madonna als Geste des Protests der leere Rahmen des Bildes weiter und wurde im Land zur Schau gestellt.

Der Kampf um die Madonna überlappte sich mit einem zweiten Konflikt, der sogar von außenpolitischer Bedeutung war. Er hatte im Vorjahr begonnen, während des II. Vatikanischen Konzils. In Rom hatten die polnischen Bischöfe Briefe an ihre Amtsbrüder in allen Ländern geschrieben, um sie zu den Millenniumsfeiern einzuladen. Berühmt geworden ist vor allem der Brief an die deutschen katholischen Bischöfe mit seinen besonderen Akzenten; Ideengeber war hier der Oberhirte von Wrocław (Breslau), Bolesław Kominek (er war vom Vatikan auch 20 Jahre nach der Potsdamer Konferenz noch nicht als legitimer Ortsbischof auf ehemals deutschem Territorium anerkannt). Die Unterzeichner, darunter die Kardinäle Wyszyński und Wojtyła, erinnerten zum einen an die Kultur des lateinischen »Westens« in Europa, mit dem die Christianisierung das Land überhaupt erst verbunden habe, zum anderen an Jahrhunderte guten, dann zunehmend schlechteren deutsch-polnischen Zusammenlebens, an Besatzung, Terror und Holocaust, aber auch an den deutschen Widerstand gegen das NS-Regime. Über die schlimmen Erfahrungen heißt es:

> »Wir bemühen uns zu vergessen. Wir hoffen, dass die Zeit – dieser große göttliche Kairos – ermöglicht, dass die geistigen Wunden heilen. Nach allem, was in der Vergangenheit, der leider so frischen Vergangenheit, geschehen ist, kann man sich kaum wundern, dass das ganze polnische Volk spürt, wie wichtig ein elementares Sicherheitsgefühl ist, und dass es gegenüber seinen nächsten Nachbarn im Westen immer noch Misstrauen empfindet. [...] Die polnische Grenze an Oder und Neiße ist, wie wir gut verstehen, für die Deutschen eine überaus bittere Frucht des letzten Krieges, der massiven Zerstörung, ähnlich wie das Leid von Millionen deutscher Flüchtlinge und Umsiedler. (Dies geschah auf interalliierten Befehl der Siegermächte, wie er in Potsdam 1945 erteilt wurde). [...] Für unser Vaterland, das aus diesem massiven Morden nicht siegreich, sondern aufs Äußerste erschöpft hervorging, ist dies eine Frage der Existenz (nicht jedoch eines größeren ›Lebensraums‹).«

Nach dieser Rechtfertigung der Westgrenze und einer Aufforderung, die Polemik und den Kalten Krieg durch den »Beginn eines Dialogs« zu ersetzen, nach einem Gruß auch an die deutschen Protestanten, endet der Brief mit den Worten: »In diesem zutiefst christlichen und zugleich sehr menschlichen Geist reichen wir Euch, hier in den Bänken des zu Ende gehenden

Konzils, unsere Hände, gewähren Vergebung und bitten um Vergebung.«[9]

Damit hatte die Kirche im Namen der Nation, aber ohne jede Absprache mit der Regierung geradezu eine außenpolitische Friedensinitiative unternommen. Und das mit den unerhörten Worten »Wir vergeben und bitten um Vergebung«! Die Reaktion fiel entsprechend heftig aus. Gomułka kritisierte, die Kirche sehe Polen wieder in seiner alten Rolle als Bollwerk des Westens gegen den Osten – waren es früher die Türken, so war es jetzt die atheistische Sowjetunion. Aber das größte Unheil sei über Polen doch aus dem Westen gekommen: im Zweiten Weltkrieg. Die polnische Nation habe daher gelernt. »Man kann sie nicht mehr zum Westen hin umorientieren.«[10]

In den folgenden Monaten und vor allem während der kirchlichen Millenniumsfeiern wurden Gottesdienste gestört und im ganzen Land Plakate und Transparente mit der Gegenthese »Wir vergeben nicht!« verbreitet. Auf Tausenden von Versammlungen wurde die Kirche wegen angeblicher Machtanmaßung, mangelnden Patriotismus und prodeutscher Tendenzen an den Pranger gestellt. Schließlich wurde, während das Madonnenbild durchs Land reiste, die Armee zu Hilfe geholt: Offiziere zitierten mehr als 3700 Pfarrer zu Gesprächen, die teilweise wie Verhöre oder wie Anwerbegespräche abliefen. All diese Konflikte konnten die Autorität der Kirche unter Primas Wyszyński aber nicht nachhaltig erschüttern. Doch wurde zugleich deutlich, dass der Satz »Wir vergeben und bitten um Vergebung« von der Mehrheit der Bevölkerung – gerade einmal 20 Jahre nach dem Zweiten Weltkrieg – skeptisch bis ablehnend betrachtet wurde. Auch der Antwortbrief der deutschen Bischöfe fiel, offenbar aus Rücksichtnahme auf die Gefühle der deutschen Vertriebenen, sehr zurückhaltend aus, was auf polnischer Seite für Enttäuschung sorgte. Es mussten noch etwa 20 weitere Jahre vergehen, bis der Brief aus Polen in der polnischen und der deutschen Gesellschaft wirklich als Leitlinie verstanden und sein Ansatz auch

auf andere, schwierige Nachbarschaftsbeziehungen Polens angewendet wurde.

## Die polnisch-deutschen Beziehungen

Nach dem Konflikt zwischen Staat und Kirche um die Tausendjahrfeier und dem Brief der polnischen Bischöfe vergingen nur
wenige Jahre, bis Parteichef Gomułka selbst eine Chance wit-
terte, die polnisch-deutschen Beziehungen zu verbessern, und
zwar die Beziehungen zu jenem deutschen Staat, mit dem Polen
noch nicht einmal diplomatische Beziehungen unterhielt, der
Bundesrepublik Deutschland. Gomułka hatte zeitweise gefürch-
tet, Moskau könne wie zu früheren Zeiten Polen einer wie auch
immer gearteten deutsch-sowjetischen Annäherung opfern;
jetzt ging er selbst in die Offensive. Im Mai 1969 schlug er eine
Normalisierung der Beziehungen vor, die auch eine Anerkennung der polnischen Westgrenze umfassen müsse. Fünf Monate
später entstand in Bonn die erste sozialliberale Koalition mit
Willy Brandt an der Spitze, und die Gespräche kamen in Gang.
Allerdings musste sich Brandt – was er, manche seiner Mitarbeiter und offenbar auch Gomułka bedauerten – den »Gegebenhei-
ten des Warschauer Paktes« beugen, wie Brandt später schrieb,
und zunächst mit der Führungsmacht des Ostblocks einen ähnlichen Vertrag schließen. Also unterzeichnete der Kanzler der
Bundesrepublik Deutschland im August 1970 erst den Moskauer
Vertrag, in dem mit den Grenzen in Europa ausdrücklich auch
die polnische Westgrenze als unverletzlich erwähnt wurde, obwohl im Grunde weder Moskau noch Bonn mit dieser Grenze
irgendetwas zu tun hatten. Diese Vorwegnahme sorgte in Warschau für erhebliche Verstimmung. An der Tatsache, dass Bonn
ausdrücklich erklärte, in der Grenzfrage nicht für ein künftiges
geeintes Deutschland zu handeln, konnte Polen ohnehin nichts
ändern.[11]

Im Dezember kam es dann zu jenem Besuch in Warschau, der

in polnischen Geschichtsbüchern erstaunlich wenig Raum ein-
nimmt und der weit weniger durch den dort unterzeichneten
Vertrag als durch eine sehr kurzfristig geplante Geste berühmt
geworden ist: den »Kniefall« Willy Brandts. Der Vertrag war von
sensationeller Kürze und umfasste nur fünf Artikel. Er hielt den
Verlauf und die »Unverletzlichkeit« der Grenze fest, sodann den
Gewaltverzicht und behandelte die »Normalisierung« der polnisch-deutschen Beziehungen sowie eine Erweiterung jeglicher
Zusammenarbeit. Brandts Partner auf polnischer Seite war Ministerpräsident Józef Cyrankiewicz. Der Vorkriegssozialist und
Auschwitz-Häftling, der im Lager über lange Zeit den konspirativen Widerstand mit organisiert hatte[12], blickte bereits auf
21 Jahre als Regierungschef zurück. Die glanzvolle und nicht
nur für ihn bewegende Zeremonie der Vertragsunterzeichnung
am 7. Dezember 1970 sollte in die letzten Tage seiner Amtszeit
fallen; das konnte er freilich nicht wissen.

Krieg schon der Vertrag mit einigen Schwierigkeiten behaftet,
so passte der Kniefall am Mahnmal für die Helden des Ghetto-
Aufstands der polnischen Regierung überhaupt nicht ins Konzept. Brandt hatte gegen Warschauer Widerstände darauf be-
harrt, auch das Ghetto-Mahnmal zu besuchen. Ob Brandts Geste
nun vor allem »die Besonderheit des Gedenkens am Ghetto-Mo-
nument zum Ausdruck bringen« sollte (wie es in seinen Erinnerungen heißt), oder ob er sie als deutsche Entschuldigung
gegenüber Polen gedachte hatte, als entspannungspolitisches
Signal an den Ostblock oder als Impuls für die aktuellen Beziehungen seiner Regierung zu Israel und den Juden in der Welt[13] –
dass da ein Vertreter der immer noch »bösen«, weil revanchisti-
schen und gefährlichen Bundesrepublik am jüdischen Mahnmal
in christlicher Demutshaltung verharrte, war für die Kommunisten höchst problematisch. Dementsprechend wurden die
Fotos in den Zeitungen Polens (und vermutlich des gesamten
Ostblocks) so beschnitten, dass der Betrachter nicht sah, dass
Brandt kniete. So hat die Geste des Kniens, die in der westdeut-

schen Öffentlichkeit kontrovers diskutiert wurde (»Durfte Brandt knien?«), in Polen damals offenbar nur kleine Personenkreise erreicht und bewegt; Cyrankiewicz dankte Brandt dafür im persönlichen Gespräch. Für alle anderen war es zunächst eine gewöhnliche Kranzniederlegung. Später berichteten Zeitzeugen von einem gewissen Unmut in der Bevölkerung darüber, dass der Kanzler sich zwar vor den jüdischen Opfern auf diese Weise verneigt, aber am Grabmal des Unbekannten Soldaten nur einen Kranz niedergelegt habe.

## Das polnisch-jüdische Verhältnis

Schon zuvor hatte eine Kette von Ereignissen gezeigt, wie schwierig das polnisch-jüdische Verhältnis immer noch war und wie leicht sich auf diesem Feld Ressentiments mobilisieren ließen. Infolge des Sechstagekriegs 1967 brachen die Ostblockstaaten ihre diplomatischen Beziehungen zu Israel ab, das nun zu einer Art Feindstaat erklärt wurde; zugleich begannen die Behörden, Personen jüdischer Herkunft aus ihren Arbeitsstellen zu entlassen. Innenminister Mieczysław Moczar, der Kopf der neuen, informellen, nationalkommunistischen und antisemitischen »Partisanen«-Fraktion innerhalb der Partei, war eine treibende Kraft hinter der Kampagne.

Im Januar 1968 wurde ein Stück von Polens größtem Dichter Adam Mickiewicz, *Die Ahnenfeier*, in Warschau abgesetzt, vor allem, weil es gegen das zaristische Russland gerichtete Passagen enthielt, die heftig beklatscht wurden. Nach Protesten gegen die Absetzung wurden zwei Studenten exmatrikuliert, darunter der spätere Bürgerrechtler Adam Michnik. Demonstrationen für mehr Kunst- und Redefreiheit wurden niedergeknüppelt. Am Ende wurden bei diesen Protesten im März 1968 in mehreren Städten 2700 Menschen festgenommen, von denen ein Drittel Arbeiter waren. Eine neue Kampagne setzte ein; sie diffamierte diese Proteste als Aktionen hochgestellter »zionistischer«, mit anderen Worten jüdischer Kreise und stellte diese Personen oder ihre Eltern als besonders moskautreue Kommunisten dar. In zahllosen Parteiversammlungen wurde – auch von Gomułka persönlich – gefordert, die jüdischen »Unruhestifter« sollten, wenn sie schon mit Israel »sympathisierten«, das Land verlassen. So kam es dann auch: Viele Personen, die mit dem Judentum oft nur noch durch ihre Herkunft verbunden waren, verloren bis zum September 1968 ihre Stellen, darunter fünf Minister, 17 Generäle, 2000 Offiziere, Hunderte von Journalisten, Wissenschaftlern und Künstlern. Infolge der Kampagne sahen 13 000 Menschen für sich keinen anderen Weg als die Emigration. Die meisten davon gingen nach West- oder Nordeuropa. Die festgenommenen Protestierer wurden zumeist vergleichsweise milde behandelt. Nur 33 von ihnen erhielten Haftstrafen ohne Bewährung, unter ihnen Adam Michnik, Jacek Kuroń und Karol Modzelewski, die später zu führenden Bürgerrechtlern werden sollten.

## Der Dezember 1970 und die Folgen

Vier Tage nach Brandts Kniefall und der Vertragsunterzeichnung dann ein Schritt, der für Gomułka und Cyrankiewicz blitzschnell das Ende ihrer Herrschaft bringen sollte: Das Politbüro beschloss eine Preiserhöhung für Fleisch- und Wurstwaren und einige andere Güter um bis zu 30 Prozent. Der Parteichef hielt es für nötig, die hohen Subventionen der Lebensmittelpreise – ausgerechnet zur Weihnachtszeit – abzubauen. Doch er hatte seine Rechnung ohne das Volk gemacht. In Betrieben wurde Protest geäußert, bald streikten viele Arbeiter in Danzig und lieferten sich eine Straßenschlacht mit der Polizei. Einen Tag später erlaubte Gomułka den Sicherheitskräften den Schusswaffengebrauch. Es kam zu Zusammenstößen in mehreren Städten an der Ostseeküste, Hunderte Panzer waren im Einsatz, am Ende waren 45 Tote und an die 1200 Verletzte zu beklagen. Fast

3000 Personen wurden festgenommen, darunter ein junger Werftarbeiter namens Lech Wałęsa. Viele der Festgenommenen wurden übel misshandelt. Für einen damals 13 Jahre alten Danziger Jungen, Donald Tusk, waren die Straßenkämpfe ein prägendes Erlebnis, wie der heutige Präsident des Europäischen Rates (seit 2014) später bekannte:

»Ich bin nahe der Werft aufgewachsen, und als jugendlicher Zeuge war ich bei dem, was sich in Danzig ereignete, mittendrin. [...] Der Dezember 1970, das ist einerseits die Last einer Tragödie, aber das ist auch ein Ereignis, das mit einer äußersten Ladung Energie im Gedächtnis fortlebt. Wegen des Opfers der Menschen, der Grausamkeit der Machthaber, des Gewichts des Augenblicks, des Gewichts dieses Anliegens. All das hat dazu geführt, dass der Dezember seine Fortsetzung hatte und am Ende dieses glückliche Finale. [...] Ohne jene Opfer würden wir nicht in einem freien Polen leben.«[14]

Gomułka, dessen Machtübernahme 1956 die Revolte der Posener Arbeiter mit eingeleitet hatte, sah sich jetzt also selbst einer Protestwelle gegenüber. Doch er hatte aus dem uneinsichtigen Verhalten seiner Vorgänger nichts gelernt. Es dauerte kaum mehr als 48 Stunden, da hatten einige Politbüromitglieder und andere Spitzenpolitiker bereits eine Exit-Strategie entworfen. Zwei von ihnen reisten in der Nacht nach Oberschlesien und suchten den dortigen Parteichef Edward Gierek auf, um ihn als Ersatzmann zu gewinnen. Ein Brief des sowjetischen Parteichefs Leonid Breschnew gab ihnen grünes Licht. Das Politbüro trat daraufhin zusammen und schlug Gierek als neuen Parteichef vor. Auch die Warnungen zweier »Falken«, die Heimatarmee und sonstige Staatsfeinde würden wieder aus ihren Löchern kommen, halfen nichts mehr: Gomułka stürzte.

Diesmal brachte die Revolte, anders als die Ereignisse von 1954 bis 1956, kaum politische oder strukturelle Veränderungen mit sich. Es blieb bei einer deutlichen Auffrischung der Führungsriege und einigen materiellen Zugeständnissen. Dabei waren aus den Reihen der Arbeiter auch diesmal politische Forderungen laut geworden (mehr Freiheit von der Partei und den offiziellen Gewerkschaften, korrekte Berichterstattung, freie Wahlen). Mehr noch: Bis in den Februar 1971 hinein kam es zu weiteren Streiks in verschiedenen Landesteilen. Die neue Mannschaft an der Spitze erhöhte zunächst die niedrigsten Löhne und Renten und nahm später sogar unter dem Eindruck eines großen Ausstands der Textilarbeiterinnen in Łódź die Preiserhöhungen zurück. Das vielleicht Entscheidende war, dass der telegene neue Parteichef etwas tat, das in Polen keinem Parteichef vor ihm in den Sinn gekommen war (und auch keinem nach ihm). Er fuhr nach Stettin und Danzig, diskutierte mit den protestierenden Werftarbeitern, hörte sie an, erklärte und versprach, Partei und Regierung würden fortan für eine bessere Zukunft arbeiten. Am Ende rief er in den Saal: »Also wie – helft ihr uns?« Die Antwort soll nicht sehr enthusiastisch geklungen haben, doch sie kam im Chor: »Wir helfen!«

Mit diesem Ausruf, der zum bekanntesten Zitat Giereks werden sollte, begannen die politisch relativ ruhigen und in wirtschaftlicher Hinsicht nicht mehr ganz mageren 1970er-Jahre. Nach dem Umbruch von 1956 hatte sich erst zaghaft die »kleine Stabilisierung« entfaltet. Jetzt also folgte der Konsumsozialismus oder »Bigos-Sozialismus«, wie der Historiker Marcin Zaremba ihn mit Verweis auf die würzige Kraut-Fleisch-Speise, die als Polens Nationalgericht gilt, bezeichnet. Sein Kollege Andrzej Paczkowski spricht für diese Jahre sogar von der »Belle Époque« der Volksrepublik Polen: einer Friedens- und Blütezeit wie in Mittel- und Westeuropa vor 1914.

Es waren Tendenzen, wie sie mit Ausnahme Albaniens im ganzen Ostblock zu beobachten waren, auch in der Sowjetunion, besonders früh und umfassend aber in Ungarn mit seinem »Gulasch-Kommunismus« (das Wort soll Chruschtschow schon 1964 bei einem Besuch in Budapest geprägt haben). Die Machthaber setzten auf Konsum und Konformismus statt auf revolutionäre Wachsamkeit und Prinzipientreue. Die Propaganda und die während der Aufmärsche gezeigten Transparente riefen nicht mehr zum Kampf gegen alle möglichen Feinde im In- und Ausland auf, sondern zum Kampf *für* etwas, für Frieden und Fortschritt, für Wohlstand und ein »besseres Morgen«. Eine Atmosphäre größerer Offenheit – in gewissen Grenzen sogar für Andersdenkende (!) – war zu spüren. Auf einem Treffen mit Chefredakteuren im September 1971 sagte Gierek:

> »Wir machen jenen Genossen, die andere als unsere Ansichten vertreten, keinen Vorwurf, dass sie ihr eigenes Urteil haben, dass sie anders denken. Man kann ja schwerlich erwarten, und es ist im Grunde sogar unmöglich, dass alle in Polen eine identische Ansicht dazu hätten, wie die Probleme zu lösen sind, die die sozial-ökonomische Entwicklung unseres Vaterlands betreffen.«[15]

Vielleicht das bekannteste Symbol der »Belle Époque« war der Fiat 126 p, der Wagen für das Volk. Im Jahr 1973 wurde im oberschlesischen Tychy (wo bis heute Fiat Chrysler Automobiles seine Fiat-Modelle vom Band laufen lässt) mit der Serienproduktion in Lizenz begonnen. Die DDR hatte damals längst ihren »Trabant«, Polen war deutlich im Rückstand. Doch wenn das Land 1971 556 000 Pkw zählte, waren es gegen Ende des Jahrzehnts mehr als zwei Millionen – vor allem dank des Fiat 126 p, der im Volksmund »Maluch« (Knirps) genannt wurde. Der Wagen war erschwinglich: Zu Anfang kostete er etwa 20 durchschnittliche Monatsgehälter. Wie der »Trabi« konnte er mit einfachsten Hilfsmitteln repariert werden. Neben dem Fiat traten auch Kühlschränke, kleine Waschmaschinen (»Frania«), Fernseher und die dazugehörigen Schrankwände ihren Siegeszug in den Familien an. Sie gehörten zur Ausstattung der allmählich etwas größer werdenden, nach westeuropäischem Maßstab aber immer noch überbelegten Neubauwohnungen. Und die Kaufkraft war da: In Giereks erstem Jahrfünft stiegen die Löhne und Gehälter insgesamt um gut 40 Prozent. In dieser Zeit wurde eine Million Wohnungen fertiggestellt, doch die Bevölkerung wuchs schnell, die Warteschlange wurde nur noch länger, der Hunger blieb ungestillt.

Zu »mehr Konsum« gehörten auch »mehr Freizeit« und »mehr Freiheit«. Erstmals war ein Teil der Samstage arbeitsfrei, es gab mehr Urlaub, auch mehr Mutterschaftsurlaub. Zu Freizeitzwecken entstanden Ferienheime und Wochenendhäuschen (auf der eigenen »działka« – wörtlich »Stück Land«, so etwas wie ein Schrebergarten; das russische Wort »Datscha«, im DDR-Deutsch geläufig, hat sich in Polen nicht durchgesetzt). Auch touristische Reisen ins sozialistische Ausland erlebten nun einen Aufschwung, zunächst – und seit 1972 ohne Reisepass – vor allem in die DDR. Millionen besuchten den Nachbarstaat jenseits der Oder. Diese Reisen waren für viele Polen aufgrund des größeren Warenangebots auch oder sogar vor allem Einkaufsreisen. Dabei konnten sie sehen, dass es ihren Nachbarn besser ging. In Ungarn lag das Pro-Kopf-Einkommen um zehn Prozent höher, in der DDR um 50, in der Bundesrepublik Deutschland um 110 Prozent.[16]

Immer wichtiger wurde auch ein Phänomen, das zeitweise praktisch völlig verboten war: die »Westreise«. Noch im Jahr 1954 durften von 27 Millionen Bürgern gerade mal 52 eine private Reise in die kapitalistischen Länder antreten (bei insgesamt etwa 1800 privaten Auslandsreisen). In der ersten Hälfte der 1950er-Jahre wurden Polens Grenzen in einer Weise gesichert, die dem späteren DDR-Grenzregime alle Ehre gemacht hätte – offiziell aus Angst vor Spionen und Eindringlingen, doch sicher auch, um Flüchtende aufzuhalten, und schlicht, um alles unter Kontrolle zu haben. Am besten gesichert war die Westgrenze zur DDR: durch einen lückenlosen Stacheldrahtzaun und Wachttürme entlang von Oder und Neiße. Fast genauso streng war man an der Ostgrenze, und der Strand an der Ostsee war größtenteils in eine säuberlich geharkte Kontrollzone verwandelt worden, was die Badefreuden auf wenige ausgewiesene Strände beschränkte. Fluchtversuche, etwa über die Ostsee, wurden damals mit bis zu drei Jahren Haft geahndet. Allerdings gab es an Polens Grenzen keine tödlichen Starkstromkabel oder Selbstschussanlagen, wie sie von der ČSSR beziehungsweise später von der DDR an ihren Westgrenzen eingesetzt wurden.

Seit dem Umbruch von 1956 war die Reisepolitik Polens immer liberaler geworden, während die Sowjetunion und seit dem Mauerbau auch die DDR die Grenzen für ihre eigenen Bürger geschlossen hielten. Im Jahr 1957 unternahmen Polen bereits 149 000 private Auslandsreisen, davon gut ein Drittel in die Länder des Westens. Bis zum Ende der Gomułka-Ära reiste dann Jahr für Jahr eine fünfstellige Zahl von Polen privat in den Westen, hinzu kam eine ähnlich hohe Zahl von Dienstreisen dorthin. Unter Gierek schließlich explodierte die Reisefreudigkeit, und an diesem Stand sollte sich bis 1989 nicht viel ändern: Jedes Jahr fuhren Hunderttausende privat, also zu Besuch (manchmal auch zur Schwarzarbeit) in den Westen; der kleine polnische Fiat war oft auf deutschen Autobahnen zu sehen. Zugleich reisten Millionen (manchmal als Kleinhändler) in die Länder des Ostblocks. Die Berliner Mauer behinderte die Polen in weit geringerem Maße als die DDR-Bürger, zumal West-Berlin aufgrund des Viermächte-Status unkontrolliert freie Einreise gewährte. Allerdings blieb es weiterhin der Miliz (Polizei) vorbehalten, den Bürgern jeweils auf Antrag den Pass auszuhändigen – oder auch nicht; außerdem brauchte man für die meisten Länder ein mühsam in der Schlange zu erstehendes Visum, und der Zugang zu Devisen war reglementiert.

Trotz alledem war die Reisefreiheit für Ostblockverhältnisse groß. Mit Konsequenzen: Wer es bisher nicht geglaubt hatte, konnte sich jetzt mit eigenen Augen davon überzeugen, dass der Westen anders, bunter und in vielerlei Hinsicht offenbar »besser« war als der Osten. Die ehrgeizige Führung um Gierek tat viel, um die bislang kümmerlichen Wirtschaftsbeziehungen nach Westen auszubauen. Während die Steinkohle Polens wichtigstes Exportgut blieb, investierte das Land stark in Maschinenbau, Chemie, Elektrotechnik und Hüttenwesen und erwarb im Westen viele Lizenzen. Zugleich verdoppelte Polen die Einfuhren aus dem Westen (Anteil am Gesamtimport 1975: 49%), ohne allzu viele hochwertige Waren dorthin exportieren zu können, was die Leistungsbilanz belastete. Die Auslandsschulden verdoppelten sich sprunghaft auf acht Milliarden US-Dollar (1975). Zur Mitte des Jahrzehnts kündigten sich Probleme an, die eines nicht so fernen Tages auch Gierek ins Schleudern bringen sollten.

Dennoch sind die 1970er-Jahre vielen Bürgern gerade im Rückblick als Zeit der Stabilität und des Aufschwungs in Erinnerung geblieben. Zu den Positiva gehörte außer den wirtschaftlichen Erfolgen eine pragmatische Innenpolitik, die den Bürger weitgehend »in Ruhe ließ«, sofern er nicht mit offenen Briefen oder ähnlichen Aktionen Missstände anprangerte oder die herrschende Ideologie in Frage stellte. So kam es, dass bald mehr als drei Millionen Menschen Mitglieder der herrschenden PVAP waren. Die relative Freiheit der Kultur, wie sie schon seit 1956 geherrscht hatte, blieb erhalten. Schon damals wurden in Polen viele amerikanische Filme gezeigt, kamen Beat und Jazz aus dem Westen, wurde neue westliche Literatur, von Hemingway bis Camus, übersetzt und verlegt. Das machte das Land attraktiv für Jazzfans aus der DDR ebenso wie für lesefreudige Sowjetbürger. Manche von ihnen, etwa der Dichter und spätere Nobelpreisträger Joseph Brodsky, lernten Polnisch, um auf diese Weise für sich ein Fenster zur Welt aufzustoßen. Irgendwann kam für Polen mit seiner relativen Liberalität und Weltoffenheit die Bezeichnung »die fröhliche Baracke im sozialistischen Lager« auf, ein Titel, der aus ähnlichen Gründen auch auf Ungarn angewendet wurde.

## Planwirtschaft in der Krise

Allerdings konnte das System nicht über seinen Schatten springen. Es war und blieb eine Planwirtschaft und sollte es auch sein. Der Behörden- und Parteiapparat wuchs und wuchs, auch durch die Gebietsreform von 1975, nach der die Zahl der Wojewodschaften verdreifacht wurde und viele neue Organe geschaffen und finanziert werden mussten. Was nicht wuchs, waren Effizienz und Arbeitsproduktivität. Zugleich blieben die Begleiterscheinungen dieser Wirtschaftsweise erhalten, etwa das berühmte Schlange-Stehen, wie es der französische Diplomat Jacques Fouchet in Warschau 1967 verwundert beschrieben hatte: »Vor vielen Geschäften bilden sich Schlangen, aber es ist schwer zu sagen, ob sie auf Versorgungsschwierigkeiten zurückgehen, oder ob sie für die Mehrheit der Polen zur zweiten Natur geworden sind ...«[17] Die Auslandsverschuldung vieler Ostblockländer stieg weiter; diejenige Polens sprang 1978 auf 18,5, zwei Jahre später auf 25 Milliarden US-Dollar. Der Schuldendienst fraß die Exporterlöse fast vollständig auf.

Im Jahr 1975 hatte es eine Missernte mit Folgen für die Versorgung gegeben. Ein Jahr später wollte die Regierung die Preise für mehrere Grundnahrungsmittel, darunter Fleisch, um 50 bis 100 Prozent erhöhen – und wieder gab es Protest, wie schon einmal sechs Jahre zuvor. Zehntausende Arbeiter streikten, in Radom bei Warschau kamen bei Zusammenstößen mit den Sicherheitskräften zwei Menschen ums Leben, Hunderte wurden vor Gericht gestellt oder verloren ihre Arbeitsstelle. Die Ereignisse sollten bald zum Kristallisationskern einer gut organisierten Bürgerrechtsbewegung werden. Doch zunächst einmal tat die Regierung, was in ihrer Macht stand: Sie nahm die Preiserhöhungen blitzschnell zurück. Eine Wiederholung des blutigen

Danziger Dezembers wollte sie auf jeden Fall vermeiden. Aber es blieb dabei: Die Wirtschaft war Ende der 1970er-Jahre nur noch schwer steuerbar. Die Planziele wurden immer deutlicher verfehlt, Zucker musste rationiert werden, die Inflation wurde zweistellig, es kam zu häufigen Stromabschaltungen. Und 1979 schrumpfte – erstmals seit der Nachkriegszeit – das Bruttosozialprodukt.

Auch andere Begleiterscheinungen der Planwirtschaft wollten nicht verschwinden, und sie sollten das Land bis zum Ende der Volksrepublik plagen: Schattenwirtschaft und Schwarzmarkt. Wenn die Verteilung der Güter stark vom Staat dominiert war, dieser aber mit der Produktion nicht nachkam oder die Produktion – etwa der begehrten Ware Fleisch oder des schwarz gebrannten Alkohols – teilweise in privaten Händen lag, suchte die Ware sich zwangsläufig andere Vertriebswege. Und wenn der »Monopolwodka« des Staates teuer war (um den verbreiteten Alkoholismus zu bekämpfen und – möglichst gleichzeitig – die Staatskasse zu füllen), wurde eben schwarz gebrannt. Dies hatte in großem Umfang im Ersten Weltkrieg begonnen, setzte sich in der Zweiten Republik fort und ging im Zweiten Weltkrieg und in der Nachkriegszeit unvermindert weiter.

Im Jahr 1959 war ein »Gesetz über die Bekämpfung der unbefugten Herstellung von Spirituosen« verabschiedet worden, das mit kleinen Änderungen bis 2001 in Kraft war. Auch wer nur wenig brannte, musste jetzt mit bis zu drei Jahren Haft rechnen, wer »in bedeutenden Mengen« produzierte, mit bis zu fünf Jahren. Zunächst sank die Zahl der aufgedeckten Schwarzbrennereien zunächst auf etwas über 1000 pro Jahr. Nach zwei offiziellen Preiserhöhungen für Spirituosen stieg sie jedoch wieder und lag, auch aufgrund verstärkter Kontrollen unter Mitwirkung der Bevölkerung, im Jahre 1971 bei 5378. Die Statistik schlug mal nach unten, mal nach oben aus, je nach dem offiziellen Alkoholpreis, der Rationierung von Spirituosen (1981), der Häufigkeit der Kontrollen und anderen Faktoren. Die Rationierung des

Zuckers für die Bevölkerung, die man erst 1985 aufhob, wurde in den Behörden auch im Zusammenhang mit der Schwarzbrennerei diskutiert, weil dabei Zucker benötigt wird.[18] So hingen offizielle und Schattenwirtschaft aufs engste zusammen.

Parteichef Gierek sah das Land und seine Wirtschaft jedoch auf einem guten Weg. Noch 1979 sagte er in einer Besprechung mit führenden Genossen, im weltweiten Wettbewerb sei Italien aus der kapitalistischen Spitzengruppe herausgefallen, Frankreich könne es ähnlich ergehen, und »in der sozialistischen Welt zählen die UdSSR und wir«.[19] Polen »war wieder wer« – diesen Eindruck versuchte die Regierung nicht ohne Erfolg zu verbreiten. In den 1970er-Jahren hatten nacheinander drei amerikanische Präsidenten Polen besucht, 1977 kam Bundeskanzler Helmut Schmidt. Einer der bekanntesten und nicht gerade regimetreuen Publizisten, Stefan Kisielewski, schrieb aus diesem Anlass in sein Tagebuch:

»Großer Empfang, zahllose deutsche Fähnchen, Gierek tänzelt, lächelt, schmeichelt sich ein. Beide labern leeres Zeug. Schmidt ist nach der Sache mit den Anarchisten [gemeint ist die RAF] entspannt, und Gierek wird ihn sicher um etwas Kohle anbetteln. Ein Deutscher, der vor den Kommunisten für Hitler Reue zeigt – das hat mich immer geärgert, aber so ist nun mal die Ironie der Geschichte. [...] Was hat dieser Gierek Glück, dieser glatte Typ! Alle helfen sie ihm, die greise Russenmannschaft auch, weil sie Angst vor Veränderungen hat.«[20]

# Die wunderbaren Jahre

## Ein Papstbesuch und die Folgen

»Ich erinnere mich, es war am frühen Abend, ich lag bereits im Bett, hatte wieder mal Kreuzschmerzen, ich überlegte, ob ich ein Schmerzmittel nehmen sollte, da rief [Politbüromitglied] Kania an mit der Nachricht, ein Pole sei zum Papst gewählt worden. Ich dankte ihm für die Information und sagte zu meiner Frau, ich erinnere mich, als sei es heute gewesen: ›Ein Pole ist Papst geworden. Ein großartiges Ereignis für das polnische Volk und große Komplikationen für uns.‹ [...] Ich gab auch sofort Anweisung, dass der Tenor in der Presse und allen Massenmedien mit der allgemeinen Atmosphäre des Freudentaumels in Polen harmonieren sollte.«[1]

Mit diesen Worten beschrieb Parteichef Gierek, wie er auf die Wahl des Krakauer Erzbischofs Karol Wojtyła am 18. Oktober 1978 zum Papst reagierte. Dass der weltliche Herrscher des Landes den Medien Anweisungen gibt, war damals selbstverständlich; dass er Schwierigkeiten auf sich zukommen sah, war immerhin ein Zeichen von Realismus. Beachtlich war, dass er in der Lage war, zu differenzieren zwischen dem »Volk« und »uns«, der herrschenden Partei, obwohl diese doch mit drei Millionen Mitgliedern (von denen einer Untersuchung zufolge die meisten sich als gläubige Christen bezeichneten) so stark war wie nie zuvor. Aber diese Partei hatte das Land trotz mancher Erfolge gerade wieder in eine wirtschaftliche Krise geführt; und ausgerechnet jetzt errang der große Rivale im Kampf um die Seelen der Polen, die römisch-katholische Kirche, den größten denkbaren Erfolg, indem einer ihrer Kardinäle zum Papst gewählt wurde.

Als Wojtyła an jenem Abend im Oktober auf der Loggia des Petersdoms erschien, war er der erste Nichtitaliener auf dem Stuhl Petri seit der kurzen Amtszeit Hadrians VI. (1522–23). Der 58 Jahre alte Geistliche, der sich der Menge als Papst »aus einem fernen Land« vorstellte, hatte einen schnellen Aufstieg hinter sich. Seine frühen Erwachsenenjahre in Krakau waren in die Zeit der deutschen Besatzung gefallen; Wojtyła musste in einem Steinbruch arbeiten und trug eine Verletzung davon, als er von einem Lastwagen der Wehrmacht angefahren wurde. Studium und geselliges Leben mussten großenteils konspirativ stattfinden. Im Jahr 1946 wurde Wojtyła zum Priester geweiht; 1958 wurde er mit nur 38 Jahren Bischof, fünf Jahre später Erzbischof von Krakau. Bald war klar: Wojtyła hatte Charisma und Organisationsgabe wie nur wenige Geistliche. Und entgegen den Hoffnungen der Staatsmacht entwickelte er sich für den älteren Primas Wyszyński in Warschau nicht zum Gegen-, sondern zum loyalen Mitspieler.

Dass das Oberhaupt der Weltkirche nun aus Polen kam, löste in regierungsnahen Kreisen von Ost-Berlin bis Moskau Besorgnis aus. Die früheren Versuche der Regierungen in Warschau, durch ihre Kontakte zum Vatikan Druck auf die polnische Kirchenführung auszuüben, nahmen jetzt ein Ende. Schnell luden die polnischen Bischöfe Johannes Paul II. ein, seine Heimat zu besuchen. Der sowjetische Staats- und Parteichef Breschnew riet Gierek telefonisch und mit leicht drohendem Unterton, den Papst auch diesmal – wie zuvor Paul VI. – nicht ins Land zu lassen. Gierek antwortete ihm, das sei nicht ratsam. So führte den ungewohnt reisefreudigen Papst seine zweite Auslandsreise im Juni 1979 in mehrere polnische Städte. In Warschau waren schon am Vortag Tausende auf die Straßen und Plätze geströmt, die der Papst betreten sollte, um die Vorfreude zu genießen. Der Schriftsteller Kazimierz Brandys notierte, in diesem Augenblick habe die Menschenmenge, die gewohnt sei, sich als anonyme, von außen gesteuerte Masse zu betrachten, sich selbst erkannt. Ein anderer Zeitzeuge, der führende Bürgerrechtler Jacek Kuroń, blieb, da nicht gläubig, zunächst zu Hause, erkannte aber die Bedeutung des Augenblicks:

»Ich setzte mich vor den Fernseher und machte mir Tee. Urlaub. Den Besuch Johannes Pauls II. empfing ich über den Fernseher. Es wurden ganze Messen gezeigt, ausgewählte Predigten, drei oder vier von acht oder neun. Gezeigt wurde das so, dass die Kamera die Gestalt des Papstes aufnahm, dann ein Stück des Platzes, eine ältere Frau, Geistliche, noch eine alte Frau und wieder ein leeres Stück Platz. [...] Aber auch das Fernsehen konnte die Menschenmengen nicht verbergen. Gewaltige Mengen. Überall. Mir schien, als sei das ganze Volk auf der Straße, als sei nur ich zu Hause geblieben. [...] Nach und nach wurde mir klar, dass hier etwas sehr Wichtiges, etwas Großes passierte. [...] Massen junger Leute. Sie gingen zur Messe, die der Papst auf dem Schlossplatz für sie feierte, vor der Kirche St. Annen. Sie liefen und liefen. Ich hielt es nicht mehr aus und ging hinaus. Ich wurde nicht beschattet. Ich ging in die Stadt. Stundenlang lief ich durch die Straßen des nächtlichen Warschau. Alles voller fröhlicher Menschen, diszipliniert, unglaublich diszipliniert und stark. Ich spürte das. Die Nacht, die Freude und diese Ordnung. Ein Klima der Freiheit. [...] Das Volk hat seine Kraft gesehen. Wir haben auf Straßen und Plätzen gesehen, wie viele wir sind. Ich glaube, gerade die Kraft, die schöpferische Kraft, das ist das Wunder der Tage im Juni 1979.«[2]

Millionen kamen zu den Messen und sonstigen Begegnungen mit dem Papst. Seine Auftritte und seine Art, mal ernst und voller Pathos, mal locker und humorvoll, bewegten die Menschen; seine Ansprachen klangen ganz anders als die leeren Formeln der Parteifunktionäre. Er sprach viele Themen an. Der Teilung des Kontinents zum Trotz sprach er von der Einheit Europas, von der Würde des Menschen. Er sprach von Christus, ohne den man weder den Menschen noch die Geschichte verstehen könne, auch die Geschichte Polens nicht; er erinnerte an den Warschauer Aufstand und das Warschauer Ghetto. Die letzten Worte der Warschauer Predigt Johannes Pauls II. wurden später gern als prophetisch bezeichnet: »Dein Geist komme! Dein Geist komme! Und er möge das Antlitz der Erde erneuern. Dieser Erde!« – Mit *ziemia*, »Erde«, konnte im Polnischen auch »Boden« oder »Land« gemeint sein: dieses Land.

Es war, als hätte ein Gegenkönig in Polen die Regie übernommen; ein Gegenkönig aus jenem zahlreichen Stamm, der die letzten Jahrzehnte stets mal mehr, mal weniger heftig verfolgt worden war. Die Partei- und Staatsführung ließ sich nur zu Anfang des Papstbesuches blicken, dann zog sie sich zurück. Gierek verfolgte den neun Tage währenden Besuch am Fernseher. Ein regierungsnaher Soziologe wagte in einem internen Papier die These »Der Marxismus hört auf, eine Alternative zur Religion zu sein«. In der Gierek-Ära hatte sich das Verhältnis Staat-Kirche zwar etwas entspannt, doch als nach dem Papstbesuch die gestärkte Kirche Forderungen stellte, etwa nach dem Recht auf Gründung einer katholischen Jugendorganisation oder nach Zugang zu Medien und sozialen Einrichtungen, blieb der Staat hart.

Es sollte ihm nicht mehr viel nutzen. Denn Johannes Paul II. hatte mit seinem Besuch in Polen selbst nach dem Urteil eines kirchenfernen Historikers dazu beigetragen, »ein ganzes Weltsystem ins Wanken zu bringen«.[3] Ein Jahr später, im Juli 1980, brach sich das neue Selbstbewusstsein der Polen endgültig Bahn. Die neue Machtprobe mit dem Regime begann – wie 1970 und 1976 – mit einer Erhöhung der Preise, diesmal für einige bisher günstige Fleischwaren. Darauf flackerten in mehreren kleineren Städten Protestfeuer auf: Es wurde gestreikt. Die Behörden reagierten lokal mit Lohnerhöhungen. Das ermunterte Nachahmer: In der Region Lublin forderten Bahnarbeiter mehr Unabhängigkeit für die Arbeitnehmervertretung. Hier wurde die Schwelle zu politischen Forderungen überschritten. Vizepremier Mieczysław Jagielski reiste an und erreichte eine Einigung. Doch als im August in der Danziger Lenin-Werft die rebellische Kranführerin Anna Walentynowicz entlassen wurde, war das der Funke, der einen Flächenbrand entfachte.

Die polnischen Werften hatten als Quelle der Proteste von 1970 eine besondere Strahlkraft; als jetzt die Lenin-Werft streikte, schlossen sich ihr in der »Dreistadt« Danzig-Zoppot-Gdingen viele weitere Betriebe an. Schnell entstand ein »Überbetriebliches Streikkomitee«, das den Protest koordinierte und den Werftarbeiter Lech Wałęsa zum Vorsitzenden wählte. Organisationsgrad und Disziplin der Arbeiter waren diesmal bemerkenswert, ebenso die Tatsache, dass – auch bei den ersten Streiks andernorts – die Arbeiter nirgendwo auf die Straße gingen, sich auch nicht zu Gewaltakten hinreißen ließen. Sie blieben in ihren »volkseigenen« Betrieben, und das Tor der Lenin-Werft schmückten sie mit Nationalfahnen, Blumen und einem Porträt des Gegenkönigs: Papst Johannes Paul II.

Ungewöhnlich war auch, dass sich in Warschau zwei unabhängige Intellektuelle, Tadeusz Mazowiecki und Bronisław Geremek, ins Auto setzten und nach Danzig fuhren, um in der Werft ein Angebot zu überbringen. Sie und ihre Mitstreiter boten sich als Vermittler zwischen Arbeitern und Regierung an. Als sie am nächsten Tag die mit Menschen gefüllte Werft verließen und zur Bezirksregierung gingen, fanden sie deren Gebäude leer vor: Die Machthaber waren auf Tauchstation gegangen. So wurden die Intellektuellen von Vermittlern immer mehr zu Beratern des Streikkomitees, baten jedoch darum, kein Stimmrecht zu erhalten, damit nicht eines Tages der Vorwurf aufkäme, die Arbeiter seien von den Intellektuellen »gesteuert« worden. So begann die ungewöhnliche Allianz zwischen Arbeitern und Intellektuellen im Rahmen der entstehenden Gewerkschaft, die wenige Wochen später den Namen »Solidarność« (Solidarität) erhielt.

Schon Mitte August stellte das Streikkomitee im Namen der Arbeiter 21 Forderungen auf, die es in sich hatten: das Recht auf unabhängige Gewerkschaften; das Streikrecht; die »in der Verfassung der VR Polen garantierte Freiheit des Wortes, des Drucks, der Veröffentlichung«; und die Freilassung politischer Gefangener. Erst danach kamen wirtschaftliche Forderungen, wie eine deutliche Lohnerhöhung, die künftige Koppelung der Löhne an die Preise, eine Personalpolitik ohne Parteibuchwirtschaft und eine Reihe sozialer Verbesserungen. Bald schlossen sich Belegschaften in weiteren polnischen Großstädten dem Streik an.

Daraufhin entsandte die Regierung noch einmal Vizepremier Jagielski, der mit Wałęsa und seinen Mitstreitern verhandelte und am 31. August in einem Saal auf dem Gelände der Werft die »Danziger Vereinbarung« unterzeichnete. Das Fernsehen übertrug live. Die Streikenden erkannten die »führende Rolle der Partei« und die Polen verpflichtenden internationalen Bündnisse an, doch zugleich konnten sie in fast allen der 21 Punkte einen Erfolg erzielen. (In Stettin und Oberschlesien wurden ergänzende Abkommen unterzeichnet.)

Der sowjetische Botschafter hatte erfolglos dazu geraten, die Streiks mit Gewalt zu unterdrücken. Partei und Regierung hatten jedoch den Arbeitern nachgegeben und – zunächst auf dem Papier – Freiräume garantiert, wie es sie nie zuvor im Ostblock gegeben hatte. Am 5. September trat Edward Gierek »aus Gesundheitsgründen« zurück. Zu seinem Nachfolger als Parteichef wurde der im Land wenig bekannte Stanisław Kania bestimmt, der bisher in der Parteiführung für Armee, Sicherheitskräfte und Kirchenpolitik zuständig gewesen war.

## »Karneval der Freiheit«

In den 15 Monaten nach dem »August« erlebte Polen eine lange, turbulente Periode der Freiheit. Die alten Strukturen bröckelten: Die Partei verlor binnen eines Jahres zehn Prozent ihrer Genossen. Den bisherigen regimetreuen Gewerkschaften erging es weit schlimmer. Von ihren knapp zwölf Millionen Mitgliedern sollten nur 3,4 Millionen übrigbleiben, davon waren 40 Prozent Rentner. Dagegen zählte die Solidarność bald 9,5 Millionen Mitglieder, das war die Mehrheit der polnischen Arbeitnehmer. Gegen eine ausgesprochene Arbeiterbewegung war in der angeblichen Arbeiter- und Bauerndiktatur, die über Polen herrschte, kein Kraut gewachsen. Selbst im ZK der Partei gab es bald Solidarność-Mitglieder. Die Gewerkschaft organisierte sich in betrieblichen und in regionalen Strukturen, von denen fast jede ihr unzensiertes Informationsblättchen herausgab; all das verlieh der Solidarność bei örtlichen Konflikten eine erhebliche Schlagkraft. Alles in allem war sie eine breite, heterogene Bewegung, sozialdemokratisch ebenso wie katholisch, Debattierklub und zugleich institutionalisierte Bürgergesellschaft. Als sie später, 1981, auf ihrem ersten Landeskongress ein Programm aus 37 Thesen verabschiedete, benannte sie in der ersten These ihre Quellen:

»Die Gewerkschaft ›Solidarność‹ vereint in sich viele gesellschaftliche Strömungen, sie verbindet Menschen unterschiedlicher Weltanschauung und politischer wie religiöser Überzeugungen, unabhängig von ihrer Volkszugehörigkeit. Vereint hat uns der Protest gegen Ungerechtigkeit, Machtmissbrauch und Monopolisierung des Rechts, die Bestrebungen des ganzen Volkes zu bestimmen und auszudrücken. [...] Grundlegend für unsere Tätigkeit muss der Respekt vor dem Menschen sein. Der Staat soll dem Menschen dienen und nicht über ihn herrschen; die Staatsorganisation soll der Gesellschaft dienen und kann nicht mit einer politischen Partei gleichgesetzt werden. [...] Indem die Solidarność ihre Ziele formuliert, schöpft sie aus den Werten der christlichen Ethik, aus unserer nationalen Tradition und aus der demokratischen und Arbeitertradition der Welt der Arbeitnehmer.«[4]

Allerdings sorgte schon allein die Registrierung der Gewerkschaft im Herbst 1980 für böses Blut: Die Behörden versuchten auf durchsichtige Weise, ihre Satzung zu manipulieren. Auch schoben sie die Erfüllung mancher im Sommer gemachten Zusagen hinaus. Mehrfach drohte die Solidarność wieder mit Streik. Lokale Anlässe und Missstände oder die Forderung nach Lohnerhöhungen sorgten außerdem immer wieder für örtliche Arbeitskämpfe. Nur mit Druck von unten – wiederum durch Streik, verbunden jeweils mit der Besetzung eines Gebäudes – konnten sich 1981 auch Studenten und Bauern gegen die Behörden durchsetzen. Das Ergebnis war die Registrierung des Studentenverbands NZS und der »Solidarność der Einzelbauern«.

Gelegentlich wurde diese Zeit mit dem Spitznamen »Karneval der Freiheit« belegt. Währenddessen machten sich zwei Gefahren bemerkbar. Die Wirtschafts- und Versorgungslage verschlechterte sich immer weiter, wozu sowohl die Unfähigkeit der Regierung als auch die Streiks beitrugen. Immer mehr Lebensmittel und auch Alkohol, Zigaretten, Schuhe und Benzin wurden rationiert. Es kam zu Hamsterkäufen, die Regale waren bald leergefegt, und es dauerte nicht lange, bis Mütter zu »Hungermärschen« auf die Straße gingen.

Die andere Gefahr kam von außen, von den »Bruderländern«, die sich wegen des »Karnevals« Sorgen machten. Im Dezember 1980 tagten in Moskau die Partei- und Staatschefs der Ostblockstaaten (nur teilweise in Anwesenheit der Delegation aus Warschau). Anschließend wurde der polnischen Seite mitgeteilt, dass drei Tage später 14 sowjetische, zwei tschechoslowakische und zwei DDR-Divisionen zu »Manövern« in das Nachbarland einrücken würden. Viele Umstände dieser Aktion konnten den Eindruck erwecken, dass es sich um die mehr oder weniger verdeckte Vorbereitung einer Invasion handelte. Ein Oberst im polnischen Generalstab, Ryszard Kukliński, der seit Jahren – aus patriotischen Motiven, wie er später sagte – mit der CIA zusammenarbeitete, informierte die Amerikaner über die Pläne. Der gebürtige Pole Zbigniew Brzezinski, damals Nationaler Sicherheitsberater der USA, schlug Alarm. Daraufhin telefonierte US-Präsident Jimmy Carter mit dem sowjetischen Staats- und Parteichef Leonid Breschnew und warnte, eine massive Verlegung sowjetischer Truppen nach Polen würde das Gleichgewicht der Kräfte in Europa verletzen und eine amerikanische Antwort erfordern (was damals heißen konnte: Stationierung weiterer Mittelstreckenraketen in Westeuropa). So wurden die »Manöver« vermutlich wegen der deutlichen Reaktion Washingtons, nicht zuletzt aber wohl auch wegen des verlustreichen sowjetischen Engagements in Afghanistan, in letzter Minute abgeblasen.[5]

Doch die Führung im Kreml machte weiterhin Druck auf Warschau. Die Krise erreichte im Juni 1981 einen neuen Höhepunkt mit einem offenen Brief der KPdSU an die polnischen Genossen. Darin warnten die Sowjets, »dass über den revolutionären Errungenschaften der polnischen Nation (gemeint waren die Leistungen der Volksrepublik) eine tödliche Bedrohung schwebt«. Selbst die Souveränität und die »Staatsgrenzen Polens« – eine Anspielung auf eine angebliche deutsche Gefahr – stünden auf dem Spiel. Die polnische Partei trage jetzt Verantwortung für die gesamte »sozialistische Gemeinschaft«.[6]

Moskau hatte bald erkannt, dass es am besten wäre, wenn der »Karneval der Freiheit« von polnischer Hand beerdigt würde. Eine solche »Lösung« erschien auch für die Machthaber in Warschau als das kleinere Übel. Dazu bedurfte es freilich einer handlungsfähigen Führungsperson. Diese wurde in der Person Wojciech Jaruzelskis aufgebaut. Der damals 58-jährige General, der zu seiner Uniform mit Ordensspangen wegen eines Augenleidens oft eine dunkle Brille trug, war seit 1968 Verteidigungsminister und hatte an der Niederschlagung der Arbeiterproteste 1970 mitgewirkt, wenngleich offenbar nicht als treibende Kraft.

Jaruzelskis Herkunft und Jugend hätten ihn eigentlich dafür prädestiniert, zu einem erbitterten Gegner des kommunistischen Systems zu werden. Im Jahr 1923 östlich von Warschau in eine Familie kleinadeliger Herkunft hineingeboren, wurde er katholisch und patriotisch erzogen. Im September 1939 floh die Familie vor der Wehrmacht von ihrem Gut zunächst nach Osten und später beim Näherrücken der Roten Armee weiter nach Nordwesten, um schließlich samt ihrem Pferdewagen in Litauen Unterschlupf zu finden. Als die Sowjetunion auch Litauen annektierte, wurde die Familie 1941 nach Sibirien deportiert, wo der Vater starb. Der junge Wojciech schloss sich später der kommunistisch geprägten Polnischen Armee an, die unter der Obhut der Roten Armee gebildet wurde, und gelangte mit seiner Einheit im Mai 1945 bis an die Elbe. Danach machte er in der Truppe eine Blitzkarriere: Mit 33 Jahren erhielt er seinen ersten Generalsstern. Später ging es noch höher hinauf.

Dieser dem Regime treu ergebene Militär sollte also jetzt in den Vordergrund treten. Während die Partei durch Theorie und Praxis weitgehend kompromittiert war und zunehmend Mühe hatte, das Land auch nur zu verwalten, verfügte das Militär noch über einen Rest Ansehen und Effizienz. Im Februar 1981 übernahm Jaruzelski neben seinem Ministerium auch das Amt des Ministerpräsidenten. Im Oktober löste er zusätzlich noch Stanisław Kania als Parteichef ab und erreichte damit eine ungewöhnliche Machtfülle.

Eine von unten gewachsene Bewegung wie die »Unabhängige und Selbstverwaltete Gewerkschaft Solidarność« (so ihr voller Name) konnte gar nicht danach streben, so viel Macht in eine Hand zu geben. Das war ihre Stärke und zugleich ihre Schwäche. Bei aufflammenden Konflikten konnte ihre kollegiale Führung kaum so schnell zusammentreten und reagieren wie etwa die Sicherheitskräfte des Staates. Und Konflikte gab es immer wieder. Der vielleicht gefährlichste spielte sich im März 1981 ab, als drei Solidarność-Vertreter von der Miliz mit Gewalt aus einer Sitzung des Bezirksparlaments in Bromberg entfernt und dabei auch noch verprügelt wurden. Das harte Vorgehen war offenbar von höchster Ebene in Warschau angeordnet worden. Zufällig hatten auch gerade Manöver begonnen, diesmal waren sowjetische Truppen tatsächlich ins Land gekommen, wenn auch »nur« 30 000 Soldaten mit Panzern und Gerät. In dieser nervösen Situation gelang es, durch ein Übereinkommen mit der Regierung einen landesweiten Generalstreik der Solidarność knapp zu verhindern. Dass die Gewerkschaft in solchen Situationen handlungsfähig blieb, lag großenteils an einer Person. So urteilte der damalige Solidarność-Sprecher und häufige Wałęsa-Kritiker Karol Modzelewski Jahrzehnte später als Historiker:

»Das einzige Organ der Gewerkschaft, das ständig funktionstüchtig war, war der Vorsitzende Lech Wałęsa. [...] Die sehr starke Position Wałęsas lag jedoch weniger in der organisatorischen Schwäche der kollegialen Organe begründet als in der Tatsache, dass Millionen Mitglieder der Solidarność und Tausende ihrer Aktivisten in ihm ihren Führer erblickten. Ich benutze diesen archaischen und sehr zweifelhaften Begriff bewusst, geht es doch um eine Art charismatische Führerschaft, in der die Menge den ›leader‹ als ihre Verkörperung, die Personifizierung der Bewegung betrachtet. [...] Lech Wałęsa war damals ein einfacher Mensch und ist es in gewissem Sinne bis heute. Er gehörte nicht zu jenen, denen die Volksrepublik Polen die Chance einer guten Ausbildung gegeben hatte. Er kam aus der Dorfarmut. Er hatte nur die Hauptschule und eine Landwirtschaftsschule abgeschlossen. Seine Denk- und Handlungsweise hatte mehr mit der traditionellen bäuerlichen Kultur gemeinsam als mit der Vorstellung der Intelligenz vom Klassenbewusstsein des Proletariats. Dennoch, und in gewissem Sinne gerade deswegen, erkannten Massen von Arbeitern in ihm ›ihren Mann‹, einen Menschen aus ihrem Fleisch und Blut.«[7]

Wałęsas Redegabe und Einfühlungsvermögen gegenüber der Menge seien außerordentlich gewesen, meint Modzelewski, auch wenn er manchmal schneller geredet als gedacht habe. Auch Dank Wałęsa verlief die Entwicklung in diesen 15 Monaten der Freiheit friedlich. Nur – was war ihr Zielpunkt? Gegen Ende 1981 waren die Bevölkerung und das Solidarność-Lager teils zermürbt, teils ungeduldig, immer offener wurde davon gesprochen, Partei und Regierung einer Art gesellschaftlicher Kontrolle zu unterwerfen oder den Machthabern lediglich die Felder Armee, Außenpolitik und Sicherheitskräfte zu überlassen. Die wirtschaftliche Lage war katastrophal; die humanitäre Hilfe aus dem Westen, die jetzt einsetzte, konnte allenfalls die schlimmste Not lindern. Derweil meldeten sich in der PVAP Kräfte zu Wort, die ein härteres Vorgehen gegen die Solidarność forderten und sich den Namen »Betonfraktion« erwarben (offenbar ist der Begriff später aus Polen in den deutschen Sprachraum eingewandert). Klar blieb auch, dass der »große Bruder« in Moskau die Lage in Polen unverändert als Bedrohung empfand und weiter Druck machte, wobei man den polnischen Machthabern zu verstehen gab, dass sie die Krise selbst bewältigen müssten, am besten durch Verhängung des Kriegsrechts. Erst im Falle von Schwierigkeiten könnten die Nachbarn zu Hilfe eilen. Zur Untermauerung seiner Forderungen kürzte Moskau Warenlieferungen an den Nachbarn. Derweil hatten die Regierungen in Westeuropa und den USA nicht vor, der polnischen Regierung mit Krediten oder Wirtschaftshilfe unter die Arme zu greifen.

So bereiteten sich Regierung, Armee und Sicherheitskräfte über Monate im Geheimen auf den Tag X vor, den Tag, an dem sie gegen die Solidarność losschlagen und dem demokratischen

»Karneval« ein Ende setzen würden. In der Nacht zum 13. Dezember 1981, einem Sonntag, war es soweit. Partei- und Regierungschef Jaruzelski verhängte das Kriegsrecht. Sämtliche Telefonverbindungen und die Ausstrahlung von Fernseh- und Radiosendungen wurden unterbrochen. Ein »Militärrat der Nationalen Rettung« (WRON), bestehend aus Generälen und Obersten – wiederum mit Jaruzelski an der Spitze –, übernahm die Macht im Land. Dreitausend Solidarność-Aktivisten, darunter Lech Wałęsa, sowie weitere Oppositionelle wurden nach vorbereiteten Listen festgenommen und in frisch eingerichtete »Internierungslager« verbracht. In den Großstädten fuhren Panzer auf, die Miliz stürmte die Büroräume der Gewerkschaft, 70 000 Soldaten patrouillierten in den verschneiten Straßen und kontrollierten die Dokumente der Passanten. Als das Fernsehen am 13. Dezember wieder zu senden begann, sahen die Bürger General Jaruzelski, der eine Botschaft verlas, in der er seine Entscheidung rechtfertigte:

»Bürgerinnen und Bürger der Volksrepublik Polen! Ich wende mich heute an euch als Soldat und Chef der polnischen Regierung. Ich wende mich an euch in einer Sache von größter Bedeutung. Unser Vaterland befindet sich am Rande des Abgrunds. Das Werk vieler Generationen, das aus Ruinen wiedererstandene polnische Haus, steht erneut vor der Zerstörung. Die Strukturen des Staates hören auf zu funktionieren. Der zusammenbrechenden Wirtschaft werden täglich neue Schläge versetzt. Die Lebensbedingungen drücken mit immer größerer Last auf die Menschen. [...] Im Namen des nationalen Interesses wurden heute vorbeugend Gruppen von Personen interniert, die die Sicherheit des Staates bedrohen. In diesen Gruppen befinden sich die extremen Aktivisten der ›Solidarität‹ sowie illegaler staatsfeindlicher Organisationen.«[8]

Fortan galten nächtliche Ausgangssperren und strenge Sonder-gesetze. Die Teilnahme an einem Streik oder an oppositionellen Aktivitäten konnte mehrjährige Gefängnisstrafen nach sich ziehen. Zahllose Organisationen wurden »suspendiert«, durften sich also nicht betätigen, viele wurden später endgültig ver-boten. Fast die gesamte Presse konnte vorerst nicht erscheinen. Offiziere übernahmen als »Kommissare« die Macht in den Un-ternehmen. Hunderte von Journalisten und Tausende von Funk-tionsträgern (Parteikader, Bürgermeister, Stadträte) wurden wegen Unzuverlässigkeit oder mangelnder Unterstützung für Jaruzelskis Maßnahmen entlassen. An einen koordinierten Pro-test gegen diese Art des Staatsstreichs war in dieser Lage kaum zu denken. Dennoch griffen die Belegschaften in etwa 200 zum Teil sehr großen Betrieben noch einmal, vorerst zum letzten Mal, zu der Waffe der vergangenen Monate: Sie legten die Arbeit nieder und blieben am Arbeitsplatz. In Oberschlesien weigerten sich die Kumpel der Zechen Ziemowit und Piast mehrere Tage lang, ihre Stollen zu verlassen. Schritt für Schritt umstellten Militär und Miliz die wichtigsten Betriebe, darunter die Dan-ziger Lenin-Werft, stürmten sie und zwangen die Arbeiter zum Aufgeben. Vielerorts wurden Festgenommene brutal misshan-delt, die Sicherheitskräfte ihrerseits wurden als »Gestapo« be-schimpft. In Kattowitz wollten Bergarbeiter den Sturm auf die Zeche Wujek abwehren – neun von ihnen starben, weil die Miliz Schusswaffen einsetzte.

Zunächst einmal war die Verhängung des Kriegsrechts – eine im Wortsinne generalstabsmäßig geplante Aktion – für die Machthaber in Warschau und Moskau ein taktischer Erfolg. Die Opposition und im Grunde die ganze Gesellschaft waren wie ge-lähmt, doch hingerichtet wurde niemand. Die Zahl der Todes-opfer war, gemessen am Umfang der Aktion, begrenzt. In vielen Ländern der Welt protestierten Politik und Öffentlichkeit gegen die Zerschlagung der Demokratiebewegung in Polen; Bundes-kanzler Helmut Schmidt weilte just an jenem Dezember-Wochenende zu seinem einzigen Staatsbesuch in der DDR und fand am Morgen des Kriegsrechtssonntags Worte des Bedauerns, die aber auch etwas Verständnis für das Vorgehen Jaruzelskis durchschimmern ließen. Papst Johannes Paul II. zeigte sich schockiert, auch über die nächtliche Verhaftung vieler seiner Freunde und Bekannten. US-Präsident Ronald Reagan mobilisierte Künstler für einen Abend der Solidarität im amerikanischen Fernsehen. Mehrere Staaten des Westens verhängten Sanktionen gegen die Regierung in Warschau.

## Polen unter Kriegsrecht

Doch wie sollte es jetzt weitergehen? Die Opposition hinter Gitter zu bringen war einfacher als die katastrophale Wirtschaftslage zu verbessern, was natürlich ebenfalls ein Ziel Jaruzelskis war. Zunächst setzte der General im Februar 1982 drastische Preiserhöhungen für Lebensmittel und Energie durch, wie sie das Land noch nie erlebt hatte. Doch das Bruttosozialprodukt fiel auch in diesem Jahr weiter, die Inflation blieb hoch, die Reallöhne sanken um mindestens 25 Prozent. Die Auslandsschuld Polens stieg ebenfalls unvermindert, von 26 Milliarden (1981) auf 40 Milliarden US-Dollar (1989), und erreichte 60 Prozent des Bruttoinlandsprodukts. Doch die Wirtschaft brauchte – gerade nach den Anfängen der Vernetzung mit westlichen Märkten – Devisen und Importe aus dem Westen. Der Verkauf von Waren in den »Pewex« (Devisenläden im Inland, vergleichbar den Intershops in der DDR) ermöglichte es, einen Teil des Devisenbesitzes der Bevölkerung abzuschöpfen.

Der US-Dollar wurde in dieser Zeit zur Zweitwährung des Landes, mit der man auf dem Schwarzmarkt etwa viermal mehr Złoty kaufen konnte als nach dem offiziellen Umtauschkurs. Wer in den 1980er-Jahren von einer Westreise 30 US-Dollar mitbrachte und sie schwarz umtauschte, hielt einen polnischen Durchschnittslohn in Händen.[9] Auch die D-Mark war entsprechend begehrt. Die Regelungen für die Einfuhr und den Besitz von »harter Währung« wurden schrittweise gelockert, auch durfte man inzwischen Devisenkonten einrichten, auf denen 1987 bereits etwa zwei Milliarden US-Dollar lagen. Immer mehr Polen suchten eine Möglichkeit, im Westen legal oder schwarz zu arbeiten, oft unter ihrer Qualifikation, sodass Musiker oder Ärzte jetzt als Handwerker auftraten. Der Stress im Überlebenskampf der düsteren 1980er-Jahre trug dazu bei, dass die Lebenserwartung, die seit dem Ende des Zweiten Weltkriegs kontinuierlich gestiegen war, jetzt erstmals leicht zurückging.

Zu einem Ventil wurden Reisen: Die Machthaber hatten die Politik der Beschränkungen, etwa durch Ablehnung der Anträge auf einen Reisepass, weitgehend aufgegeben. Jedes Jahr fuhren jetzt Hunderttausende aus verschiedenen Gründen in den Westen, die große Mehrheit zu »privaten« Zwecken. Noch weit mehr Menschen reisten in die anderen Ostblockländer. Als die wirtschaftlichen Mangelerscheinungen in Polen und den Nachbarländern gegen Ende der 1980er-Jahre weiter zunahmen, registrierten die Warschauer Behörden 1988 den Rekordstand von fast 1,7 Millionen West- und fast 5,3 Millionen Ostreisen. Ein großer Teil dieser Aufenthalte ist nur damit zu erklären, dass es (Schwarz-)Handelsreisen waren.

Die aussichtslos erscheinende Lage im Land war für viele auch ein hinreichender Grund, ihr Heil auf Dauer im Exil zu suchen. Vielen internierten oder inhaftierten Oppositionellen machte die Regierung ein Angebot, das man schlecht ablehnen konnte: die Freilassung, wenn sie anschließend das Land für immer in Richtung Westen verlassen würden. Stellvertretend für viele schrieb der Bürgerrechtler Adam Michnik aus dem Gefängnis einen offenen Brief an den Innenminister, General Czesław Kiszczak, in dem er das Angebot ablehnte: Er werde sich trotz seines bevorstehenden Prozesses nicht vom »kapitalistischen Luxus« korrumpieren lassen, und er habe den Glauben an ein »demokratisches und freies Polen« nicht aufgegeben. Solidar-

ność-Berater Michnik sollte noch viel Zeit hinter Gittern ver-
bringen; nachdem er 1984 amnestiert worden war, wurde er ein
Jahr später erneut verhaftet und wegen Beteiligung an Streik-
vorbereitungen in der Danziger Lenin-Werft zu drei Jahren Haft
verurteilt.

Andere Internierte nahmen, oft unter Gewissensqualen, das
Angebot an, in ein Land des Luxus auszureisen und die Heimat
aufzugeben. Die Hoffnungslosigkeit in einem Polen unter den
Bedingungen des Kriegsrechts veranlasste Fluchtwillige drei
Mal, einen regulären Inlandsflug nach West-Berlin zu entfüh-
ren – trotz bewaffneter Flugbegleiter an Bord (einmal war der
Begleiter selbst der Entführer). Der Name der polnischen Flug-
linie, LOT, bedeutete einem Berliner Witz zufolge bald nur noch
»Landet ooch Tempelhof«. War das Flugzeug einmal gelandet,
ließen sich stets auch andere Passagiere, von der unverhofften
»Westreise« überrascht, die Chance nicht entgehen und beantragten politisches Asyl. Soldaten nutzten zur Flucht auch Mili-
tärflugzeuge, wobei manche vorher ihre Familien mit an Bord
nahmen. Auch die Zahl der Fluchten nach Westen auf dem Land-
weg nahm offenbar zu: Im Jahr 1982 meldeten die Grenztruppen
von DDR und Tschechoslowakei insgesamt 114 Festnahmen polnischer Flüchtender.

All diese Sonderfälle stellen jedoch nur einen winzigen Teil
der Ausreisewelle der 1980er-Jahre dar. Hunderttausende Bürger
kehrten, wenn eine Besuchsreise in den Westen genehmigt worden war, einfach nicht mehr nach Polen zurück. Zu ihnen gehörte auch der damals 18 Jahre alte Radosław Sikorski, der die
nächsten Jahre in Großbritannien verbrachte (30 Jahre später
war er Polens Außenminister). Andere beantragten ganz legal
die Auswanderung. 605 000 Menschen, vor allem aus Oberschlesien, beriefen sich auf deutsche Vorfahren und kamen in dieser
Zeit als Aussiedler in die Bundesrepublik Deutschland. So lässt
sich die Gesamtzahl der Emigranten in den bewegten Jahren
von 1981 bis 1989 auf 1,1 Millionen Menschen schätzen, mehr als

je zuvor in einem vergleichbaren Zeitraum der polnischen Ge- schichte. Zählt man die Jahrzehnte seit 1949 hinzu, verließen insgesamt 2,1 bis 2,3 Millionen Menschen die Volksrepublik Polen.[10]

Die große Mehrheit der Bevölkerung hatte freilich ihre Gründe, nicht ins Ungewisse aufzubrechen, sondern im Lande zu bleiben. Naturgemäß versuchten viele, sich mit der politi- schen und wirtschaftlichen Lage zu arrangieren, und zogen sich ansonsten ins Private zurück. Doch wirklich ruhig wurde es nicht: Auf den Kriegszustand reagierten 130 000 PVAP-Mitglie- der sofort mit dem Parteiaustritt. Die Behörden versuchten, den internierten Lech Wałęsa für irgendeine Art der Zusammenar- beit zu gewinnen, doch der Solidarność-Gründervater gab nicht nach und beharrte auf der Wiederzulassung der zerschlagenen Gewerkschaft. Nach elf Monaten wurde er freigelassen, ein Jahr später erhielt er den Friedensnobelpreis. Sein Ansehen im Ausland war ungebrochen. Umso größer war die Enttäuschung, dass der Nobelpreis-Kollege und frühere deutsche Bundeskanz- ler Willy Brandt bei seinem Besuch in Polen 1985 sechsmal mit General Jaruzelski zusammentraf, um Fragen des Weltfriedens zu besprechen, doch mangels Interesse und offenbar auch aus Rücksicht auf das Regime auf eine Begegnung mit dem Arbei- terführer, der ihn in seine Wohnung eingeladen hatte, verzich- tete. Brandt vermied darüber hinaus jegliche Gesten der Solida- rität mit der Opposition.[11]

Von Wałęsas engsten Mitstreitern war es mehreren schon 1981 gelungen, unterzutauchen und so der Verhaftung zu ent- gehen. Im Untergrund organisierten sie einen provisorischen Solidarność-Vorstand, der mit falschen Ausweispapieren ausge- stattet war, sich konspirativ traf, zu Wałęsa Kontakt hielt, sich immer wieder zu Wort meldete und zumindest als symbolischer Faktor jahrelang wirksam blieb. Auch Lech und Jarosław Kaczyń- ski – der erstere war lange interniert gewesen – blieben im en- geren Kreis der Solidarność aktiv, ohne allerdings ein konspiratives Leben zu führen. In Wrocław (Breslau) war es ranghohen Gewerkschaftern in Erwartung des Kriegszustands rechtzeitig gelungen, 80 Millionen Złoty des Solidarność-Vermögens abzuheben und im Gebäude der Kurie bei Erzbischof Henryk Gulbinowicz zu deponieren. Diese Summe, die etwa 20 000 Monatsgehältern entsprach, erleichterte die Arbeit im Untergrund.

Aber nicht nur die Solidarność existierte weiter. Die Opposition, das war jetzt ein breites Spektrum von Gruppen, Publikationen und Aktivitäten. Nach Schätzungen des Innenministeriums waren Mitte der 1980er-Jahre etwa 400 Gruppen aktiv, den harten Kern bildeten bis zu 3000 Aktivisten, die Zahl der weiteren Mitwirkenden schätzte man auf bis zu 40 000. Etwa 400 auf Offset-Maschinen gedruckte Bulletins und Zeitschriften erschienen im Untergrund; in manchen Fällen erreichten sie eine fünfstellige Auflage. Wie schon Ende der 1970er-Jahre druckten Untergrundverleger wie Mirosław Chojecki mit seinem NO-Wa-Verlag auch jetzt konspirativ ganze Bücher, die wegen der Zensur sonst nicht erschienen wären. Wobei sie stets Gefahr liefen, entdeckt zu werden und hinter Gittern zu landen. Die sichtbarste Form dieser Gegenöffentlichkeit waren gelegentliche kurze Sendungen eines konspirativen »Radio Solidarność« auf UKW-Frequenz sowie die Störung des Empfangs der Abendnachrichten im staatlichen Fernsehen. Eine Oppositionstätigkeit dieses Umfangs hatte es im ganzen Ostblock fast nie gegeben. In ihrer thematischen Breite erinnerte sie an die späten 1970er-Jahre in Polen, war jedoch um ein Mehrfaches stärker und reichte bis in viele Kleinstädte.

Die Behörden reagierten. In den eineinhalb Jahren, die der Kriegszustand in Kraft war, machten fast 10 000 Oppositionelle Bekanntschaft mit der juristisch neuen Form des Internierungslagers. Ferner wurden fast 12 000 Personen aus politischen Gründen verurteilt, davon die große Mehrheit von Militärgerichten. Die Zahl der informellen Stasi-Mitarbeiter erreichte mit 70 000 fast wieder den Höchststand der stalinistischen Zeit.

Wenn Solidarność-Anhänger in den Städten demonstrierten, zog die Miliz die Knüppel, manchmal mit Todesfolge. Bis Mitte 1983 kamen einige Dutzend Oppositionelle ums Leben; oft genug, auch später noch, traten dabei die notorischen »unbekannten Täter« in Aktion, wie der Volksmund sie sarkastisch nannte. Dass diese Täter Milizionäre und Stasi-Leute waren, konnte auch nach der Wende in vielen Fällen nicht gerichtsfest bewiesen werden. Die Todesfälle, deren Echo den Machthabern am meisten zu schaffen machten, ereigneten sich in Warschau. Sie betrafen den Abiturienten Grzegorz Przemyk (1983) und den Priester Jerzy Popiełuszko (1984).

Przemyk wurde eher zufällig festgenommen, weil er sich nicht ausweisen konnte, und auf der Wache von Milizionären derart misshandelt, dass er wenig später seinen inneren Verletzungen erlag. Seine Beerdigung wurde zu einer großen Kundgebung des Protests etwa 100 000 großenteils junger Menschen. Anschließend versuchten die Behörden unter persönlicher Leitung des Innenministers, durch eine große Desinformationskampagne die Schuld am Tod zwei Sanitätern und einer Ärztin zuzuschieben, die Przemyk nach den Misshandlungen betreut hatten. Tatsächlich wurden alle drei zu Haftstrafen verurteilt.

Ganz anders verlief der Fall Popiełuszko. Der junge charismatische Priester und Arbeiterseelsorger, der in seinen Predigten immer wieder das Regime angeklagt hatte und mit seinen »Messen für das Vaterland«, wie sie in vielen Städten gefeiert wurden, regelmäßig Tausende anzog, verschwand während einer Dienstreise nach Bydgoszcz (Bromberg). Erst später stellte sich heraus, dass sein Auto – ein enger Mitarbeiter saß als Fahrer am Steuer – in der Dunkelheit von einer Patrouille angehalten worden war. Die beiden Männer wurden gefesselt und entführt. Der Fahrer konnte sich rechtzeitig befreien und fliehen; der Priester blieb, misshandelt und zeitweise bewusstlos, im Kofferraum gefangen. Die Entführer warfen ihn, mit Steinen beschwert, nördlich von Warschau in die Weichsel.

Da der Fahrer Alarm schlug und Schock und Empörung im Land keine Grenzen kannten, kam die Regierung nicht darum herum, Ermittlungen aufzunehmen. Bald war die Leiche gefunden. Als Täter wurden drei Stasi-Offiziere um den Hauptmann Grzegorz Piotrowski ermittelt, instruiert hatte sie ein im Innenministerium tätiger Stasi-Oberst. Sie wurden vor Gericht gestellt und mit bis zu 25 Jahren Haft bestraft. Die Medien durften über den Prozess ausführlich berichten, ein westdeutscher Jurist durfte als Beobachter dabei sein – all das ein Novum in der Geschichte des Ostblocks. Der Priester wurde später seliggesprochen, das Verfahren zur Heiligsprechung wurde 2014 eröffnet. Ob es über dem Oberst noch weitere, ranghöhere Auftraggeber gab, darüber wird bis heute gerätselt.

## Der Weg zum »Runden Tisch«

Der Prozess war gerade zu Ende gegangen, da bestimmte das Politbüro der KPdSU in Moskau im März 1985 einen relativ jungen Mann namens Michail Gorbatschow zum neuen Parteichef. Wie weit seine ein Jahr später verkündete »Glasnost« (Transparenz) und »Perestrojka« (Umgestaltung) einmal reichen würden, konnte damals niemand ahnen. Doch 1986 durfte in Polen zunächst einmal spekuliert werden, dass die sowjetischen Reformen den Spielraum auch für die polnische Führung erheblich erweitern würden. Im Sommer jenes Jahres verkündete Warschau eine Amnestie, die erstmals seit Verhängung des Kriegsrechts die Freilassung aller politischen Häftlinge brachte. Daraufhin hoben die Staaten des Westens ihre Wirtschaftssanktionen auf.

Ohnehin war das alte System nicht mehr wiederherzustellen. Ein augenfälliges Zeichen dafür waren die »Wahlen«, bei denen man weiterhin nicht zwischen mehreren Alternativen entscheiden konnte und zu deren Boykott die Opposition aufrief. Erstmals gab es nicht die für den Ostblock in dieser Zeit typischen 99-Prozent-Ergebnisse bei 99 Prozent Wahlbeteiligung. Im Jahr

1985 gingen bei den Wahlen zum Sejm nach offiziellen Angaben nur noch 78,8 Prozent der Wahlberechtigten zu den Urnen, nach einer illegal durchgeführten Zählung und Schätzung der Solidarność sogar nur 66 Prozent. Bei den Kommunalwahlen drei Jahre später lag die offizielle Beteiligung nur noch bei 55 Prozent. Die regierende PVAP hatte seit 1981 850 000 Parteiaustritte zu verzeichnen und damit fast ein Drittel ihrer Mitglieder verloren. Dennoch erhob sie den Anspruch, noch mehr Posten als früher im Land mit ihren Leuten, den »Nomenklatura«-Kandidaten, zu besetzen.

In der Wirtschaftspolitik rangen sich die Regierenden in den 1980er-Jahren – immer wieder gebremst von der Betonfraktion – zu zwei Änderungen durch: Sie machten den privaten Bauern rechtliche, wirtschaftliche und soziale Zugeständnisse, auch wenn diese bald wieder eingeschränkt wurden. Und sie gestatteten die Gründung kleiner privater Firmen und Geschäfte und erweiterten die Möglichkeiten für sogenannte Polonia-Firmen. »Polonia« bezeichnete die polnische Diaspora, und ausgewanderte Polen konnten jetzt verstärkt auch im Inland wirtschaftlich tätig sein. Bis 1989 sollte die Zahl der privaten Firmen auf 290 000 anwachsen; aber die gesamte Misere zu verbessern lag nicht in ihrer Macht. So waren noch Mitte der 1980er-Jahre Grundnahrungsmittel und eine Reihe weiterer Produkte (darunter Benzin, Seife, zeitweise auch Windeln und Kinderartikel) rationiert. Später wurde die Rationierung nach und nach abgeschafft. Die letzten Bezugsscheine, die noch in Gebrauch waren, betrafen das politisch brisanteste Lebensmittel der Volksrepublik: Fleisch, dessen Mangel und dessen Preis immer wieder zu schweren Krisen geführt hatten. Erst im August 1989 wurde der Verkauf von Fleisch freigegeben und zugleich die Preisbindung für Agrarprodukte aufgehoben, was sofort heftige Preissprünge auslöste.

Doch bis diese radikalen Reformen ins Werk gesetzt wurden, musste noch jemand kommen und auf den Tisch hauen. Das waren noch einmal die Arbeiter. Die Lage im Land war bis dahin festgefahren und wurde von vielen als Patt empfunden; die Bevölkerung war größtenteils frustriert, resigniert und misstrauisch; die Opposition war zermürbt, forderte aber einen Dialog mit der Regierung; und die Regierenden selbst waren – eingekeilt zwischen der Betonfraktion und dem Volk, das auf Preiserhöhungen auch jetzt punktuell mit Streiks reagierte – fast handlungsunfähig.

Nachdem es erste Gesprächsversuche zwischen Regierungs- und Oppositionsvertretern gegeben hatte, traten im August die Beschäftigten der Danziger Lenin-Werft, der Zechen in Oberschlesien und weiterer wichtiger Betriebe in den Ausstand, großßenteils geführt von den Solidarność-Aktivisten von einst. Es vergingen nur Tage, bis führende Politiker – General Jaruzelski und Innenminister General Kiszczak – in ihrer Ausweglosigkeit von einem neuen Möbelstück zu sprechen begannen, das ein Jahr später im ganzen Ostblock zu großer Beliebtheit kommen sollte: dem »Runden Tisch«. Plötzlich bestritt niemand mehr, dass es zwei, genau genommen drei Kräfte im Land gab, die – zumindest unter dem Anschein der Gleichberechtigung – an einem solchen Verhandlungstisch Platz nehmen sollten: Partei und Regierung; eine wie auch immer zu definierende Opposition; und die katholische Kirche. Auf eine Beteiligung letzterer hatten die Machthaber in jüngster Zeit großen Wert gelegt; die Kirche konnte unter Umständen die Rolle eines Vermittlers übernehmen. Dagegen waren der Name Solidarność ebenso wie die Idee eines legalen gewerkschaftlichen Pluralismus für die Regierenden immer noch ein rotes Tuch. Immerhin: Innenminister Kiszczak, der Herr über die Sicherheitskräfte, traf erstmals mit Lech Wałęsa zusammen. Der Gewerkschaftsführer (aus Regierungssicht nach wie vor eine »Privatperson«) schaffte es, die Streiks zu einem Ende zu bringen, doch zugleich an seiner Forderung nach einer Wiederzulassung der Solidarność eisern festzuhalten.

Die nächste Runde des Ringens um Veränderungen trug den schönen Namen »Magdalenka«. In diesem kleinen Ort südlich von Warschau befand sich ein »Sonderobjekt«, ein Schulungszentrum des Geheimdienstes, und an diesem beschaulichen Ort prallten von September 1988 an die Verhandlungsparteien aufeinander. Hier sollte vorbesprochen werden, wie der »Runde Tisch« ablaufen sollte. Insgesamt 42 Unterhändler, von Regierung und Opposition und in Gestalt zweier Bischöfe von der Kirche entsandt, kamen hier 13 Mal zusammen. Jaruzelski hatte gerade den angesehenen, intellektuell profilierten Journalisten Mieczysław Rakowski, der als Mitglied des Politbüros aber auch ein alter Parteimann war, zum Ministerpräsidenten ernannt. Angeblich sah der General nach eigenem Bekunden in ihm seine letzte Hoffnung. Rakowski machte in der Tat einige Schritte in Richtung Kapitalismus. Zu seinem Industrieminister ernannte er das Multitalent Mieczysław Wilczek, ein Chemiker, der es schon in den 1970er-Jahren irgendwie geschafft hatte, nicht nur zum Privatunternehmer zu werden, sondern angeblich auch zu einem der reichsten Bürger Polens. Just in dieser Zeit kam eine Symbolfigur aus dem Westen zu Besuch: die britische Premierministerin Margaret Thatcher, die soeben die britischen Gewerkschaften in einem erbitterten Arbeitskampf niedergerungen hatte. Es war der historisch erste Besuch eines britischen Regierungschefs in Polen. Die Premierministerin traf Jaruzelski und Rakowski und besuchte im Rahmen ihres »privaten Programms« Danzig, wo sie die »Privatperson« Wałęsa traf.

Es knirschte immer wieder heftig in den Verhandlungen in Magdalenka. Es entstand der Eindruck, dass Rakowski die Wirtschaftspolitik ins Rampenlicht stelle, um die politischen Veränderungen möglichst gering zu halten (»Die Polen interessiert weniger der Runde Tisch, eher ein reich gedeckter«). In dieser Situation schlug der Chef der seit 1982 neu aufgebauten regimetreuen Gewerkschaften, Alfred Miodowicz, von seiner eigenen Ausstrahlung geblendet, ein Fernsehduell mit Lech Wałęsa vor.

Der schlagfertige Wałęsa errang vor Millionen Zuschauern argumentativ geradezu einen K.o.-Sieg über Miodowicz. Ein Ruck ging durch das Land, die immer noch illegale Solidarność war jetzt unzweifelhaft wieder auf der Bühne. Der Weg zum Runden Tisch war frei.

Am 6.Februar 1989 konnten die Verhandlungen beginnen. In demselben Palais und demselben Saal, in dem einst der Warschauer Pakt besiegelt worden war, wurde das große Möbelstück aufgestellt (heute residiert dort der Staatspräsident, und der Tisch ist in einem Seitenflügel dauerhaft zu besichtigen). An diesem »Haupttisch« fanden 55 Personen Platz: Vertreter der PVAP, ihrer Blockparteien, der Regimegewerkschaften und regimenaher katholischer Gruppen, auf der anderen Seite Solidarność-Vertreter und weitere Oppositionelle, außerdem »unabhängige Autoritäten« sowie zwei katholische und ein evangelischer Abgesandter. Die Hauptarbeit wurde freilich an drei »Untertischen« geleistet, die wiederum viele Arbeitsgruppen hatten. Insgesamt waren 452 Personen an diesen Verhandlungen beteiligt. Der früher erwähnte Tadeusz Mazowiecki koordinierte die Arbeit der Solidarność-Seite.

## Machtwechsel

So fand ausgerechnet Polen, die »revolutionäre Nation«, wie sie der Politologe Piotr Buras einmal bezeichnete, auf einem ungewohnt friedlichen und von zähen Verhandlungen gezeichneten Weg zu einem Machtwechsel. Allerdings musste das freie Wählen ganz neu erfunden werden. Hier blieben der Druck der Machthaber und das kommunistische Erbe vorher ausgekungelter Wahlen spürbar: Beide Seiten einigten sich vorab darauf, dass die bisherige Staatspartei und ihre Verbündeten 65 Prozent der Mandate im Sejm bekommen sollten; um die übrigen Sitze konnte sich die Opposition bewerben. Zugleich wurde das Oberhaus der Vorkriegszeit, der Senat, wieder eingeführt, und als

Trostpflaster sollten seine 100 Sitze ohne Einschränkung frei vergeben werden.

Es waren also »halbfreie« Wahlen, zu denen das »Bürgerkomitee beim Vorsitzenden der Solidarność«, so der offizielle Name, antrat. Einen Monat vor dem Wahltermin am 4. Juni 1989 durften die Solidarność-Kräfte eine große Tageszeitung gründen, die bis heute bestehende *Gazeta Wyborcza* (Wahlzeitung). Sie bekamen auch Zugang zum Fernsehen. Im Rahmen der erwähnten Einschränkung gewann die Solidarność die Wahl triumphal. Sie eroberte 99 Sitze im Senat und alle 161 freigegebenen Sitze im Sejm. Die Regierungssprecher waren schockiert. Unter dem Gelächter in- und ausländischer Journalisten erklärten sie anschließend, das Wahlergebnis spiegele den Volkswillen nicht richtig wider.

Was die Sprecher der Macht nicht sagen konnten oder wollten, besorgte wenig später Joanna Szczepkowska für sie. Die junge Schauspielerin saß im Studio des Staatsfernsehens. Eigentlich sollte es um ihre neue Filmrolle gehen und auch um eine erste Bilanz ihres Künstlerlebens, aber sie spielte nicht mit. »Meine eigene Person interessiert mich im Moment überhaupt nicht«, sagte sie in freundlichem Ton, eine Erklärung, die der Moderatorin schon zu Beginn die Sendung zu vermasseln drohte. »Aber wenn ich schon hier bin, wenn ich schon die Gelegenheit habe, an diesem Tisch zu sitzen, so möchte ich eine wunderbare Nachricht verkünden.« Die junge Frau mit den braunen Locken wirkte überglücklich und zugleich etwas aufgeregt. Sie holte tief Luft und sagte dann den berühmtesten Satz ihrer Karriere: »Meine Damen und Herren, am 4. Juni '89 ist in Polen der Kommunismus zu Ende gegangen.«

# Demokratie – der zweite Versuch
# (Die Dritte Republik)

## Umbruch

Mit dem Jahr 1989 begann für Polen die beste Zeit in seiner Geschichte seit einem Vierteljahrtausend. Der Bann, zwischen zwei feindlichen Mächten eingekeilt oder sogar unfreiwillig Teil eines solchen Machtblocks zu sein, war gebrochen. Mit dem Runden Tisch, den halbfreien Wahlen und der anschließenden Bestimmung eines Demokraten zum Regierungschef wurde das Land zum Vorreiter der Entwicklung im östlichen Lager.

Der Kontrast zur Entwicklung in den anderen Diktaturen der Welt, die sich auf Marx und Lenin beriefen, hätte größer kaum sein können: Genau an jenem 4. Juni 1989, als nach Jahrzehnten in Polen erstmals wieder gewählt werden durfte, walzten Panzer auf dem Pekinger Platz des Himmlischen Friedens eine friedliche Protestbewegung blutig nieder. Die Ost-Berliner Führung begrüßte den Gewaltakt der chinesischen Armee, was zu Befürchtungen Anlass gab, sie werde bei Protesten im eigenen Land ähnlich vorgehen. In der DDR, der Tschechoslowakei, in Rumänien und anderen sozialistischen »Bruderländern« saßen die Diktatoren weiterhin fest im Sattel. So war Polen bis zum Herbst 1989 immer noch von Westen und Süden her im wahrsten Sinne des Wortes eingemauert.

Doch diesmal wehte – ganz ungewohnt – ein freundlicher Wind von Osten her. Hier Solidarność, dort Perestrojka: Zum ersten Mal in der tausendjährigen, mal mehr, mal weniger direkten Nachbarschaft von Polen und Russen verlief die gesellschaftliche und politische Entwicklung in beiden Ländern parallel. Das war ein wichtiger Anfang, der wenig später auch die Architektur Europas verändern sollte:

»... die grundstürzende Änderung des Mächtesystems, die sich in der Auflösung des Hegemonialverbandes Sowjetunion sowie in der völkerrechtlichen Regelung der polnisch-deutsche Grenze kundtut, bringt die Epochenwende für ihre beiden wesentlichen Protagonisten, die polnischen und die russischen Reformkräfte, wirklich zum Tragen. Die gänzlich unerwartete Änderung aller Dinge in den polnisch-russischen Beziehungen ist nun möglich geworden: Eine Nachbarschaft ohne den Druck von ›Challenge and response‹, ohne die russisch-deutsche Umklammerung Polens und ohne direkte polnisch-russische Grenzen. Es kann kein Zweifel sein: Polen und Russen sind an einer Wendemarke ihrer Geschichte als europäische Nationen angekommen. Der Blick nach vorn ist auf ein europäisches Zeitalter demokratischer Gesellschaften gerichtet, von dem niemand voraussagen kann, ob es sich wird realisieren lassen.«[1]

Diese günstige Lage gegen Ende der 1980er-Jahre fand ihre Entsprechung in den Beziehungen der Herrscher. Gorbatschow und Jaruzelski gingen partnerschaftlich miteinander um und verstanden sich offenbar besser als ihre Vorgängerpaare. Zwar hielten beide noch eine Weile an ihrem diktatorischen Herrschaftssystem und seiner Ideologie fest, doch steckten beide in dem Dilemma, ihre Länder und ihre Wirtschaft durch Reformen funktionsfähig machen und daher die Macht der alten Apparate beschneiden zu müssen. Nach und nach ließen sie sich auf immer mehr Neuerungen ein. »Wir können nicht sagen, inwieweit Gorbatschow in diesem Tandem Jaruzelskis Schüler war und inwieweit sein Meister und Mentor«, urteilt ein polnischer Historiker. »Dass Gorbatschow mehrfach öffentlich gesagt hat, er habe sehr viel von Jaruzelski gelernt, konnte ebenso eine Geste der Höflichkeit sein wie eine Beschreibung der Wirklichkeit.«[2] Sicher war nur eines: Das Tandem funktionierte, und irgendwann im Jahr 1988 sah Gorbatschow, wie erwähnt, ein, dass es keinen Sinn mehr habe, das sogenannte äußere Imperium (also den Ostblock, außerhalb des Vielvölkerreichs Sowjetunion) um jeden Preis, auch um den Preis militärischer Interventionen, zu erhalten. Dieser Kurs brachte Gorbatschow in Konflikt mit den anderen Ostblockführern – und in Harmonie mit Jaruzelski.

Solidarność und Perestrojka, der polnische Reform-Impuls von unten, aus der Bevölkerung, und der russische von oben hatten zeitversetzt begonnen, doch jetzt griffen sie ineinander wie zwei Zahnräder. So wurde die alte Frage »Was wird Moskau dazu sagen?« für die Regierenden in Warschau immer nebensächlicher. Im Juli 1988 kam Gorbatschow nach Polen und wurde von der Bevölkerung freundlich empfangen. Im Dezember widerrief er de facto die Breschnew-Doktrin, wonach der Ostblock bei politischen Abweichungen in einem »Bruderstaat« berechtigt sei, dort gewaltsam zu intervenieren. Zugleich hatte nach neun Jahren Besatzung der sowjetische Abzug aus Afghanistan begonnen, und Gorbatschow kündigte an, auch die sowjetischen Truppen in der DDR und andernorts zu reduzieren.

Nicht nur das imperiale Gebilde namens Ostblock, auch die Herrschaftsideologie, die sich in den Staatsparteien manifestierte, steuerte auf ihren Untergang zu. Die Depression der Genossen war tief. Wohl niemand hat dies prägnanter ausgedrückt als Mieczysław Rakowski, der letzte Erste Sekretär der PVAP. Auf ihrem letzten Parteitag im Januar 1990, auf dem sie sich auflöste, rief er in seinem nachdenklich vorgetragenen Schlusswort dazu auf, gegenüber der Partei und damit »dem eigenen Leben« nicht in Masochismus zu verfallen, sondern auf das Urteil der Geschichte zu warten: »Ich habe es in verschiedenen Begegnungen gesagt: Es ist die sehr merkwürdige Situation entstanden, dass wir uns selbst nicht mögen. Diese Partei, die jetzt bereits ehemalige Partei, mögen wir nicht mehr. Aber man würde doch gerne mit erhobenem Haupte gehen.«[3]

Anschließend ordnete er an, die Parteifahne aus dem Saal zu tragen, und erklärte den Parteitag für beendet. Ein letztes Mal schalteten sich die sowjetischen Freunde ein: Um die Landung der polnischen Genossen in der neuen Wirklichkeit etwas sanfter zu gestalten, gewährten sie ihnen einen zinslosen Kredit in Höhe von mindestens 1,2 Millionen Dollar. Bald darauf gründeten die wichtigsten PVAP-Führer eine neue Partei, die »Sozialdemokratie der Republik Polen«.

So konnte der Reformkurs in Polen Fahrt aufnehmen. Schon in den ersten Monaten des Jahres 1989 war die Solidarność als Gewerkschaft wieder zugelassen worden; der Devisenhandel wurde freigegeben; außerdem regelten Polen und die DDR einen seit 1984 schwelenden Streit um den Grenzverlauf im Stettiner Haff. Im Juli stand eine wichtige Entscheidung an: Wer sollte das neu geschaffene Amt des Staatspräsidenten bekommen? Die alten Kräfte hatten ja aus ihrer Perspektive gerade die halbfreien Wahlen »gewonnen«, sie hatten sich selbst die Mehrheit im Sejm vorher festgeschrieben (siehe S. 190f.). Die neuen Kräfte dagegen, die Führer des Solidarność-Lagers, bekamen offenbar ein wenig Angst vor der eigenen Courage, davor, in den noch bestehenden Strukturen des Ostblocks jetzt selbst die volle Verantwortung übernehmen zu müssen. Lech Wałęsa formulierte seine Bedenken so: »Ich weiß nur, dass niemand von uns, mich eingeschlossen, je mit Herrn Gorbatschow oder mit Herrn Honecker gesprochen hat, und wir wissen nicht einmal, wie solche Gespräche aussehen oder wie diese Pakte, Blöcke und so weiter funktionieren.«[4]

Adam Michnik, der gelegentlich gewarnt hatte, eine zu harte Haltung der Opposition werde zum »Bürgerkrieg« führen, schlug auch jetzt eine Kompromissformel vor: »Euer Präsident, unsere Regierung«. So wurde General Jaruzelski, die Symbolfigur des Kriegsrechts, von Sejm und Senat, also vom neuen, »halb-freien« Parlament, ohne Gegenkandidat und mit einer Mehrheit von einer Stimme im Juli 1989 in dieses neue Amt gewählt.

Wie aber sollte der zweite Teil dieser Formel – »unsere Regierung« – verwirklicht werden? Es gelang einem Abgeordneten des Solidarność-Lagers, Jarosław Kaczyński, die bisherigen Blockparteien ZSL (Vereinigte Bauernpartei) und SD (Demokratische Partei) aus dem Bündnis mit den Kommunisten zu lösen und auf die Seite der Opposition zu ziehen. Damit konnte, trotz heftigen Widerstands der PVAP, am 24. August 1989 schließlich der Solidarność-Berater Mazowiecki zum Ministerpräsidenten gewählt werden. Mazowiecki sagte später, er habe sich an diesem Tag gefühlt, als sei ihm ein Sack mit Ziegelsteinen auf den Kopf gefallen. Er selbst erlitt, als er im Sejm seine Regierungserklärung vortrug, einen Schwächeanfall; als er wenig später wieder im Saal erschien, um fortzufahren, scherzte er, seine Gesundheit sei in einem ähnlichen Zustand wie die Wirtschaft. In der Tat: Die Inflation lag im Sommer und Herbst etwa bei 40 Prozent – pro Monat. Mazowiecki sprach von der Mehrfachaufgabe, Hass in der Gesellschaft und Hoffnungslosigkeit zu überwinden, »aus der wirtschaftlichen Katastrophe herauszukommen und den Staat umzubauen«. Und er setzte hinzu: »Wir versprechen nicht, dass es für alle leicht sein wird.« Aber er, der erste nichtkommunistische Regierungschef im Ostblock seit Jahrzehnten, sollte es richten. Noch dazu allein, auf einer Insel namens Polen. Später sagte er im Rückblick:

»Wir mussten damit rechnen, dass uns ein langer, einsamer Marsch erwartet. [...] Die parteilichen Dogmatiker waren eine Gefahr, aber diese konnte auch von außen kommen. Es war wohl im September, da erfuhr ich zum Beispiel, dass [Rumäniens Partei- und Staatschef] Nicolae Ceaușescu Briefe an alle kommunistischen Parteien verschickt und ihnen vorschlägt, eine Intervention in Polen zu organisieren, um die Reformen bei uns zu verhindern. [...] Ich hatte durchaus vorausgesehen, dass dieses polnische Beispiel auf die Gesellschaften dieser Länder ansteckend wirken und ihre Opposition ermutigen würde. Aber ich fürchtete auch, dass die kleinsten Anzeichen von Rebellion bei ihnen abgewürgt werden würden und dass es so sein könnte, dass wir längere Zeit umzingelt leben würden und unter strenger Beobachtung.«[5]

Mazowiecki hatte mittelfristig Glück: Polen löste als erster Stein einen Domino-Effekt aus. Ungarn folgte mit seinen Reformen auf dem Fuße; im August tolerierte das Land mit dem Experiment des legendären »Paneuropäischen Picknicks« einen Grenzdurchbruch von Hunderten DDR-Bürgern in Richtung Österreich und beförderte damit die Fluchtwelle aus dem ostdeutschen Staat. Tausende Flüchtende versuchten jetzt, die deutschen Botschaften in Prag und Warschau zu erreichen. Die neue polnische Regierung gab ihren Grenztruppen Anweisung, sie stillschweigend ins Land zu lassen. Später wurden 1700 DDR-Flüchtlinge mit polnischen Sonderflügen in die Bundesrepublik gebracht.

## Ein Völkerfrühling im Herbst

Es war ein »Völkerfrühling« im Herbst. Im November 1989 wurde Lech Wałęsa die für Ausländer sehr seltene Ehre zuteil, in Washington vor beiden Kammern des US-Kongresses zu sprechen. Er stellte sich als »Elektriker aus Danzig« vor, begann seine Rede mit den ersten Worten der amerikanischen Verfassung (»Wir, das Volk, ...«) und erntete stürmischen Beifall.[6] In jenen turbulenten Tagen plante Bundeskanzler Helmut Kohl, dem im Umbruch und Aufbruch befindlichen Polen einen Besuch abzustatten. Ein gemeinsames deutsch-polnisches Gedenken an den 50. Jahrestag des Kriegsausbruchs 1939 war in der Planungsphase gescheitert; so wurde der Kanzlerbesuch für den 9. November angesetzt. Kohl wünschte, auch eine besondere Geste der Versöhnung zu zeigen. Dafür wurde nach einigen Differenzen ein heruntergekommenes Landgut in Schlesien ausgewählt, das einen klangvollen Namen trug: Krzyżowa, früher Kreisau. Es hatte der Familie von Moltke gehört, und hier hatte sich der »Kreisauer Kreis« der Widerständler gegen Hitler getroffen.

Kohl war bereits in Warschau gelandet, da fiel am Abend die Berliner Mauer. Der Kanzler bat, zum Verdruss seiner Gastgeber, den Besuch schon am 10. November kurz unterbrechen zu dürfen. Mazowiecki willigte widerstrebend ein. Kohl flog nach Berlin und kam am 12. November aus einem veränderten Deutschland zurück nach Polen. Die Regierungschefs, beides Katholiken, feierten mit dem Bischof von Oppeln, Alfons Nossol, eine Messe in Kreisau, und als der liturgische Friedensgruß ausgetauscht wurde, umarmten sie einander.[7] Es gab jedoch mehr als die Symbolik der »Versöhnungsmesse«: drei Milliarden Mark deutscher Finanzhilfe, dazu der Erlass oder die Umwandlung von mehr als einer Milliarde Mark polnischer Schulden aus den 1970er-Jahren, außerdem die Zusicherung an Deutsche in Polen und Polen in Deutschland, »ihre kulturelle Identität zu wahren und zu entfalten«, sowie weitere Abkommen, die den Reformkurs in Warschau stützten und die Zusammenarbeit beider Staaten auf eine ganz neue Grundlage stellten.[8]

Doch Mazowiecki »quälte«, wie er später sagte, zu dieser Zeit immer noch die ungelöste Frage der Ostgrenze eines künftigen Deutschlands – auch auf dem Hintergrund der Tatsache, dass der von Willy Brandt ausgehandelte Vertrag von 1970 damals ohne die Stimmen der CDU/CSU ratifiziert worden war. Und kaum drei Wochen nach dem Fall der Mauer schritt Bundeskanzler Kohl weiter voran und nannte als Fernziel auch eine »Wiedervereinigung«:

»Plötzlich gab Kohl eine Zehn-Punkte-Erklärung [über die Zukunft beider deutscher Staaten] heraus, in der kein Wort über Polen stand. Das hat mich aufgeschreckt. Ich war in London, als in Ottawa beschlossen wurde, eine ›Zwei-plus-Vier‹-Konferenz abzuhalten. Ich berief eine Pressekonferenz ein und erklärte, Polen müsse auf dieser Konferenz anwesend sein. Da erhob sich großer Lärm: Was das solle? Wolle Polen die fünfte Großmacht sein? Nein. Aber Polen wurde im Zweiten Weltkrieg als erstes angegriffen und hat eine ungeregelte Grenzfrage. Frau Thatcher, die sehr antideutsch war, hat unsere Teilnahme sofort unterstützt; Mitterand unterstützte sie auch, aber er lavierte.«[9]

Um das Ergebnis vorwegzunehmen: Der »Mazowiecki-Plan« vom Februar 1990, nach dem beide deutsche Staaten einen Grenzvertrag mit Polen paraphieren sollten, den das vereinigte Deutschland später ratifizieren würde, fand zwar Anklang in Ost-Berlin und in Bonn immerhin beim kleinen Koalitionspartner, der FDP. Doch Kohl war dafür nicht zu gewinnen. Die Grenzfrage war auch mehrfach Thema zwischen Kohl und US-Präsident George Bush. Im Rückblick ist erstaunlich, wie viel »Ärger« es rund um Polen und sogar innerhalb Deutschlands um die Art und den Zeitpunkt der Grenzanerkennung gab. Während inhaltlich fast allen klar war, dass an der Oder-Neiße-Grenze nicht zu rütteln war, schuf die Grenzfrage Differenzen in der Bonner Koalition und auch innerhalb der CDU/CSU, weshalb der Kanzler nicht nur über seine polnischen Partner und die »internationale Druckkulisse« massiv verstimmt war, sondern im Frühjahr im kleinen Kreis sogar laut über einen Rücktritt nachdachte.[10] Und das alles hauptsächlich mit Blick auf den Bund der Vertriebenen, die bevorstehende erste gesamtdeutsche Bundestagswahl und aus Sorge darum, dass die Grenzfrage zum »innenpolitischen Kampfthema der Rechten würde«, wie Kohl-Berater Horst Teltschik schrieb.[11]

So wurden Polen Ersatzlösungen angeboten. Im Laufe des Jahres 1990 fanden insgesamt vier »Zwei-plus-Vier«-Verhandlungsrunden statt. Polen durfte wegen der Grenzfrage bei einer dieser Runden anwesend sein, und die Außenminister der Vier, dazu die beiden deutschen Minister Hans-Dietrich Genscher und Markus Meckel, hielten in dieser Runde fest, das künftige vereinte Deutschland werde die Gebiete der Bundesrepublik, der DDR und Berlins umfassen. Gebietsansprüche an Dritte werde es nicht geben, und die Ostgrenze werde mit Polen von einem vereinten Deutschland vertraglich geregelt werden. Auch Bundestag und Volkskammer machten am 21. Juni in gleichzeitigen und fast gleichlautenden Erklärungen deutlich, dass auch der gesamtdeutsche Souverän die polnische Westgrenze anerkennen werde.

Dann folgte der deutsch-deutsche Einigungsvertrag, gegen den acht Unionsabgeordnete wegen der Grenzfrage vor dem Bundesverfassungsgericht Klage erhoben – die jedoch schnell als »offensichtlich unbegründet« abgewiesen wurde. Auf den Vollzug der deutschen Einigung folgte im November 1990 endlich der Schlusspunkt, der von den Außenministern Genscher und Krzysztof Skubiszewski in Warschau unterzeichnete deutsch-polnische Grenzvertrag. Fünf Monate später durften erstmals auch die Bürger diese Grenze millionenfach ohne Visum (aber nach einer Ausweiskontrolle) überschreiten.

Die deutsche Vereinigung bereitete in Moskau bis zuletzt Kopfzerbrechen – ebenso wie in Warschau die Frage der endgültigen Grenzregelung. Wegen der Wiedervereinigung machte man sich in Polen hingegen viel weniger Sorgen: Nicht nur das eigene Schicksal als geteilte Nation, auch die früheren Überlegungen polnischer Bürgerrechtler, wonach die Teilung Deutschlands aufgezwungen und daher nicht dauerhaft sei, und schließlich wohl auch das Vertrauen in die politische Kultur der Bundesrepublik Deutschland ließen gerade das Solidarność-Lager die Frage der deutschen Einigung relativ gelassen betrachten.

## Schocktherapie und neue Freiheit

Während die ostdeutschen Länder fortan in den Genuss einer umfassenden Aufbauhilfe kamen, mussten Polen und die übrigen Länder des ehemaligen Ostblocks sich weitgehend am eigenen Schopf aus der sozialistischen Misere ziehen. Zum Vater der Wirtschaftsreformen wurde der 42 Jahre alte Leszek Balcerowicz bestimmt, ein liberaler Ökonom mit Studienaufenthalten im Westen, der zunächst in einem Parteiinstitut gearbeitet hatte, nach Verhängung des Kriegsrechts jedoch aus der Partei austrat und sich als Berater der Solidarność zuwandte. Der energische Balcerowicz wurde Vize-Regierungschef und Finanzminister. Er setzte, seinerseits beeinflusst von dem Harvard-Ökonomen Jeffrey Sachs, auf eine »Schocktherapie«, um die hohe Inflation zu bekämpfen, den Zloty konvertierbar zu machen und möglichst viele Bereiche der Wirtschaft zu privatisieren und zu deregulieren. Das bedeutete auch, die Subventionen für Staatsbetriebe radikal zusammenzustreichen. Wie tiefgreifend, aber auch wie aussichtsreich diese Therapie war, erläuterte er im Dezember 1989 im Sejm:

> »Wir müssen Schluss machen mit dem falschen Spiel, in dem die Menschen so tun, als würden sie arbeiten, und der Staat so tut, als würde er sie bezahlen. [...] Unser Angebot ist eine Wirtschaft, die sich auf Marktmechanismen stützt, mit einer Eigentümerstruktur, wie sie in den hochentwickelten Ländern auftritt, offen gegenüber der Welt, eine Wirtschaft, deren Regeln für alle transparent sind. Die Alternative, die wir vorschlagen, ist ein gelungenes Leben anstelle eines vorgetäuschten. [...] Die Lage ist extrem schwierig, aber ein Abwarten würde sie nur noch verschlimmern. Die Gesellschaft wird ein Programm unterstützen, wenn seine Ziele und Folgen transparent sind.«[12]

Der »Schock« trat zu Jahresbeginn 1990 in Kraft. Zugleich wurde die Verfassung novelliert: Aus der Volksrepublik Polen wurde – wie vor dem Krieg – wieder eine Republik Polen (Rzeczpospolita Polska), und der weiße Adler, das Wappentier, durfte in Erinnerung an das alte Königreich wieder eine Krone tragen. Die führende Rolle der PVAP und das Bündnis mit der Sowjetunion wurden aus der Verfassung gestrichen.

Für viele Menschen im Land war das freilich reine Symbolik, die an ihrem täglichen Leben nichts änderte. Und dieses Leben sah folgendermaßen aus: Im Jahr 1989 betrug die Inflation 640 Prozent; 1990 waren es 250, 1991 immer noch 60 Prozent. Die Realeinkommen sanken infolge der Schocktherapie in kurzer Zeit um etwa 25 Prozent. Dazu kam, was die Bevölkerung seit Jahrzehnten nicht mehr gekannt hatte: In den Staatsbetrieben wurden Massenentlassungen vorgenommen. Ende 1991 waren zwei, Ende 1993 fast drei Millionen Menschen (etwa 16% der Erwerbsbevölkerung) arbeitslos. Das Paradoxon, dass eine von einer Gewerkschaftsbewegung an die Macht getragene Regierung den Arbeitnehmern größte soziale Härten zumutete, konnte nicht ohne politische Folgen bleiben. Zwar sagte die Solidarność der Regierung um Mazowiecki und Balcerowicz 1990 zunächst ihre Unterstützung zu, und auch der Gründervater Wałęsa wurde nach den Jahren der Illegalität mit klarer Mehrheit wieder zum Vorsitzenden gewählt. Doch es lag in der Luft, dass der als langsam und bedächtig kritisierte Mazowiecki bald im eigenen Lager Konkurrenz bekommen würde – und mit ihm die ganze Entwicklung.

Die friedlichen Revolutionäre in Polen waren die ersten gewesen, die im Ostblock begonnen hatten, das alte System abzubauen, zu einem Zeitpunkt, als die alten Kräfte noch relativ fest im Sattel saßen. Deshalb dauerten die Veränderungen – auch das könnte man als Paradoxon bezeichnen – in Polen besonders lange. Denn die Solidarność-Kräfte hatten Anfang 1989 weitreichende Kompromisse eingehen müssen. Während die alten

Regime in Prag, Ost-Berlin und Bukarest spät, aber schnell hinweggefegt wurden, amtierten in Warschau noch bis zum Sommer 1990 die alten kommunistischen Minister für Inneres und Verteidigung, in deren Machtbereich belastende Akten verbrannt wurden. General Jaruzelski amtierte als Präsident noch länger. Und das Parlament war nur zur Hälfte frei gewählt.

Der Mann, der diesen Status quo in Frage stellte, war Lech Wałęsa. Er forderte jetzt eine »Beschleunigung« der Veränderungen im Land. In seinem eigenen, dem Solidarność-Lager, forderte er einen offenen Kampf um das richtige Konzept, der als »Krieg an der Spitze« in die Geschichte einging und zur Spaltung des Lagers führte. Sein damaliger Mitstreiter und Gründer einer eigenen Mitte-Rechts-Partei, Jarosław Kaczyński, forderte, das hybride »System des Runden Tisches«, mit dem die Interessen von Nomenklatura und Bevölkerung versöhnt werden sollten, müsse überwunden werden. Wenig später beschloss das Parlament, im November 1990 vorzeitig einen neuen Staatspräsidenten bestimmen zu lassen, und zwar fortan durch Volkswahl. Die Kandidaten Mazowiecki und Wałęsa lieferten sich einen heftigen Wahlkampf; der Regierungschef beschimpfte den Gewerkschaftschef (sinngemäß) als einen den Holzhammer schwingenden Abenteurer und musste sich umgekehrt anhören, dass er ein weltfremder Intellektueller sei.

Womit die beiden Kämpen nicht gerechnet hatten: Wie aus dem Nichts tauchte ein lachender Dritter auf. Ein gewisser Stan Tymiński, ein Elektrotechniker, der 1969 aus Polen emigriert war und behauptete, in Amerika zum »biznesmen« geworden zu sein, warf seinen Hut in den Ring. Er führte einen aufwändigen Wahlkampf, kritisierte die schmerzhaften Wirtschaftsreformen und präsentierte sich geschickt als »Mann von außerhalb«, der keinem Lager und keiner Seilschaft angehöre. Zu einer Wahlkampfdebatte brachte er eine schwarze Aktentasche mit ins Studio und sagte bedeutungsvoll, darin befinde sich belastendes

Material über seinen Mitdiskutanten Wałęsa; geöffnet hat er die Tasche jedoch nie.

Nach dieser ersten wirklich freien Wahl im freien Polen, bei der die ungewohnten Fernsehdebatten auch unbekannten Kandidaten große Chancen eröffneten, saß der Schock tief, als nach dem ersten Wahlgang Wałęsa und Tymiński führten, mit 40 beziehungsweise 23 Prozent der Stimmen. Mazowiecki schied aus und trat auch als Ministerpräsident zurück. Erst in der Stichwahl siegte Wałęsa dann mit 74 Prozent. Dass ein praktisch unbekannter Populist aus dem Stand ein Viertel der Wähler gewinnen konnte, war ein schlechtes Zeichen für die Demokratie, ebenso wie die Wahlbeteiligung von 60,6 Prozent in der ersten und 53,4 Prozent in der zweiten Runde.

Auf die wirtschaftliche Therapie war der Schock gefolgt: Jetzt waren zwar die Geschäfte voller Waren, aber nicht mehr voller Menschen. Das Phänomen des Schlange-Stehens war verschwunden, dafür standen sich Massen von frischgebackenen Straßenhändlern auf Straßen und Plätzen mit jeder nur erdenklichen Handelsware die Beine in den Bauch. Viele Bürger mussten erbittert feststellen, dass es jetzt nur kleinen Gruppen besser ging als früher, insbesondere ehemaligen Nomenklatura-Kadern. Mit den Worten eines Zeitzeugen und Historikers:

»Für einen Teil der neuen Eliten war die Freiheit ein Ziel in sich selbst, doch für die Mehrheit der Gesellschaft war sie nebensächlich, ein schmückendes Beiwerk der Armut. Daher verhielt sich ein Teil der Gesellschaft gegenüber den historischen Veränderungen, der Wiedergewinnung der Unabhängigkeit und dem Wechsel des politischen Systems, ziemlich gleichgültig.«[13]

Die niedrige Wahlbeteiligung sollte ein Markenzeichen der Dritten Republik bleiben. Sie schwankte in den folgenden Jahrzehnten bei Wahlen auf nationaler Ebene zwischen 40,6 und

68,2 Prozent. Bei Kommunalwahlen und landesweiten Referenden lag sie stets unter 50 Prozent (mit Ausnahme des EU-Beitrittsreferendums: 58,9 %). Das Schlusslicht bildeten später die Wahlen zum Europaparlament, an denen sich nie mehr als ein knappes Viertel der polnischen Bürger beteiligte.

## Politische Instabilität

So stand die erste Hälfte der 1990er-Jahre im Zeichen rapider wirtschaftlicher und gesellschaftlicher Umwälzungen und politischer Instabilität. Auch die erste vollständig freie Parlamentswahl im Oktober 1991 schuf hier keine Abhilfe – im Gegenteil. Sie brachte Vertreter von 29 Gruppierungen in den Sejm, deren stärkste – die von Mazowiecki geführte Demokratische Union (später aufgegangen in der Freiheitsunion) – nur 12,3 Prozent der Stimmen erhielt. Als liberale Reformpartei nahm sie den Wałęsa-kritischen Teil des Solidarność-Lagers auf. Nur einen Sitz weniger errang die Allianz der Demokratischen Linken (SLD), die sich als postkommunistisch-sozialdemokratische Kraft im Aufwind befand und noch mindestens bis 2018 Bestand haben sollte. Unter den größeren Mitte-Rechts-Parteien war die erste von den Zwillingen Lech und Jarosław Kaczyński geführte Partei PC, deren Name mit »Zentrumsallianz« übersetzt werden kann.

Es wirkt fast wie ein Wunder, dass in dieser turbulenten Zeit einige Männer der ersten Stunde entscheidende Weichen stellen und für Kontinuität sorgen konnten. So hielt sich der Wirtschaftsreformer Balcerowicz mehr als zwei Jahre lang. Außenminister Skubiszewski blieb unter fünf aufeinanderfolgenden Regierungschefs sogar vier Jahre im Amt. Und dies, obwohl die erwähnte letzte Wahl große Verwerfungen nach sich zog. Das zeigte sich 1992: Eine deutlich christlich-national orientierte Koalition mit starker Beteiligung der Kaczyński-Partei PC versuchte die versäumte Stasi-Überprüfung »nachzuholen« und gab eine Liste mit prominenten Namen mutmaßlicher (!) ehemaliger Stasi-Mitarbeiter heraus, auf der sich auch der Name Lech Wałęsa befand. Diese Regierung wurde im Parlament blitzschnell gestürzt, ihre Initiativen wurden gestoppt. Doch seitdem war die Forderung nach »Entkommunisierung« und »Lustration« (Stasi-Überprüfung) ein immer wiederkehrender Bestandteil der politischen Debatte.

Eine weitere Regierung stürzte im Mai 1993 durch ein Misstrauensvotum, das ein Abgeordneter der Solidarność-Fraktion (es gab sie noch, auch als Kraft im Parlament) eingebracht hatte. Der politische Kampf spitzte sich wieder einmal zu. Die Rechte war und blieb dabei zersplittert. Überdies hatte die Partei der Kaczyńskis sich jetzt von Präsident Wałęsa abgewandt und stellte sich entschieden gegen ihn. Ein wichtiger Grund dafür war, dass sie und andere Oppositionspolitiker bereits im demokratischen Polen vom Staatsschutz (im Interesse des Präsidenten?) bespitzelt worden waren. Selbst die Solidarność erlebte im Streit um die Rolle Wałęsas faktisch eine Spaltung. So kam, was kommen musste: Bei vorgezogenen Neuwahlen im September 1993 siegte die postkommunistische SLD mit für damalige Zeiten beachtlichen 20,4 Prozent der Stimmen. Mit der Bauernpartei PSL, die sich bei der Partnerwahl fortan sehr flexibel zeigen sollte, bildete sie die Regierung (zufällig zur selben Zeit, als die letzten russischen Soldaten aus Polen abzogen). Diese Wechselstimmung erreichte ihren Höhepunkt, als zwei Jahre später ausgerechnet Lech Wałęsa im Kampf um seine Wiederwahl von Aleksander Kwaśniewski entthront wurde, einem elf Jahre jüngeren postkommunistischen Politiker, der geschickt und geschmeidig auftrat und im Wahlkampf mit einem farbigen Popmusiker auf der Bühne tanzte.

Kwaśniewskis sensationeller, wenn auch knapper Sieg war Teil eines breiten Trends: Wenige Jahre nachdem Stasi, Stacheldraht und Schlange-Stehen beseitigt worden waren erlebten die Nachfahren der alten Staatsparteien in vielen Ländern Mittel- und Osteuropas ein kaum für möglich gehaltenes Comeback.

Nur in wenigen Fällen, etwa in Russland oder Tschechien, bekannten sich diese Parteien schon im Namen offen zum Kommunismus. Zumeist orientierten sie sich an den Sozialdemokraten Westeuropas. So auch in Polen. Das Versprechen der polnischen Linken, soziale Härten abzufedern, in vielen ideologisch aufgeladenen Fragen moderat und pragmatisch vorzugehen, einen Burgfrieden mit der Kirche anzustreben, überhaupt eine »Versöhnen-statt-Spalten«-Politik zu betreiben, kam in der Gesellschaft, die des Streits überdrüssig war, gut an. Den Kurs des Landes in Richtung Demokratie und Marktwirtschaft, EU- und Nato-Mitgliedschaft führte diese neue Linke dabei anstandslos fort.

In den folgenden Jahren schwang das politische Pendel immer wieder schnell hin und her: Die Koalition von Linken und Bauern, in der binnen vier Jahren drei Regierungschefs verschlissen wurden, unterlag 1997 den neu gesammelten Nachfahren der Solidarność, die in zwei Parteien zusammen 36,5 Prozent der Stimmen errangen. Ihr sehr integrer Ministerpräsident Jerzy Buzek, neben dem Skispringer Adam Małysz Polens bekanntester Lutheraner, packte wichtige Reformen an. Er schaffte es als erster Regierungschef nach der Wende, sich ganze vier Jahre an der Spitze zu halten. Dann erlitt auch er 2001 eine krachende Niederlage, während die postkommunistischen Linken mit 41 Prozent ihr bisher bestes Ergebnis erzielten und ihr Chef, das frühere Politbüro-Mitglied Leszek Miller, Ministerpräsident wurde. Vier Jahre später waren aber auch sie, trotz des gerade vollzogenen EU-Beitritts, mit ihrem Latein am Ende und überdies in Affären verstrickt, sodass 2005 abermals die Solidarność-Erben an die Macht kamen und diesmal die Linken auf den dritten Platz verwiesen. Seitdem hat in Polen keine klassische Linkspartei mehr regiert. Fortan sollten zwei Lager mit Solidarność-Stammbaum, das eine mit den Kaczyński-Brüdern und das andere mit Donald Tusk an der Spitze, das Wechselspiel fortsetzen.

# Polen in Nato und EU

Noch einmal zurück ins Jahr 1995. Damals begann – mit der Niederlage Wałęsas – die Ära des gemäßigten Linken Aleksander Kwaśniewski. Er legte als Präsident eine gute erste Amtszeit hin, danach wurde er im ersten Wahlgang wiedergewählt, sodass er insgesamt zehn Jahre im Amt bleiben konnte. Kwaśniewski, von Hause aus Journalist, war unter dem alten Regime unter anderem Jugendminister gewesen und 1989 auf Regierungsseite einer der wichtigsten Unterhändler am Runden Tisch. In seine zehnjährige Amtszeit fallen drei zentrale Ereignisse, an denen er in großem Maße mitgewirkt hat: die Verabschiedung einer neuen Verfassung (1997) sowie der Beitritt Polens zur Nato (1999) und zur EU (2004).

Die Verfassung, an deren Ausarbeitung er sich beteiligte und die in einem Referendum abgesegnet wurde, zog einen längst überfälligen Schlussstrich unter die provisorischen Regelungen der Umbruchzeit. Sie definiert Polen als »demokratischen Rechtsstaat, der die Grundsätze sozialer Gerechtigkeit verwirklicht«. Ihre Präambel ist bemerkenswert. Darin wird der vielfach geforderte Gottesbezug in einer vermutlich von Tadeusz Mazowiecki stammenden Kompromissformel ausgedrückt:

»Wir, das polnische Volk – alle Bürger der Republik, sowohl diejenigen, die an Gott als Quell der Wahrheit, Gerechtigkeit, des Guten und Schönen glauben, als auch diejenigen, die diesen Glauben nicht teilen und diese universalen Werte aus anderen Quellen herleiten, [...] geben uns im Gefühl der Verantwortung vor Gott oder vor dem eigenen Gewissen die Verfassung der Republik Polen [...].«

Die Dritte Republik hat demnach ein parlamentarisches System und einen vom Volk direkt gewählten Staatspräsidenten, der etwas mehr Kompetenzen hat als etwa der deutsche Bundespräsident. Er »gestaltet die Außenpolitik mit« – diese unscharfe Formulierung sorgt seitdem immer wieder für Differenzen mit der jeweiligen Regierung. Auch kann er mit seinem Veto Gesetze zu Fall bringen, was zum Beispiel Kwaśniewski nutzte, um so wichtige Vorhaben wie eine große Steuersenkung oder die Restitution des vor 1989 enteigneten Eigentums zu blockieren. Die Verfassung von 1997 ist seitdem in Kraft, wenngleich der aus Kaczyńskis Partei stammende Staatspräsident Andrzej Duda für den Herbst 2018 zwecks ihrer Überarbeitung ein Referendum angeregt hat.

Meilensteine in der Geschichte des Landes waren die Beitritte zu Nato und EU. In ein starkes Bündnis seiner historischen Partner im Westen aufgenommen zu werden, ein Bündnis, das zur Verteidigung seines Gebiets noch nie einen Schuss abgeben musste, erschien wie die Erfüllung eines alten polnischen Traums. Zwar sorgte der erratische Wałęsa, der sich zum Präsidenten weniger eignete als zum Arbeiterführer, kurz für Verwirrung, als er 1992 – ausgerechnet auf Besuch in Deutschland – für seine Region eine »Nato II« forderte. Dieses Separatbündnis wollte er offenbar aus Protest dagegen, dass es mit dem Nato-Beitritt so langsam voranging. Doch Polens Regierungen hielten Kurs auf die echte Nato, und die bisherigen Mitglieder der Allianz ließen sich überzeugen. So wurde – trotz Kritik aus Russland – der Beitritt des Landes sowie Tschechiens und Ungarns für das Jahr 1999 ins Auge gefasst. Kurz vor der Verwirklichung kam es in Polen zu einem der umjubelten Auftritte eines amerikanischen Präsidenten: Bill Clinton versprach der Menge auf dem Warschauer Schlossplatz den baldigen Schutz des Bündnisses.

Seitdem hat Polen, immer noch ein vergleichsweise armes Land, nach und nach seine Streitkräfte strukturell und technisch modernisiert. Gebrauchte deutsche Leopard-2-Panzer, neue amerikanische F-16-Kampfflugzeuge, spanische Casa-Transportflugzeuge – das waren einige der Geschäfte, die abgeschlossen wurden. Die polnische Regierung – damals unter dem Postkommunisten Miller, der seine Bündnistreue besonders herausstellte – wollte auch zeigen, dass sie Soldaten aufbieten konnte, wenn die Bündnispartner sie brauchten. So schickte sie 2003 eine kleine Kampfeinheit in den höchst umstrittenen Irakkrieg, und an der Besatzungsherrschaft im Land beteiligte sie sich mit 2300 Soldaten, führte eine multinationale Division und bekam sogar, wie Amerikaner und Briten, eine »Besatzungszone«. Die Opposition trug den Irak-Einsatz mit. Oppositionspolitiker Jarosław Kaczyński sagte: »Das ist auch unser Krieg.«

Allerdings hat Polen sich mit der in der Bevölkerung nicht gerade populären Irak-Mission und der Verwaltung einer eigenen Zone offensichtlich übernommen, was Warschau indes nicht daran hinderte, sich in kleinerem Umfang auch an anderen Missionen, etwa der in Afghanistan, zu beteiligen. Da die Lage in Europa friedlich zu sein schien, wurde 2009 die Wehrpflicht abgeschafft. Doch auch mit seiner Berufsarmee will Polen ein wichtiger Akteur bleiben – im europäischen Maßstab und auch als Partner der Amerikaner. So trug bislang jede polnische Regierung die 2009 von den USA verkündeten Pläne für ein große Teile Europas umfassendes Raketenabwehrsystem mit. Auf einem ehemaligen Flugplatz nahe der pommerschen Stadt Stolp sollen im Jahr 2018 die Raketensilos einsatzbereit werden. Die Kommandozentrale dafür wird im deutschen Ramstein liegen.

Wie schon angedeutet, herrschte in der Außen- und Sicherheitspolitik lange Zeit ein beachtlicher Konsens. Sich in den Strukturen des Westens fest zu verankern und abzusichern und mit den östlichen und südlichen Nachbarn gute Beziehungen zu pflegen – das erschien fast allen polnischen Regierungen als das Gebot dieser Jahre. Dass Polen statt drei Nachbarn (vor 1989) jetzt gleich sieben hatte, änderte nichts an der Wichtigkeit dieses Grundsatzes.

Mit Deutschland war die Lage klar. Der wirtschaftlich wichtigste Nachbar hatte die auf Krieg und Vertreibung folgende neue Grenze anerkannt und – was selten genug vorkommt – ebenso die ungeheuren Verbrechen, die von Deutschen verübt worden waren. Deutschland hatte sich innerlich gewandelt. So konnte schon in den frühen 1990er Jahren Außenminister Skubiszewski von einer »Interessengemeinschaft« beider Länder sprechen, und der Schriftsteller Andrzej Szczypiorski ging noch weiter, als er feststellte: »Polens Weg nach Europa führt über Deutschland.« Auf die Grenzanerkennung folgten 1991 ein großer Vertrag über »gute Nachbarschaft und freundschaftliche Zusammenarbeit« und die (später, 1994, in Kraft getretene) Assoziierung an die damalige EG. Eine immer engere Zusammenarbeit schloss sich an, die Deutschland zwar nicht zum größten Investor, aber zum mit Abstand größten Handelspartner Polens werden ließ.

Mit der Ukraine, Weißrussland und Litauen verlief die Entwicklung nicht ganz so dynamisch, auch wenn die Doktrin des großen Emigranten, Verlegers und Publizisten Jerzy Giedroyc, mit den historischen Nachbarn im Osten weder Grenzrevisionen noch Minderheitenstreit anzufangen, sondern Realpolitik zu treiben und gute Nachbarschaft zu pflegen, zum außenpolitischen Grundkonsens gehörte. Wie Deutschland wollte auch Polen einen »Puffer« zur Sicherheit im Osten gegenüber einem möglicherweise eines Tages instabil oder gefährlich werdenden Russland. Diese Hoffnungen haben sich zum Teil erfüllt. Allerdings waren die meisten früheren Sowjetrepubliken über Jahre von politischer und wirtschaftlicher Stagnation geprägt. Während sich Litauen und 2004 auch die Ukraine für einen EU-Kurs entschieden, Litauen sogar EU-Mitglied wurde, traten in Weißrussland und Russland autoritäre Tendenzen zutage, zu denen im Falle Russlands noch der Versuch kam, erneut mit allen Mitteln Einfluss auf die Länder des einstigen Imperiums zu gewinnen.

Um jedoch nicht nur die Sicherheit, sondern auch Entwick-

lung und Wohlstand zu stärken, den von vielen Politikern beschworenen »zivilisatorischen Sprung« zu vollziehen, also eine
umfassende Modernisierung von Politik, Wirtschaft und Gesellschaft zu ermöglichen, fassten die polnischen Eliten schon in
den 1990er-Jahren auch das anspruchsvollste Ziel ins Auge: den
EU-Beitritt. Er bedeutete die mühsame Übertragung von Zehn-
tausenden Seiten des EU-Rechts ins Rechtssystem des Beitritts-
landes, die endgültige Öffnung der Märkte für ausländische
Konkurrenz, aber auch große eigene Möglichkeiten auf dem europäischen Binnenmarkt. Und natürlich bedeutete er erhebliche EU-Mittel. Um die eigene Bevölkerung, aber auch jene in
den »alten« EU-Ländern, deren Repräsentanten die EU-Erweite-
rung ja ratifizieren sollten, für dieses Jahrhundertprojekt zu gewinnen, wurde eine gewaltige Informationskampagne gestar-
tet. Ein Referendum sollte dem Beitritt schon vor seinem Vollzug
die nötige Legitimation verleihen. Der wohl wichtigste Verbündete der EU-Befürworter war Papst Johannes Paul II. Er sagte
kurz vor der Abstimmung:

> »Polen war immer ein wichtiger Teil Europas und kann sich
> heute nicht aus dieser Gemeinschaft ausschließen. Der Ein-
> tritt in die Strukturen der Europäischen Union, mit gleichen
> Rechten wie die anderen Staaten, ist für unser Volk und die
> slawischen Brudervölker Ausdruck einer Art historischer Ge-
> rechtigkeit, und andererseits kann er auch Europa berei-
> chern.«[14]

Der Papst würdigte aber auch die Sorge der EU-Gegner um »die
Wahrung der kulturellen und religiösen Identität« Polens und
erwähnte zudem die Krisen der EU. Doch Europa sei eine gemeinsame, christlich geprägte Familie. Er schloss mit dem
Aufruf: »Von der Lubliner Union zur Europäischen Union!« Damit stellte er die Union Polens und Litauens, die sich 1569 in
Lublin zu einem Gemeinwesen mit einem König, einer gemein-

samen Währung, einem Sejm und einer gemeinsamen Außenpolitik vereint hatten, als Vorläuferin der Europäischen Union
dar.

Die Frage, welche die Bürger in dem Referendum zu beantworten hatten, war von idealer Kürze und Klarheit: »Geben Sie
ihr Einverständnis zum Beitritt der Republik Polen zur Europäischen Union?« Damit es gültig war, musste die Hälfte der Bür-
gerschaft abstimmen; mit 58,9 Prozent wurde dieses Kriterium
erfüllt. 77,45 Prozent stimmten mit Ja, 22,55 mit Nein. Damit
konnte Ministerpräsident Leszek Miller, »der arme Junge aus
der armen Kleinstadt Żyrardów«, auf der Akropolis in Athen »das
vielleicht wichtigste Dokument in der Geschichte Polens unter-
schreiben«, wie er bewegt sagte. Knapp ein Jahr später, zum
1. Mai 2004, wurde Polen dann Mitglied der EU. Und mit ihm
neun weitere Länder, die zusammen allerdings weniger Bürger
zählten als Polen allein.

Neben Anhängern mobilisierte der Beitrittsprozess zwangsläufig schon früh auch Gegner. »Wir haben uns nicht deshalb
den Weg in die Unabhängigkeit freigekämpft, um jetzt einen
Teil dieser Souveränität in die Hände irgendeiner übernatio-
nalen Institution abzugeben«, sagte 2001 der nationalistische
Abgeordnete Roman Giertych.[15] Als besonderes Sorgenkind galten die zwei Millionen privaten Bauern. Bei ihnen, aber nicht
nur dort, machten Ängste vor dem »Ausverkauf« von Grund und
Boden und einer »Überflutung« durch westliche Produkte die
Runde. Jetzt kam der Populist Andrzej Lepper zum Zuge, ein
Landwirt aus dem strukturschwachen Pommern, der in den
1990er-Jahren die Proteste überschuldeter Bauern angeführt
hatte und jetzt mit seiner Partei »Selbstverteidigung« immer
größere Erfolge erzielte. Mit Straßenblockaden und Aktionen
wie dem Ausschütten einer Lieferung von Importgetreide aus
Deutschland sorgte er für großes Aufsehen. Bei den Parlamentswahlen 2001 bekam seine Partei 10,2 Prozent der Stimmen, 2005
11,4 Prozent. »Wir werden all jenen helfen, die die Kosten der

Jahre des Wandels getragen haben, jenen, die nichts bekommen haben«, versprach er. Als die neue Kaczyński-Partei PiS von 2005 bis 2007 zum ersten Mal regierte, wurde er Koalitionär, Vize-Ministerpräsident und Landwirtschaftsminister. Er stürzte über eine Affäre, in welcher der Verdacht auf ihn fiel, er habe Bestechungsgeld annehmen wollen; damit zerbrach auch die Koalition der PiS mit der »Selbstverteidigung« und Giertychs ultrarechter Partei LPR, und es kam zu Neuwahlen.

Später führte eine Sex-Affäre – Lepper hatte offenbar eine Frau aus der Provinz als Gegenleistung für Liebesdienste zu seiner Bürochefin gemacht – dazu, dass Lepper zu einer Freiheitsstrafe verurteilt wurde. Doch er ging in die Berufung, und das Urteil wurde nicht rechtskräftig. Dem weiteren Lauf der Dinge entzog er sich 2011 durch Selbstmord. Damit endete die Karriere des wohl ungewöhnlichsten Ministers, den Polen nach 1989 hatte. Auch die Erfolge seiner Partei gingen zu Ende, ebenso die Proteste der Bauern. Vielmehr wurde die Bauernschaft, nachdem sie sich an die (für viele finanziell vorteilhafte) EU-Mitgliedschaft gewöhnt hatte, zu einer der zufriedensten Bevölkerungsgruppen Polens, was wenige Jahre zuvor niemand für möglich gehalten hatte.

Dass Lepper es – kurz nach dem EU-Beitritt! – auf die Regierungsbank geschafft hatte, lag freilich nicht an der Landbevölkerung allein. Sein großer Koalitionspartner war, wie erwähnt, die in Deutschland oft als nationalkonservativ eingeordnete Partei »Recht und Gerechtigkeit« (PiS). Diese von den Kaczyński-Zwillingen 2001 gegründete Partei – den Vorgänger PC hatten sie aufgelöst – war in den Kommunalwahlen ein Jahr später vor allem in einigen Großstädten erstaunlich erfolgreich. In Warschau und Krakau wurde sie stärkste Partei, und in der Hauptstadt gelang ihr der große Wurf: Lech Kaczyński eroberte bei der Direktwahl zum Bürgermeisteramt mit 70,5 Prozent im zweiten Wahlgang das Rathaus. Damals war Kriminalität in Polen noch ein großes Thema, und besonders betroffen waren die Großstädte. Nach einigen spektakulären Kriminalfällen hatte Kaczyński laut über die Wiedereinführung der Todesstrafe nachgedacht (1988 zuletzt vollstreckt, war sie 1998 endgültig abgeschafft worden). Solche Äußerungen trafen, Umfragen zufolge, die Stimmung der großen Mehrheit der Bürger – auch wenn sie nicht im Geringsten zum anstehenden EU-Beitritt passten. Doch mit solchen und ähnlichen Aussagen profilierten sich die Kaczyńskis als Vorkämpfer von »law and order«.

Zur gleichen Zeit erschütterten Affären das Land, etwa die Rywin-Affäre. Der bedeutende Filmproduzent Lew Rywin, Partner von Regisseuren wie Spielberg, Polanski, Andrzej Wajda und Agnieszka Holland, suchte 2002 Adam Michnik auf, den Chefredakteur der großen Tageszeitung *Gazeta Wyborcza*. Rywin kam mit einem 17,5 Millionen Dollar schweren Angebot: Michniks Zeitungsverlag, der expandieren wollte, sollte diese Summe zugunsten nicht näher bezeichneter »Machthaber« zahlen und durch eine Gesetzesänderung die Chance erhalten, Polsat zu kaufen, den ersten privaten Fernsehsender Polens. Michnik zeichnete das in seinem Redaktionsbüro geführte Gespräch heimlich auf und veröffentlichte es ein halbes Jahr später. Die Affäre warf einmal mehr die Frage auf, wie sauber und gerecht es im Staate Polen zugehe. Ein parlamentarischer Untersuchungsausschuss versuchte, Licht ins Dunkel zu bringen. Seine »Verhöre« der an der Affäre Beteiligten hatten dank der Fernsehübertragungen bis zu zwei Millionen Zuschauer. Zum ersten Mal konnten sich auf diese Weise aufstrebende Politiker als Korruptionsjäger profilieren, darunter Zbigniew Ziobro, später als Justizminister (Stand 2018) einer der wichtigsten Mitstreiter Jarosław Kaczyńskis. Das »Opfer« der Affäre waren langfristig die ominösen Machthaber: Damals regierte die postkommunistische Linke. In den Wahlen drei Jahre später sank sie auf den Status einer Kleinpartei herab. Rywin wurde später zu zwei Jahren Haft verurteilt, die er auch zum Teil absaß.

Der Reformstress rund um den EU-Beitritt, die Affären, dazu

das Versprechen der Kaczyńskis, einen starken Beschützer- und Fürsorgestaat zu schaffen sowie traditionelle Werte und nationale Interessen zu verteidigen, bescherten den Zwillingen 2005 einen überraschenden Doppelsieg (nicht den einzigen, wie sich 2015 herausstellen sollte). Bei der Parlamentswahl wurde Jarosław Kaczyńskis PiS mit 27 Prozent stärkste Partei. Einen Monat später besiegte Lech Kaczyński in der Stichwahl um das Präsidentenamt Donald Tusk. Die Bürgerplattform (PO), Tusks Partei, war die liberaler geprägte Rivalin der PiS, eine Kraft der neuen Mittelschicht. Beide Parteien waren Erben der Solidarność-Bewegung, vor den Wahlen hatten sie offen über eine gemeinsame Regierung gesprochen, doch am Ende platzten die Verhandlungen.

So zog Lech Kaczyński vom Warschauer Rathaus in den Präsidentenpalast um, während die PiS sich im Parlament mit Populisten und Ultrarechten arrangierte, erst als Minderheitsregierung, dann als Koalition. Sie machte ihrem Ruf als Partei der Sheriffs alle Ehre: Die nächsten zwei Jahre widmete sie sich der Verfolgung tatsächlich oder vermeintlich korrupter Amtsträger und alter Geheimdienstseilschaften. Ein Zeichen dieser Zeit waren die medienwirksamen Festnahmen ranghoher Verdächtiger vor laufender Kamera durch maskierte Beamte des neuen Antikorruptionsbüros. An konkreten Verbesserungen hatte die PiS in dieser Zeit nicht viel vorzuweisen; um Außenpolitik kümmerte sie sich generell wenig – woran sich auch in der zweiten Kaczyński-Zeit nach 2015 nicht viel ändern sollte. Und die Wirtschaft brummte inzwischen, vom EU-Beitritt beflügelt, ohne Zutun der Regierenden wohl besser, als sie es mit ihrer Einmischung getan hätte.[16]

Schon nach zwei Jahren, in denen die PiS mit viel Elan, aber wenig Plan zu Werke ging, wurde sie bei einer vorgezogenen Parlamentswahl von der Bürgerplattform überrundet. Die PO erzielte mit 41,5 Prozent das beste Ergebnis einer Partei seit 1989. Es war vor allem eine Stimmung *gegen* die PiS-Regierung, die ihr zur Macht verhalf. So blieb diese erste Kaczyński-Zeit nicht viel mehr als eine Episode.

Donald Tusk, der neue Ministerpräsident, wurde 1957 in eine alteingesessene kaschubische Familie in Danzig hineingeboren. Enge Verwandte von ihm waren im Krieg ums Leben gekommen, einer wurde von der Kugel eines polnischen Soldaten getroffen, die andere, eine Großtante, ging als Flüchtling 1945 an Bord der »Wilhelm Gustloff«, die in der Ostsee unterging. In Tusks Familienschicksal waren also polnische und deutsche Geschichte aufs Engste verwoben, bis in die Sprache hinein. Sein Vater rief ihn täglich auf deutsch mit einem Wort des Danziger Dialekts, das so viel wie »Bengel« bedeutet: »Bowke, Abendbrot«. Später studierte Donald Geschichte und betätigte sich schon vor Entstehung der Solidarność als Oppositioneller. Die Dezembertage 1970, die er als 13-Jähriger erlebt hatte, die Panzer auf Danzigs Straßen und die tödlichen Schüsse auf Demonstranten, sollten für Leute wie ihn später zum »Gründungsmythos der polnischen Unabhängigkeit« werden.[17]

Nach der Wende schloss er sich einem Danziger Kreis und einer Partei an, die beide in erster Linie für eine liberale Wirtschaftspolitik eintraten, und sammelte als Parlamentarier Erfahrung. Im Jahr 2001, also etwa zu der Zeit, als die Kaczyńskis die PiS ins Leben riefen, war Tusk unter den drei Gründern der PO und bald auch ihr Vorsitzender. Als er 2005 gegen Lech Kaczyński um die Präsidentschaft kämpfte, wurde mitten im Wahlkampf die (zutreffende) Enthüllung lanciert, dass sein Großvater, wie so viele Einwohner der deutsch-polnischen Grenzregionen, 1944 kurz in der Wehrmacht gedient hatte (dass er direkt aus dem KZ Stutthof und schon gar nicht auf eigenen Wunsch in die Wehrmacht gesteckt worden war, interessierte kaum jemanden). Ob es wirklich der »Opa in der Wehrmacht« war, der Donald Tusk damals den Wahlsieg kostete, muss allerdings der Spekulation überlassen bleiben.[18]

Im Jahr 2007 trat Regierungschef Tusk als der große Normalisierer an, der das Land nach zwei nervösen PiS-Jahren beruhigen und einigen wollte. Zu seinem Politikverständnis sagte er, nicht auf »Visionen« komme es an, sondern darauf, dass »Warmwasser im Hahn« fließe – dies wurde zu seinem wohl bekanntesten Ausspruch. Tusk ging es nicht um ideologiebeladene utopische Programme, schon gar nicht um eine national-katholische »moralische Revolution«, wie sie die PiS-Politiker forderten, sondern um »piecemeal social engineering«, wie der große Liberale Karl Popper gesagt hätte, eine Reformpolitik der kleinen Schritte.

Die Regierung der PO und ihres kleinen Koalitionspartners, der gemäßigten Bauernpartei PSL, kam mit dieser pragmatischen Politik gut an. So gut, dass sie es – für Polen eine Sensation – schaffte, wiedergewählt zu werden und dadurch ganze acht Jahre zu regieren. Zwar hielt Tusk personell in Institutionen und Staatsfirmen Kehraus, was durch manche zweifelhafte Ernennungen zur PiS-Zeit oft auch geboten erschien, aber insgesamt verfuhr die PO mit den besiegten Gegnern milde und hielt sich im Übrigen an den Grundsatz, dass Regierende ihrem Land, ähnlich wie Ärzte ihrem Patienten, zunächst einmal dadurch helfen sollten, dass sie ihm nicht schaden. Die Kräfte von unten, die in Polen nach dem EU-Beitritt freigesetzt wurden, waren enorm, man musste sie nur zum Zuge kommen lassen.

Wenn hier zum Abschluss eine Bilanz der acht Regierungsjahre der Bürgerplattform unternommen wird, so ist dies in gewissem Sinne auch eine Bilanz der Dritten Republik. In dieser Zeit, in den Jahren 2007 bis 2015, hat Polen auf den seit 1989 mühsam gelegten Fundamenten aufgebaut und einen großen Sprung nach vorn gemacht. Schon personell machte die neue Regierung Eindruck: Mit Außenminister Radosław (»Radek«) Sikorski und Finanzminister Jacek Rostowski saßen zwei gut ausgebildete ehemalige Emigranten aus Großbritannien im Kabinett, die eine bessere Ausbildung und ein besseres Englisch vorweisen konnten als viele ihrer westeuropäischen Kollegen. So konnte Sikorski – wie wohl kein anderer Pole in den letzten

Jahren – auch ein ranghohes deutsches Publikum beeindrucken; er tat dies mit einer spektakulären und vielleicht auch ein wenig prophetischen Rede in Berlin, an deren Höhepunkt er sagte:

»Worin sehe ich als Polens Außenminister die größte Gefahr für Polens Sicherheit und Wohlstand heute, am 28. November 2011? Nicht im Terrorismus, nicht in den Taliban und ganz sicher nicht in Deutschlands Panzern. Nicht einmal in den russischen Raketen, die an der Grenze der EU aufzustellen Präsident Medwedjew gerade angedroht hat. Die größte Gefahr für Polens Sicherheit und Wohlstand wäre der Zusammenbruch der Eurozone. Und ich verlange von Deutschland, dass Sie – um ihretwillen und um unseretwillen – dazu beitragen, dass die Eurozone überleben und blühen kann. Sie wissen gut genug, dass niemand sonst das tun kann. Ich bin vermutlich der erste polnische Außenminister in der Geschichte, der das sagt, aber bitteschön: Ich habe weniger Angst vor Deutschlands Macht, als ich anfange, Deutschlands Untätigkeit zu fürchten.

Sie sind zur unentbehrlichen Nation Europas geworden. Sie dürfen nicht darauf verzichten zu führen. Nicht zu dominieren, sondern bei der Reform zu führen. Wenn Sie uns bei der Entscheidungsfindung mit einschließen, wird Polen Sie unterstützen. [...] Als Pole und als Europäer sage ich hier in Berlin: Die Zeit zu handeln ist jetzt.«[19]

Die Jahre seit 2007, seit dem Amtsantritt von Tusk und Sikorski, waren in Europa schwierige Jahre. Die Insolvenz der Bank Lehman Brothers und die Subprime-Krise in Amerika sowie die vielfältige Krise in der Eurozone zogen viele Länder in die Rezession. Am schlimmsten erwischte es einige »arme« Länder im Osten Europas: In Litauen, Lettland und der Ukraine schrumpfte das Bruttoinlandsprodukt um etwa 15 Prozent. Die Großen,

Deutschland und Frankreich, kamen glimpflich davon. Die absolute Ausnahme war Polen: keine Rezession. So konnte Tusk sich vor eine rot gefärbte Landkarte stellen und auf die »grüne Insel« in Ostmitteleuropa verweisen, die durchgängig Wachstum zu verzeichnen hatte. In Polen wuchs das BIP in den Krisenjahren um 2,8 bis fünf Prozent; erst 2013 erreichte es mit 1,4 Prozent einen Tiefpunkt. Danach lag es stets bei mehr als drei Prozent und erreichte 2017 sogar 4,6 Prozent.

Die Krisen in den »alten« EU-Ländern weckten im Osten Europas ungläubiges Staunen. Polen, lange Zeit ein kranker, schwacher, armer Mann auf dem Kontinent, begann sich ernsthaft Sorgen zu machen über die rätselhaften Krankheiten seiner reichen Verwandten. Bestand womöglich Ansteckungsgefahr? Eine Zeitschrift fragte 2011 voller Besorgnis: »Wird Polen überleben, wenn die EU verloren geht?« Diese Frage spielt mit dem ersten Vers der polnischen Nationalhymne: »Noch ist Polen nicht verloren, solange wir leben.« Das Land wähnte sich bisher in Sicherheit, weil es in den Heimathafen – die EU – eingelaufen war. Doch würde das Schiff auch den Untergang des Hafens überleben?

Keine Sorge, erwiderte Leszek Balcerowicz. Der Vater der Wirtschaftsreformen, danach als Professor tätig, nannte im Gespräch eine Kombination von Gründen dafür, warum die Krise Polen wenig betroffen hatte. Da waren zunächst die Größe der polnischen Volkswirtschaft, die Diversität ihrer Exportgüter, auch der – verglichen mit anderen neuen EU-Ländern – deutlich geringere Anteil des Exports an der Wirtschaftsleistung. Zugleich habe die Haushaltspolitik der letzten Regierungen eine Rolle gespielt: »Sie war vorsichtiger als etwa in Ungarn, wo sie [vor Orbáns Wahlsieg von 2010] recht leichtsinnig war.« Balcerowicz erinnerte ferner an eine 2009 trotz beginnender Krise durchgezogene Steuersenkung. Auch die Verschärfung der Bedingungen für Wohnungsbaukredite im Jahr 2006 – »das Gegenteil der Subprime-Politik der USA« – sei positiv gewesen, das Kreditvolumen sei nur langsam gewachsen. Die Banken Polens und auch Ostmitteleuropas allgemein hätten außerdem kaum in riskante ausländische Papiere investiert.[20]

So viel zur Analyse. Nun zur Anschauung: Das Polen der Tusk-Jahre war eine einzige Baustelle. Jede Kreisstadt sollte ihren Kreisverkehr bekommen, jede Großstadt ihre neue Kläranlage. Dazu Umgehungsstraßen, neue oder renovierte Sportanlagen, ja, und endlich auch Autobahnen – zumindest zwei, die das Land von West nach Ost und von Nord nach Süd durchquerten (die erste wurde »Autobahn der Freiheit« getauft, die zweite, von Danzig kommende, »Autobahn der Solidarität«). Sichtbare Elemente eines Modernisierungsschubs, der das Land erfasste.

Die Polen trugen die vielen Baustellen mit Fassung. Sie wussten, dass ihr Land gerade dabei war, einen »skok cywilizacyjny« zu vollführen, einen zivilisatorischen Sprung. Dieses Wort wurde in vielen Wahlkampfreden verwendet, aber auch im wirklichen Leben. Eine andere Zauberformel lautete, Polen sei »kraj na dorobku« – ein armes Land, das die Ärmel hochkrempelt und im Begriff steht, wohlhabend zu werden. Frei übersetzt: Schaffe, schaffe, Häusle baue. »Kraj na dorobku« war freilich für die Liberalen auch eine willkommene Rechtfertigung, warum jetzt nicht die Zeit für große Sozialleistungen sei.

Der kranke Mann Europas bekam also Muskeln, setzte aber noch keinen Speck an. Der Staatshaushalt verdoppelte sich im Laufe eines Jahrzehnts, auch dank der EU: So flossen zum Beispiel im Jahr 2010 netto 7,7 Milliarden Euro aus Brüssel nach Polen. Und diese Kofinanzierung mobilisierte eigene Kräfte und ermöglichte Anstrengungen, die man sich im Alleingang nie zugetraut hätte. Jetzt konnte man nach der politischen auch die energiewirtschaftliche Unabhängigkeit anstreben, das hieß vor allem: die starken Ostblock-Bande zu Russland lockern. Daher der Bau eines Flüssiggasterminals an der Ostsee, der seit seiner Fertigstellung 2015 ein Drittel des polnischen Erdgasbedarfs decken kann. Daher die von Euphorie begleiteten (aber nach einigen Jahren als wenig ergiebig eingestellten) Bohrungen nach Schiefergas, das mit der Fracking-Technik gefördert werden sollte. Allerdings spielen in Polens Energiebilanz Stein- und Braunkohlekraftwerke, die 80 Prozent des Stroms erzeugen und die Umwelt belasten, immer noch eine große Rolle. Erneuerbare Energien sind nur allmählich im Kommen, und fern am Horizont leuchtet das Atom: Seit der Tusk-Zeit gibt es Überlegungen, ein oder zwei Kernkraftwerke zu bauen, die ersten in Polen. Doch hier ist eine Entscheidung nicht abzusehen.

Es war alles in allem gut, in der EU zu sein. Wobei manche hinter vorgehaltener Hand fragten, ob man nicht die EU rücksichtslos »melken« solle, solange es gehe, und sich ansonsten für Krisenzeiten ein Recht auf Illoyalität vorbehalten könne? Ein anderes Dilemma war, dass Polen, von der Geschichte geschwächt, zwar tapfer aufholte (»kraj na dorobku«), aber die anderen, das »alte« und reiche Europa, immer noch schneller voraneilten und wie beim Wettlauf von Hase und Igel immer zuerst am Ziel waren. Dieses Hase-und-Igel-Spiel trägt, auf den Prozess der EU-Integration übertragen, den Namen »Europa der zwei Geschwindigkeiten«. Ein Schreckgespenst für Polen: abgehängt zu werden, wirtschaftlich, technologisch, sozial, und womöglich auf Dauer in einer Randzone geringeren Wohlstands und minderer Sicherheit zu verbleiben.

Dennoch: Auf der grünen Insel namens Polen ist in diesen Jahren unübersehbar das Selbstbewusstsein gewachsen. Die Exporterfolge waren und sind beeindruckend, die Sorge um einen »Ausverkauf« nationaler Besitztümer an die reichen Nachbarn schwand dahin, und bereits unter Tusk wurde davon gesprochen, dass teilweise auch ein »Rückkauf« stattfinden könne, wenn westliche Konzerne ihre polnischen Töchter – etwa bei eigenen Engpässen – wieder loswerden wollten. Polen drängte jetzt nicht mehr um jeden Preis in die Eurozone, wie die Balten mit ihrer in vielerlei Hinsicht heiklen Nachbarschaft zu Russland, die in den Jahren 2011 bis 2015 der Eurozone beitraten.

Warschau wartete ab. Auch damals, als Tusk und die Liberalen regierten. Sie hatten keine politischen Vorbehalte gegen den Euro, im Gegenteil, doch sie sagten offen, die krisengeschüttelte »Zone« müsse erst mal ihre eigenen Probleme lösen. Zwar haben sich alle EU-Neulinge mit dem Beitrittsvertrag verpflichtet, die gemeinsame Währung einzuführen, doch ein Datum wurde dabei nicht fixiert. Die Vorfreude auf den Euro ist stark gesunken. Hinzu kommt das harte Kriterium einer Zweidrittelmehrheit im Sejm, die allein eine neue Währung in die Verfassung schreiben könnte – und diese Mehrheit ist zurzeit nicht in Sicht.

Die größte Party, die in der Tusk-Zeit gefeiert wurde, fiel in das Jahr 2012. Es war die Fußball-Europameisterschaft, die größte Sportveranstaltung seit der Wende in diesem Teil Europas, eine organisatorische Herausforderung sondergleichen. Die Autobahnen waren in letzter Minute fertig geworden. Vier neue Stadien von bisher nicht gekanntem Standard waren in Warschau (Warszawa), Danzig (Gdańsk), Breslau (Wrocław) und Posen (Poznań) entstanden. Die Nationalmannschaften – Deutsche, Spanier, Portugiesen, Engländer, Russen, Tschechen, Niederländer und andere – und natürlich die dazugehörigen Fans schlugen in Polen ihre Quartiere auf. Die EM wurde vollends zum völkerverbindenden Ereignis, weil die Ukraine mit vier neuen oder gut renovierten Stadien (und Autobahnen) Mitveranstalter war. Zwar waren die Mannschaften der Region nicht sehr erfolgreich, und im Kiewer Finale schlug Spanien Italien mit 4:0, aber die Freude, Gastgeber zu sein, überwog die durchwachsene sportliche Bilanz. Die wogenden Fanmeilen und die Tatsache, dass Schlachtenbummler mit schwarz-rot-goldenen Fahnen und »Deutschland, Deutschland«-Rufen unbehelligt durch Warschau marschieren konnten, waren beeindruckend. »Creating History Together« war das Motto der EM: Wir schreiben gemeinsam Geschichte.

Autobahnen, Fußballstadien, die Welt zu Gast bei Freunden: Polen war im Aufschwung, und zwar nicht erst am Anfang, sondern mittendrin. Da war es nicht mehr weit bis zu dem »neuen nationalen Ziel«, das Leszek Balcerowicz damals, nach der Europameisterschaft, formuliert hatte: »Deutschland einholen«. Das könne »bei einem guten Szenario in 20 Jahren« gelingen. Den Fußball meinte der Vater der Wirtschaftsreformen damit offensichtlich nicht; was meinte er also?

»Den Lebensstandard messen wir am Pro-Kopf-Einkommen unter Berücksichtigung der Kaufkraft. Nach 1989 hatten wir weniger als 30 Prozent des deutschen Niveaus. Jetzt haben wir mehr als 50 Prozent. Ich denke, Polen sollte sich damit nicht zufriedengeben. Was hier seit 1989 geschieht, sind Ereignisse von historischer Dimension. Über 300 Jahre hat sich der Westen Europas schneller entwickelt als der Osten. Jetzt sind wir erstens unabhängig, und zweitens können wir diesen Abstand aufholen. Wir können das erreichen, was die Mehrheit der Menschen bei uns will.«[21]

# Smolensk und die
# zweite Kaczyński-Zeit

## Zwei feindliche Stämme

In die gute Entwicklung nach dem EU-Beitritt platzte ein Ereignis, das viele Beobachter später als Zäsur bezeichneten. Es habe zur Entstehung einer politischen »Sekte« mit einer eigenen »Religion« geführt, ja sogar zur Spaltung der polnischen Nation in zwei feindliche »Stämme«.

Es geht um den Flugzeugabsturz von Smolensk im Westen Russlands.

Wer zur Gedenkstätte in Katyn wollte, dem bekanntesten Ort der sowjetischen Massaker von 1940, der landete in der Regel auf dem kleinen Flugplatz Smolensk-Nord. Auch am 10.April 2010 wollte die Republik Polen sich an den runden Jahrestag des Massakers erinnern. Die Kinder einiger der vor 70 Jahren ermordeten polnischen Gefangenen lebten noch. Die russische Führung hatte signalisiert, dass sie den für sie problematischen Gedenktag diesmal mit besonderem Entgegenkommen würdigen wolle. Auch in der Weltpolitik herrschte damals Tauwetter: US-Präsident Obama vollzog – kurz nach dem russisch-georgischen Krieg – ein »reset« der Beziehungen zu Moskau; Bundeskanzlerin Merkel sprach mit dem damals noch als liberal geltenden russischen Präsidenten Medwedjew über die gemeinsame Modernisierung seines Landes; Regierungschef Donald Tusk folgte dieser Tendenz. Zudem standen in Polen Präsidentschaftswahlen an, bei denen der Amtsinhaber Lech Kaczyński, Tusks Rivale von 2005, wahrscheinlich um seine Wiederwahl kämpfen würde. Auch deswegen wäre eine bewegende Zeremonie über den Gräbern – so dachten vermutlich viele Politiker – nicht von Schaden gewesen.

Anfang Februar schuf die russische Seite Tatsachen. Sie verkündete, Wladimir Putin, damals Ministerpräsident, aber dennoch der wichtigste Mann im Land, habe sein Gegenüber Donald Tusk zu einer gemeinsamen Gedenkfeier nach Katyn eingeladen. Darauf meldete sich Präsident Kaczyński zu Wort: Er wolle dabei sein. Es kam zu einem unwürdigen öffentlichen Gezerre im Dreieck: Wer mit wem? Die schwierige Kohabitation Tusk-Kaczyński trug wieder einmal bittere Früchte. Am Ende stand fest: Putin und Tusk feiern drei Tage vorher, am 7.April, in Russland. Lech Kaczyński darf am 10.April alleine kommen.

So geschah es: Die beiden Regierungschefs, dazu das halbe Kabinett aus Warschau, Lech Wałęsa und weitere Prominente, gedachten der Opfer in Katyn, der polnischen Kriegsgefangenen und auch der in der Nachbarschaft erschossenen sowjetischen politischen Häftlinge. Zur Jelzin-Zeit hatte die Republik Polen im Wald von Katyn eine Gedenkstätte einrichten dürfen, dann hatte die russische Seite mit dem Bau einer eigenen Gedenkstätte nachgezogen. Wladimir Putin, im KGB großgeworden, dessen Vorgänger NKWD 1940 den Massenmord durchgeführt hatte, verneigte sich in Katyn als bislang ranghöchster russischer Politiker vor polnischen Opfern. Eine Entschuldigung blieb aus, ebenso eine uneingeschränkte Aktenöffnung zu dem lange geleugneten Verbrechen, aber die gemeinsame Kranzniederlegung war ein sehr starkes Symbol.

Am Samstag, dem 10.April, flog die polnische Regierungsmaschine, eine Tupolew 154, früh am Morgen noch einmal nach Smolensk, an Bord diesmal Präsident Lech Kaczyński und seine Frau Maria, außerdem der letzte Exilpräsident Ryszard Kaczorowski, drei Vizepräsidenten des Sejm, die Chefs staatlicher Behörden, die sechs obersten Militärs des Landes, 14 Abgeordnete und Senatoren, Geistliche dreier Konfessionen, dazu Nachfahren von Katyn-Opfern, insgesamt 96 Personen. Mit einem Sonderzug waren über Nacht bereits Hunderte weiterer Gäste aus Warschau nach Katyn gekommen.

Das Flugzeug hatte Verspätung. Als es sich dem kleinen, kaum noch genutzten Waldflugplatz bei Smolensk näherte, zog dort Nebel auf. Pilot und Kopilot machten einen Fehler bei der Bemessung der Flughöhe und glaubten, sie müssten jetzt schneller sinken. Viele Beteiligte waren von der Lage überfordert: Der polnische Pilot, der kein Russisch sprach (nur der Kopilot), ebenso wie die russischen Fluglotsen im Tower, der eher wie eine alte Baracke aussieht. Zugleich standen die Flugzeugführer unter dem Druck ihrer Vorgesetzten, weil niemand riskieren wollte, dass die Zeremonie Hunderter Gäste mit dem Staatspräsidenten platzte. Das wollten auch die Fluglotsen nicht, die zunächst warnend auf die Wetterlage hinwiesen, aber dann ratlos herumtelefonierten und von einem Vorgesetzten in Moskau zu hören bekamen, wenn die Polen landen wollten, solle man es ihnen eben erlauben.

Das Flugzeug verfehlte in dichtem Nebel die Landebahn, streifte eine große Birke und stürzte auf den morastigen Boden, wobei es in mehrere Teile zerbrach und der Rumpf mit dem Bauch nach oben liegen blieb. Alle Fluggäste waren, nach Angaben der russischen Behörden, sofort tot. Smolensk wirkte wie ein Echo auf Gibraltar 1943: Damals, in Polens schwersten Stunden, war Władysław Sikorski, der polnische Regierungschef im Exil, vor der britischen Kronkolonie mit einem Flugzeug ins Mittelmeer gestürzt und ums Leben gekommen.[1] Diesmal also der Staatspräsident.

Als Jarosław Kaczyński an jenem Samstagmorgen von dem Absturz erfuhr, war seine erste Reaktion, seinem Biografen Michał Krzymowski zufolge: »Sie haben meinen Bruder umgebracht.«[2] Unabhängig voneinander flogen Tusk und Kaczyński, jeweils mit mehreren Begleitern, sofort nach Weißrussland und fuhren von dort in Autos zum Unglücksflugplatz nach Russland.

Putin und Tusk besuchten gemeinsam den Absturzort; Kaczyński besuchte ihn allein, identifizierte die Leiche seines Bruders, weigerte sich aber, Putin zu treffen, ihm die Hand zu schütteln oder gar dessen Beileid anzunehmen.

Polen stand nach der Katastrophe, als Kolonnen mit Leichenwagen im Schritttempo durch Warschau rollten, wochenlang unter Schock. Vor dem Präsidentenpalast ein Meer von Blumen und Kerzen. In dieser Atmosphäre entschied der damalige Krakauer Erzbischof Stanisław Dziwisz, dass das Präsidentenpaar auf der Krakauer Wawel-Burg beigesetzt werden solle, in unmittelbarer Nähe zu den Gräbern der Könige. Innenpolitisch herrschte in Warschau für einige Zeit Burgfrieden. Auch in Russland zeigten viele Bürger ihre Anteilnahme. Gerade diese russischen Emotionen führten in Polen zu einer Welle prorussischer Sympathien, was sich daran zeigte, dass die Gedenkfeiern zum Ende des Zweiten Weltkriegs wenig später ganz im Zeichen polnisch-russischer Verständigung standen. Das änderte sich spätestens im Januar 2011, als die russischen Behörden überraschend eine eigene Version des Absturzes präsentierten, die nicht von einer Verkettung von Umständen sprach, sondern allein der polnischen Seite die Schuld gab. Jetzt begann einzutreten, was einen deutschen Kommentator zu der Voraussage veranlasste, eine volle und allseits akzeptierte Aufklärung des Unglücks werde es niemals geben.[3] Stattdessen kursierte bald eine russische Version des Absturzes (Unfall nur durch polnisches Verschulden), eine polnisch-oppositionelle (vermutlich Attentat) und dazwischen, wie zwischen zwei Mühlsteinen, die Version der polnisch-offiziellen Ermittler, die zwar von einem Unfall ausgingen, aber gerne die Fehlleistungen aller Beteiligten objektiv untersucht hätten.

Seitdem haben die amtlichen Ermittler unter Regierungschef Tusk sowie eine Expertengruppe des Kaczyński-Lagers über Jahre versucht, ihre jeweilige Version des Absturzes zu untermauern. Im Kaczyński-Lager ist die Auffassung verbreitet, dass

»Explosionen« die Tupolew zum Absturz gebracht hätten, mit anderen Worten: ein Anschlag, vermutlich unter Beteiligung russischer Kräfte. Als mögliches Motiv verweisen die Anhänger dieser Theorie darauf, dass Präsident Lech Kaczyński 2008, als russische Panzer im russisch-georgischen Krieg auf die Hauptstadt Tiflis zurollten, die Staats- beziehungsweise Regierungschefs der Ukraine und der drei baltischen Staaten mit seinem Regierungsflugzeug aufgesammelt habe, um gemeinsam in den Kaukasus zu fliegen. Dort protestierten die Politiker in einer beispiellosen Geste der Solidarität mit Demonstranten in Tiflis gegen den drohenden russischen Einmarsch. Das habe Russland als »Einmischung« in seine Einflusssphäre empfunden und entsprechend bestrafen wollen.

In Russland läuft – Stand 2018 – immer noch ein Verfahren zur Ermittlung der Schuldigen des Absturzes. Unter Berufung auf dieses Verfahren weigern sich die russischen Behörden bis heute, das Flugzeugwrack und die Flugschreiber an Polen zu übergeben. Das Wrack liegt, inzwischen mit einem Dach versehen, weiter auf dem Flugplatz in Smolensk. Von den Flugschreiberaufnahmen erhielten die Ermittler in Warschau lediglich Kopien. Das Kaczyński-Lager, erst in der Opposition, dann an der Regierung, forschte derweil auf eigene Faust weiter, ordnete auch 2017/18 die Exhumierung aller 96 Leichen an. Diese zeigte, dass 2010 bei der Identifizierung in Russland in vielen Fällen Leichenteile in den Särgen oder sogar ganze Leichen verwechselt oder vertauscht worden waren. Das verstärkte den Verdacht der Kaczyński-Anhänger, dass russische und polnische Stellen vor, während und nach dem Unglücksflug zumindest schlampig gearbeitet hatten. Beweise für einen Anschlag wurden jedoch nicht gefunden.

Die Angehörigen der Opfer haben ihre je eigene Haltung zu all diesen Ereignissen. Das hinderte freilich führende Politiker des Kaczyński-Lagers nicht daran, »Smolensk« politisch auszuschlachten. So vertiefte sich nach und nach die politische Spaltung der polnischen Gesellschaft. Der Verdacht, bei der Vorbereitung der Flüge, beim Absturz und/oder bei den nachfolgenden Ermittlungen in Polen und in Russland sei nicht alles mit rechten Dingen zugegangen, hält sich in einem Teil der Bevölkerung hartnäckig. Allerdings blieben die Anhänger der »Smolensk-Religion«, wie sie von ihren Kritikern genannt wurden, stets in der Minderheit. Anfang 2018, als Kaczyński in Warschau ein Denkmal für die Opfer des Absturzes enthüllte und zugleich das Ende der monatlichen Smolensk-Gedenkmärsche verkündete, schien das Thema an Brisanz verloren zu haben. Mehr Polen als früher nennen sich heute »Smolensk-Agnostiker«: Sie sagen, sie hätten über den Hergang der Katastrophe schlicht keine Gewissheit.

Für Jarosław Kaczyński beendete der Tod des Präsidenten Lech Kaczyński, seines eineiigen Zwillingsbruders, den Normalzustand in seinem Leben, wie er später sagte. Seiner schwerkranken Mutter gaukelte er, um sie zu schonen, mit Hilfe eigens für sie gefälschter Zeitungen wochenlang vor, sein Bruder Lech befände sich auf einer langen Dienstreise. Kaczyńskis Emotionen werden bleiben: Smolensk hat ihn verändert, verhärtet. Aber wird nicht eines Tages in Polen zumindest die öffentliche Diskussion über Smolensk sachlicher geführt werden? Ausgeschlossen ist es nicht, auch wenn der satirisch begabte Schriftsteller Jerzy Pilch in seinem Tagebuch eine andere Prophezeiung wagt. Er glaubt, selbst im Falle einer mustergültigen Aufklärung werde die Katastrophe für immer »geheimnisvoll, merkwürdig, furchtbar« bleiben:

»Der Hunger nach Apokalypse schwindet fast nie. Es ist sinnvoll, in einer Welt der Norm zu leben; interessanter ist es, wenn die Welt aus der Norm herausfällt. Diese Tragödie wird mit jedem Jahr, jedem Jahrzehnt, jedem Jahrhundert mythischer, finsterer und heiliger werden. Nie wird man sie vergessen. [...] Wenn meine Oma noch leben und erfahren würde, was geschehen ist, würde sie sagen, was sie in einer solchen oder besser: in einer ähnlichen Lage immer zu sagen pflegte, nämlich: Vom Osten kommt nichts Gutes, nicht mal ein guter Wind.«[4]

Wie dem auch sei: Das politische Leben ging weiter, auch für Jarosław Kaczyński, der seit Smolensk stets eine schwarze Krawatte trägt. Die erste schwere Entscheidung: Sollte er anstelle seines Bruders kandidieren? Der Präsidentschaftswahlkampf stand bevor; die Wahl wurde wegen des Todes des Amtsinhabers etwas vorverlegt. Am Ende entschied sich Jarosław dafür. Er gab sich als Wahlkämpfer moderat – ob unter dem Schock der Katastrophe oder aus politischem Kalkül, sei dahingestellt. So gelang es ihm, die schlechten Umfragewerte seines Bruders dramatisch zu verbessern und mit 47 Prozent der Stimmen in der Stichwahl Anfang Juli einen Achtungserfolg zu erzielen. Siegreich war jedoch der liberale Kandidat Bronisław Komorowski, der solide, wenngleich unspektakuläre Parlamentspräsident; er war im Einklang mit der Verfassung nach dem Flugzeugabsturz bereits geschäftsführend Staatspräsident gewesen. So begann die Doppelherrschaft der liberalen Bürgerplattform, die neben Regierungschef Donald Tusk jetzt auch das Staatsoberhaupt stellte (vgl. S. 218ff.).

Für Kaczyńskis PiS dagegen ging die Durststrecke weiter, jetzt auch verbunden mit Streit im eigenen Lager. Die gute Wirtschaftslage Polens auf dem Hintergrund des krisengeschüttelten Europas spielte der Regierung in die Hände. So wurde 2011 die amtierende Regierung Tusk mit 39,2 Prozent der Stimmen nach vier Jahren wiedergewählt. Die Bestätigung einer Regierung im Amt – so etwas hatte es in Polen seit der Wende überhaupt noch nicht gegeben.

Die Lage für die PiS besserte sich erst mit der Abhöraffäre vom Juni 2014: In drei Warschauer Restaurants hatten Kellner Aufnahmegeräte installiert und 700 Stunden lang die unbekümmerten Plaudereien von Ministern und höchsten Beamten mitgeschnitten. Jetzt druckte das Magazin *Wprost* die peinlichsten Auszüge, die auf einige unsaubere Kungeleien und rechtswidrige Aktionen im Staat hindeuteten. Zwar war der Inhalt der Tonbänder, verglichen mit manchen anderen Affären dieser Welt, nicht allzu gravierend. Doch der Skandal hielt das Land in Atem; Donald Tusk sagte im Parlament, der Plan zu der Abhöraktion sei vermutlich »in kyrillischer Schrift« (also auf Russisch) geschrieben worden, um das Land zu destabilisieren. Ein umstrittener Geschäftsmann, der das Ganze in Auftrag gegeben hatte, wurde ein Jahr später zu zweieinhalb Jahren Haft ohne Bewährung verurteilt, drei Kellner erhielten Bewährungs- und Geldstrafen.

## Nationalkonservative Wende

Tusk schied im September 2014 aus dem Amt, um bald darauf Präsident des Europäischen Rates zu werden. Seine Nachfolgerin Ewa Kopacz setzte durch, dass mehrere der von den Kellnern abgehörten Minister und Vizeminister, darunter Außenminister Sikorski, ihre Posten aufgaben, damit die Partei personell unbelastet in die zwei Wahlkämpfe des Jahres 2015 gehen konnte. Aber es half nicht viel. Noch einmal, wie fünf Jahre zuvor, gab sich Parteichef Kaczyński vor einer Wahl moderat und schickte die relativ jungen, gemäßigt wirkenden Kandidaten Andrzej Duda und Beata Szydło vor. Duda gewann nach einem engagierten Wahlkampf im Mai mit 51,5 Prozent die Stichwahl um das Präsidentenamt gegen den liberalen Amtsinhaber Komorowski. Die meisten Stimmen erhielt er von den Wählern unter dreißig, ein klares Signal, dass gerade die jungen Polen sich verstärkt nach rechts orientierten. Eine langfristig angelegte Untersuchung ergab damals, dass sich mit 33 Prozent der Befragten noch nie seit 1989 so viele Jungwähler als »rechts« und noch nie so wenige als »links« (9%) bezeichnet hatten.[5]

Was waren die Gründe für diese Umorientierung? Die Wirtschaftslage war gut, die Arbeitslosigkeit auf einem Tiefstand. Doch die Fehlleistungen der in acht Jahren an der Macht erschlafften Bürgerplattform wirkten schwer. Das seit 1989 gepredigte und praktizierte Gürtel-eng-Schnallen, die im EU-Vergleich besonders hohe Zahl befristeter Arbeitsverträge und prekärer Arbeitsverhältnisse, das überbelastete und unterfinanzierte staatliche Gesundheitswesen, neben dem eine zweite, private medizinische Versorgung entstanden war, all das schuf auch Unmut. Dass Polen nach Jahrzehnten schmerzhafter Reformen gerade mal das Pro-Kopf-Einkommen des europäischen Sorgenkindes Griechenland überrundet hatte, sorgte nicht gerade für Begeisterung. Viele Polen erwarteten mehr. So fanden die Versprechen der PiS, »polnische Interessen« offensiver zu vertreten und polnische Firmen gegenüber der ausländischen Konkurrenz gezielt zu fördern, Anklang. Im Wahljahr 2015 lösten außerdem zwei Entwicklungen im Ausland neue Besorgnisse aus: das aggressive Vorgehen Russlands in der Ostukraine und auf der Krim, das einen neuen Ost-West-Konflikt entstehen ließ, und die Flüchtlingskrise, die erst den Süden Europas traf und schließlich in der deutschen Grenzöffnung und der Forderung nach Umverteilung der Neuankömmlinge gipfelte. Beides spielte der PiS in die Hände: Abermals schien eine stärker »nationale« Politik, die darum bemüht war, die eigene Sicherheit zu stärken und sich ansonsten aus beiden Entwicklungen möglichst »herauszuhalten«, ein populärer Weg zu sein.

Im Oktober 2015 setzte der Trend vom Frühjahr sich jedenfalls fort: Auch bei den Parlamentswahlen siegte die PiS. Für polnische Verhältnisse bedeuteten ihre 37,6 Prozent (bei – wie üblich – nur 50,9 Prozent Wahlbeteiligung) einen hohen Sieg. Weit abgeschlagen landete die Bürgerplattform, die doch gerade über sensationelle acht Jahre regiert hatte, mit 24,1 Prozent. Auf den

Plätzen drei und vier tauchten ganz neue Kräfte auf: zunächst eine von dem Rocksänger Pawel Kukiz zusammengetrommelte Truppe aus Populisten und Rechtsextremisten, die in vielen Fragen PiS-nah auftraten (»Kukiz'15«, 8,8%); danach die links-liberale Partei »Die Moderne« unter dem früheren Banker Ryszard Petru, die vor allem unter den bisherigen Wählern der Bürgerplattform wilderte (7,6%). Dass erstmals keine postkommunistische oder dezidiert linke Partei im Parlament vertreten war, bedeutete eine wichtige Zäsur. Zwar stimmten gut elf Prozent der Wähler für diese Kräfte, doch scheiterten sie an der Fünf-Prozent-Hürde für Parteien beziehungsweise der Acht-Prozent-Hürde für Wahlbündnisse. Am Ende ergab die Sitzverteilung im Sejm damit eine absolute Mehrheit für die PiS. Erstmals nach 1989 konnte eine Partei damit allein regieren, auch wenn sie von der verfassungsändernden Zweidrittelmehrheit weit entfernt war.

Seitdem hat die in deutschen Medien zumeist als national-konservativ bezeichnete PiS das Land stark verändert. Ihr wohl wichtigstes Wahlversprechen, die Einführung des »500+«, des Kindergelds, das im Wesentlichen vom zweiten Kind an gezahlt wird, hat sie binnen weniger Monate verwirklicht. Inzwischen ist die im EU-Vergleich sehr niedrige Zahl der Geburten um etwa fünf Prozent gestiegen. Allerdings bringt das auch den Rückzug vieler Frauen aus dem Arbeitsleben mit sich. Inzwischen hat die Regierung damit begonnen, ein weiteres Versprechen einzulösen, »Wohnung+«, ein Programm zum Bau günstiger Wohnungen. Die Erhöhung des Rentenalters wurde nach dem Regierungswechsel rückgängig gemacht – jetzt gelten wieder 60 Jahre für Frauen und 65 für Männer. Die rechte PiS macht somit eine durchaus linke Sozialpolitik.

In der Wirtschaftspolitik gab von Anfang an Mateusz Morawiecki den Ton an, zunächst als Finanz- und Entwicklungsminister, seit Ende 2017 als Ministerpräsident. Kaczyński hat ihn einmal als »unseren Balcerowicz« bezeichnet – also als den zweiten großen Wirtschaftsreformer seit 1989, diesmal einen der politischen Rechten. Der aus Wrocław (Breslau) stammende Morawiecki, Jahrgang 1968, ist im PiS-Lager eine ungewöhnliche Gestalt und ein Quereinsteiger: Sein Vater Kornel (der als Abgeordneter der Kukiz-Fraktion in den Sejm einzog) war in den 1980er-Jahren einer der radikalsten Regimegegner und mehrere Jahre im Untergrund tätig. In dieser Zeit wurde auch Sohn Mateusz, damals Student der Geschichte, von der Miliz auf schlimmste Weise schikaniert und bei Festnahmen körperlich und psychisch misshandelt: Zum Beispiel fuhren die Milizionäre ihn in ein Waldgebiet und forderten ihn dort auf, sein eigenes Grab zu schaufeln. Auf diesem Hintergrund wird eher verständlich, warum Vater und Sohn Kritiker der Kompromisslösungen am Runden Tisch waren und bis heute sind.

Nach der Wende studierte der junge Morawiecki Wirtschaft, absolvierte Aufenthalte an Universitäten in Hamburg, Basel und den USA, lernte als Praktikant die Bundesbank kennen und arbeitete an der Universität Frankfurt. Darauf folgte eine schnelle Karriere im Finanzsektor – seit 2007 war er Chef der drittgrößten polnischen Bank und beriet nebenbei auch Premier Donald Tusk, seinen heutigen politischen Gegner. Als Minister legte er eine langfristige Strategie vor, die schon jetzt gelegentlich »Morawiecki-Plan« genannt wird: mehr Innovation, Forschungsförderung, Bürokratieabbau; Förderung strukturschwacher Regionen sowie Expansion polnischer Firmen ins Ausland; Stärkung der kapitalgedeckten Altersvorsorge; und anderes mehr. Endergebnis aller Bemühungen soll – nach dem Zusammenbruch vieler Industrien nach 1989 – die »Reindustrialisierung Polens« sein. Den sozialen Aspekt fasste Morawiecki für deutsche Zuhörer mit den Worten zusammen: »Wir bauen eine soziale Marktwirtschaft, wie sie die deutschen Ökonomen Walter Eucken und Alexander Rüstow nach dem Krieg entworfen haben.«[6] Wie der Staatshaushalt das verkraftet und ob die Investoren, darunter auch die ausländischen, irgendwann negativ reagieren werden, war bis 2018 noch nicht abzusehen. Sicher ist nur, dass das Wirtschaftswachstum (2015: 3,8%; 2016: 3,0%; 2017: 4,6%) sich unverändert positiv gestaltet.[7]

Doch es gibt auch eine Kehrseite der Medaille: eine zentralistische Politik mit autoritären Zügen, einen entsprechenden Umgang mit Verfassung und Rechtsstaat, ein rigoroses Vorgehen gegen die bisherigen Eliten, die Verfolgung des Programms einer kulturellen »Revolution« im Zeichen von Moral, Tradition, Christentum. Am Wahlabend im Oktober 2015 hatte PiS-Chef Kaczyński gesagt: »Wir wollen nicht Rache, sondern Gerechtigkeit.« Inwieweit man diesen Satz zum Nennwert nehmen muss, sei dahingestellt. Jedenfalls macht er deutlich, dass das Kaczyński-Lager seinen Sieg als Auftrag verstand, den in der jüngsten Geschichte (angeblich oder tatsächlich) zu kurz Gekommenen stärker zu ihrem Recht, also zur »Gerechtigkeit« zu verhelfen. Das gilt für Polen auf der internationalen Bühne, auch innerhalb der EU, ebenso wie für die polnische Rechte im innenpolitischen Machtgefüge und für den durch Smolensk und andere Ereignisse »geschädigten« Kaczyński als Person.

Nach PiS-Auffassung war schon der Runde Tisch von 1989 ein Bündel fauler Kompromisse, die es den Eliten der kommunistischen Zeit ermöglichten, Besitz und Einfluss von früher in die neue Zeit hinüberzuretten. Dazu hätten sie sich mit dem, vereinfacht gesagt, liberalen Teil des Solidarność-Lagers verbündet. Diese neue Elite, die zum Teil die alte war, habe vieles versäumt: die (auch personelle) Erneuerung der Geheimdienste und der Justiz; Stasi-Überprüfungen und die frühzeitige Öffnung der Stasi-Akten nach deutschem Vorbild (beides gab es, doch wesentlich später); und anderes mehr. Die Kräfte um Kaczyński verstanden sich schon 1992 und 2005/07, als sie kurz an der Macht waren, als Kräfte der »Entkommunisierung«. Jetzt wollen sie das damals Versäumte nachholen. In gewissem Sinne sehen sie sich als die Vollender der friedlichen Revolution von 1989.

So begannen sie den »Elitenwechsel« in ihrem Sinne – als Garantie für den beabsichtigten Politikwechsel – in Angriff zu nehmen. Zunächst wurde im November 2015 die neue Regierung vereidigt. Ministerpräsidentin wurde die aus Oświęcim (Auschwitz) stammende Beata Szydło, die bisher als Bürgermeisterin einer Kleinstadt in ihrer Region, als Abgeordnete, Stellvertreterin des Parteichefs Kaczyński und zuletzt auch als Schatzmeisterin der PiS Erfahrung gesammelt hatte. Kaum war die Regierung im Amt, vollführte die PiS im Sejm – getreu der Devise: Wer die absolute Mehrheit hat, der darf alles – einen Schlag gegen das Verfassungsgericht. Die Vorgängerregierung hatte ein schlechtes Beispiel gegeben und im Parlament noch kurz vor der Wahl Verfassungsrichter »auf Vorrat« gewählt. Jetzt verweigerte Präsident Duda deren Vereidigung, und das Parlament wählte an ihrer Stelle neue Richter, die sofort vereidigt wurden. Darauf urteilte das Verfassungsgericht, gleichsam in eigener Sache: Drei der ursprünglich gewählten Richter seien verfassungsgemäß gewählt und müssten ins Amt eingeführt werden. Daraufhin weigerte sich die Regierung, dieses Urteil pflichtgemäß im Gesetzblatt zu veröffentlichen. So stand monatelang ein Protest-Wohnwagen gegenüber dem Regierungssitz, der auf einem großen Kalender die Tage zählte, die das Urteil bereits auf die Veröffentlichung wartete.

Wenig später beschlossen die Stadträte mehrerer Großstädte, der Rechtsprechung des Verfassungsgerichts auch dann zu folgen, sollten bestimmte Urteile nicht veröffentlicht werden. Zeitweise schien es, als drohe eine Spaltung Polens in zwei Rechtssysteme. Dazu kam es am Ende nicht; Exekutive und Legislative, letztlich also die PiS, saßen gegenüber der Judikative am längeren Hebel. Sie warteten ab, bis die Amtszeit des Gerichtspräsidenten Andrzej Rzepliński im Dezember 2016 abgelaufen war, dann wurde die klar regierungsfreundliche Julia Przyłębska zur neuen Präsidentin bestimmt. Somit war das wichtigste Gericht des Landes auf Regierungslinie gebracht worden.

Unterdessen hatte sich jedoch Protest erhoben. Alle Parteien außer PiS und der populistischen Kukiz'15 erkannten schnell die Gefahr, die von der PiS-Politik ausging, und demonstrierten gemeinsam. Auch die kleinste Kraft im Sejm, die Bauernpartei PSL, schloss sich dem Protest an. Mehrfach gelang es diesen Parteien und anderen Organisationen, etwa in Warschau Zehntausende Demonstranten zu mobilisieren. Als außerparlamentarische Bürgerbewegung bildete sich schnell das »Komitee zur Verteidigung der Demokratie« (KOD). Allerdings stürzte die Bewegung ein Jahr später, als ihr Gründungsvorsitzender Mateusz Kijowski sich seine Dienstleistungen als Informatiker vom KOD teuer bezahlen ließ, in eine tiefe Krise. Kijowski musste sich zurückziehen, und die Organisationsarbeit bei den Protesten fiel großenteils wieder an die mehr oder weniger »etablierten« Parteien.

Das Vorgehen gegen das Verfassungsgericht war jedoch nur der Anfang. Im Laufe des Jahres 2017 brachte die PiS drei wichtige neue Gesetze über die Justiz durch das Parlament. Eines über die allgemeinen Gerichte, das von Präsident Duda auch unterzeichnet wurde, erlaubte dem Justizminister, die Vorsitzenden der Gerichte und ihre Stellvertreter abzuberufen und neue zu ernennen, wovon der Minister auch vielfach sofort Gebrauch machte. Zwei weitere Gesetze handelten vom Obersten Gerichtshof und vom Landesjustizrat (KRS). Am Obersten Gerichtshof – er ist dem Bundesgerichtshof vergleichbar und entscheidet unter anderem über die Gültigkeit einer Parlamentswahl – sollte der Justizminister das Recht erhalten, freihändig zu entscheiden, ob derzeitige Richter in den Ruhestand versetzt werden oder nicht; das hätte unter anderem die regierungskritische Gerichtspräsidentin Małgorzata Gersdorf getroffen. Der KRS hatte als Selbstverwaltungsorgan der Richterschaft bis dahin großen Einfluss auf die Ernennung neuer Richter. Künftig sollten seine Mitglieder, anders als bisher, fast alle vom Parlament mit seiner PiS-Mehrheit bestimmt werden. Kurz, die Regierungspartei versuchte, die genannten Organe an die kurze Leine zu nehmen.[8]

Zur großen Überraschung vieler, auch in der PiS-Führung,

legte Präsident Duda gegen die beiden zuletzt genannten Gesetze sein Veto ein. Zur Begründung berief er sich vor allem auf den Rat einer altgedienten, heute im Grunde PiS-nahen Bürgerrechtlerin, Zofia Romaszewska. Sie habe ihn vor einer Rückkehr zu Verhältnissen wie vor 1989 gewarnt. Duda mahnte, es dürfe infolge der notwendigen Veränderungen im Land nicht zu einer »Trennung von Gesellschaft und Staat« kommen. Eine solche Loslösung des Staates von den Bürgern drohe, »wenn der Staat für sie repressiv wird und wenn sie beginnen, sich vor ihrem Staat zu fürchten«. Das war ein Schuss vor den Bug der Regierung – ausgerechnet aus dem Präsidentenpalast, in dem doch ein »Parteifreund« saß.

Leider hat Duda die Hoffnungen, die er mit seinem Teil-Veto gegen zwei der drei Justizgesetze geweckt hatte, später größtenteils nicht erfüllt. So legte er eigene Gesetzentwürfe vor, die schließlich verabschiedet wurden und den PiS-Vorstellungen (etwa bei der Wahl der KRS-Mitglieder) weit entgegenkamen. Im April 2018 hat der neue KRS seine Arbeit aufgenommen – unter Protesten seiner wenigen regierungskritischen Mitglieder, die beklagten, hier sei ein Verfassungsorgan unter Verletzung der Verfassung vom Justizminister »übernommen« worden. Am Obersten Gerichtshof dagegen zog sich der Konflikt 2018 bis in den Sommer hinein: Das neue Gesetz verlegte die Altersgrenze dieser Richter um fünf (auf 65 Jahre) nach vorne. Doch die Gerichtspräsidentin, deren in der Verfassung festgeschriebene Amtsperiode erst 2020 endet, und ein Teil der Richter weigerten sich, diese Änderung mitten in der laufenden Amtszeit hinzunehmen.

Warum hat sich die PiS derart in die Justiz verbissen? Die Kaczyński-Anhänger behaupten, die Richter seien zu einer unberührbaren »Kaste« geworden, die seit 1989 nicht reformiert worden sei und die Interessen der »kleinen Leute« aus den Augen verloren habe. Wie so oft in der PiS-Argumentation geht das vorhandene Körnchen Wahrheit dabei in einer Woge von Demagogie unter. So nennen PiS-Politiker die Justiz anfällig für »auswärtige« Einflüsse (etwa aus der EU) und »eine Hochburg des Postkommunismus« – ein Schimpfwort, das sie gern auf alle Teile der Gesellschaft anwenden außer auf sich selbst. Der wahre Grund für ihr Vorgehen liegt tiefer: Kaczyński selbst kritisierte den »Impossibilismus«, diese vielen Gesetze und Regeln, die es unmöglich machten, straff durchzuregieren. Schon der Jurastudent und Doktorand Kaczyński hatte in Zeiten der Diktatur gelernt, dass der politische Wille höher rangierte als der Buchstabe des Gesetzes.

Dabei sehen viele Experten durchaus Reformbedarf in diesem Bereich. »Aber die Justiz sanieren zu wollen, indem man ihr in einer finsteren Gasse die Zähne einschlägt, dieses Konzept ist jenseits aller Diskussion«, gab der Politologe Jarosław Flis zu bedenken. Außerdem wurden die neuen, umstrittenen Gesetze oftmals nach der kürzestmöglichen Debatte in Sejm und Öffentlichkeit durch das Parlament gepeitscht, was immer wieder zu inzwischen legendären Nachtsitzungen des hohen Hauses führte. Dass dieses Vorgehen die politische Kultur verändert und die gute Regierungsführung nachhaltig beschädigt hat, steht außer Frage.

Ein ähnlich rabiates Vorgehen war auch auf anderen Feldern zu beobachten. Um die öffentlich-rechtlichen Medien (Fernsehen und Hörfunk) besser kontrollieren zu können, wurde ein neues Gremium gebildet und mit dem derzeitigen Lieblingsadjektiv »national« versehen: der »Rat der Nationalen Medien«, der seitdem die Chefs der Sender ernennt. Gewiss hat es auch früher Einfluss im Sinne der jeweiligen Regierungsmehrheit auf diese Medien gegeben, aber unter der PiS erreichte diese Beeinflussung eine neue Qualität. Schon innerhalb weniger Wochen nach Verabschiedung des ersten Mediengesetzes Ende 2015 kündigten 60 zum Teil sehr bekannte Journalisten oder wurden entlassen. Vor allem die Kanäle des Fernsehens TVP sind seitdem in hohem Maße zu Waffen im parteipolitischen Kampf geworden.

Als etwa US-Präsident Obama, der anlässlich des Nato-Gipfels 2016 in Warschau war, vorsichtig an die Bedeutung der Rechtsstaatlichkeit für Polens Demokratie erinnerte, ignorierte die TVP seine Aussage einfach.[9]

Immerhin gibt es in Polen nach wie vor private Medien, darunter die großen Senderfamilien TVN (von Polen gegründet, jetzt in US-Besitz) und Polsat (polnisch), die in polnischem Besitz befindlichen Tageszeitungen *Gazeta Wyborcza* (liberal bis links) und *Rzeczpospolita* (konservativ, aber oft regierungskritisch), Zeitungen und Magazine im (Teil-)Besitz des Verlages Axel Springer und viele andere mehr. Bei Fernsehen und Hörfunk sind die »Privaten« an Reichweite und Ansehen den Öffentlich-Rechtlichen ebenbürtig. Daneben gibt es nichtstaatliche Medien unterschiedlicher Couleur, die sich in erster Linie als katholisch verstehen. Dazu zählt die national-katholische, PiS-nahe Medienfamilie um »Telewizja Trwam« und »Radio Maryja«, die der Ordenspriester Tadeusz Rydzyk in der Stadt Thorn aufgebaut hat und die vor einigen Jahren wegen antisemitischer Töne in ihren moderierten Sendungen mit Hörerbeteiligung Schlagzeilen machte. Auf der anderen Seite steht das Magazin *Tygodnik Powszechny*, das sich als liberal-katholische Alternative versteht und in jüngster Zeit stark an Auflage gewonnen hat.

Das ausländische Kapital war der PiS vor allem zu Anfang ihrer Regierungszeit ein Dorn im Auge, nicht nur sofern es die Medien betraf. Schließlich haben die vielen Milliarden Euro ausländischer Direktinvestitionen Polens Wirtschaft zwar modernisiert und zur Konkurrenzfähigkeit beigetragen, aber eben auch »ausländische Akteure« ins Land gebracht. Dazu kamen die negativen Begleiterscheinungen der Globalisierung: rabiate Rationalisierung mit dem Ziel der Profitmaximierung und die Zurückdrängung der Gewerkschaften. So wurde eine umgangssprachlich »Bankensteuer« genannte Abgabe von etwa 0,44 Prozent der Vermögenswerte für größere Finanzinstitute eingeführt, die nach Lage der Dinge zahlreiche Tochtergesellschaften ausländischer Banken traf (aber nicht nur diese). Für Medien in ausländischem Besitz wurde frühzeitig eine »Repolonisierung« angekündigt, doch bis Mitte 2018 nicht verwirklicht. Regierungskritische Printmedien, insbesondere die *Gazeta Wyborcza*, litten zudem sehr unter dem Entzug von Anzeigen, die staatsnahe Unternehmen früher bei ihnen geschaltet hatten, was auch zu Entlassungen führte.

Vor allem die weitgehende Unterordnung der Justiz unter Exekutive und Legislative, mit anderen Worten: der Umgang mit der Gewaltenteilung, riefen bald nach dem Regierungswechsel internationale Institutionen und die Partner Polens in EU und Nato auf den Plan. Die Venedig-Kommission des Europarats, welche Gefährdungen des Rechtsstaats untersucht, bewertete die Lage als kritisch. Das US-Außenministerium äußerte »Besorgnis«, während deutsche Politiker sich stark zurückhielten, weil sie vermuteten, dass Kritik aus Deutschland in Polen eher zu einer Verhärtung führen werde. Umso deutlicher wurde die EU-Kommission, insbesondere ihr Vizepräsident Frans Timmermans. Die Kommission eröffnete im Juli 2017 nach längerem diplomatischen Pingpongspiel ein Verfahren zur Überprüfung der Rechtsstaatlichkeit gegen Polen.

Nach Auffassung der Kommission verletzten die drei Justizgesetze Artikel 10 der polnischen Verfassung, wonach das System der Republik Polen sich auf die Gewaltenteilung in Legislative, Exekutive und Judikative gründet. Am Ende dieses 2014 eingeführten und drei Jahre später gegen Polen erstmals angewandten Verfahrens könnten Sanktionen gegen Warschau stehen, bis hin zum Entzug des Stimmrechts. Allerdings steht Brüssel vor der Schwierigkeit, dass solche Sanktionen in der EU einstimmig beschlossen werden müssen. Ungarn unter Premier Viktor Orbán, einem Gleichgesinnten und Verbündeten Kaczyńskis, hat mehrfach angekündigt, dass es einen solchen Beschluss blockieren werde. Eine weitere mögliche Strafmaßnahme gegen Warschau als Reaktion auf die Gefährdung der Rechtsstaatlichkeit durch die polnische Regierung scheint, wie sich 2018 abzeichnete, die Kürzung von EU-Mitteln zu sein. Interessanterweise hat Morawiecki, 2017 noch Minister, auf einem PiS-Parteitag gesagt, seine Regierung habe derart hohe Steuermehreinnahmen erzielt, dass sie auf EU-Gelder nicht unbedingt angewiesen sei. In der Tat flossen durch die Abdichtung von Schlupflöchern insbesondere bei der Mehrwertsteuer in einem Jahr umgerechnet etwa zehn Milliarden Euro zusätzlich in den Haushalt – etwa in dieser Größenordnung bewegen sich auch die Nettozahlungen der EU an Polen.

In der Außen- und Verteidigungspolitik waren die Veränderungen seit dem Regierungswechsel 2015 nicht ganz so revolutionär, wie der politische und mediale Lärm vielleicht glauben macht. Auf diesen Politikfeldern herrschte ja seit 1989 – und mindestens bis 2015 – ein überparteilicher Konsens über die Hauptziele. Einen »Polexit«, wie ein Austritt Polens aus der EU inzwischen genannt wird, strebt auch die PiS nicht an, von einem Nato-Austritt und einer Anlehnung an Russland ganz zu schweigen. Es gibt in Polen keine auch nur halbwegs bedeutende Kraft, die für einen Austritt aus diesen Strukturen wäre. Und in der Bevölkerung hat die EU-Mitgliedschaft in letzter Zeit die höchste Beliebtheit aller Zeiten erreicht, nämlich fast 90 Prozent (dieser Trend setzte 2014 ein, mit dem Krieg in der Ostukraine). Dass zugleich die Zustimmung zu einem Beitritt zur Eurozone auf einen historischen Tiefstand gesunken ist (auf etwa 20%), steht dazu nur scheinbar im Widerspruch. Die EU als Grundkonzept, gerne auch in der früheren Ausgabe als »Europa der Vaterländer«, ist beliebt, die Skepsis dagegen richtet sich auf relativ neue Dinge, die man als Zusatzprojekte bezeichnen könnte: von der Gemeinschaftswährung bis zur verpflichtenden Umverteilung von Migranten. Also im Prinzip ein Ja zur Europäischen Union – aber natürlich, wie an allen Fronten, unter starker Betonung der »nationalen Interessen«.

In diesem Sinne setzte die PiS-Regierung »nationale« Akzente, zum Beispiel beim Thema Verteidigung. Schon früh ließ sie den seit Jahren vorbereiteten und fast beschlossenen Kauf von Airbus-Hubschraubern für die polnische Luftwaffe platzen. Das führte zu einer schweren Belastung der polnisch-französischen Beziehungen, die Absage eines Gipfeltreffens eingeschlossen. Der Hauptgrund dafür war offenbar die Rücksicht auf Arbeitsplätze bei anderen (ausländischen) Rüstungsunternehmen an ihren Standorten in Polen und das Wahlkampfversprechen, diese Arbeitsplätze zu sichern. Der selbstherrliche Verteidigungsminister Antoni Macierewicz (bis Januar 2018 im Amt) ließ sich bei vielen seiner umstrittenen Entscheidungen nicht in die Karten schauen und weckte damit zusätzlich Misstrauen. Das gilt auch für den bereits begonnenen Aufbau zusätzlicher bewaffneter Einheiten, nämlich einer Territorialverteidigung, die im Falle eines – mutmaßlich russischen – Angriffs heimatnah und auch hinter der Front kämpfen soll. Kritiker sehen darin eine »Armee der PiS«, die sich auch auf private Schützenverbände und teils rechte Bürgerwehren stützt. Allerdings hatte schon die Vorgängerregierung begonnen, die Bürgerwehren, die im Zuge der Ukraine-Krise viel Zulauf bekommen hatten, stärker an den Staat zu binden.

Die Solidarität im Bündnis ist Polen wichtig. Nachdem das Land sich zuvor an vielen militärischen Missionen im Ausland beteiligt hatte, wurde es jetzt zum Nutznießer der Solidarität der Partner: Im Jahr 2016 beschloss die Nato unter maßgeblicher Mitwirkung von Präsident Obama und Bundeskanzlerin Merkel, die Verlegung von jeweils etwa 1000 Soldaten des Bündnisses nach Polen und in die drei baltischen Staaten (»Enhanced forward presence«). Für Polen stellten die Amerikaner bilateral ein weiteres Kontingent ab. Der neue Präsident Donald Trump, der zumindest am Anfang geradezu als Kritiker der Nato auftrat, hat an diesem Kurs zumindest bis zum Sommer 2018 nichts geändert. Mehr noch: Seine bisher wichtigste Rede in Europa hielt er

2017 in der polnischen Hauptstadt, vor dem Denkmal des Warschauer Aufstands. Er beschwor darin die Bedeutung des polnischen Willens, die Freiheit und die eigenen Werte zu verteidigen, und tat dies in einem Ton, der nahelegte, dass Kaczyński und er Brüder im Geiste seien.[10]

Dagegen ist zwischen der regierenden PiS und den dominierenden Kräften in den »alten« EU-Ländern eindeutig eine Entfremdung eingetreten. Zum Katalysator dieser Entwicklung wurde die Flüchtlingskrise, die sich seit Herbst 2015 entfaltete. Polens vorherige, liberale Regierung war damals in den letzten Wochen vor den Wahlen – gegen die Stimmung im Land und auch gegen ihre ursprüngliche Linie – überraschend auf den Merkel-Kurs eingeschwenkt und hatte zugesagt, in Polen einige tausend Flüchtlinge aufzunehmen. Die PiS-Regierung dagegen schob die Verwirklichung dieser Zusage auf eine immer längere Bank und kippte sie am Ende; als Rechtfertigung dienten ihr die islamistischen Attentate in Westeuropa. Zwar hilft Polen personell und finanziell sowohl bei der europäischen Grenzsicherung als auch bei der humanitären Arbeit zugunsten der Flüchtlinge vor Ort im Nahen Osten, doch in Polen selbst torpedierte die Regierung sogar eine Initiative der katholischen Bischöfe, für einige wenige Kriegsverletzte aus Syrien einen »humanitären Korridor« zu errichten und sie in Polen zu pflegen. Für diese strikte Abschottung gegenüber Menschen aus islamischen Ländern und für den Widerstand gegen die EU-Quotenregelung zur Flüchtlingsverteilung wurde zur Begründung angeführt, diese Menschen kämen aus einem anderen Kulturkreis und würden bei der Integration erhebliche Schwierigkeiten haben; im Übrigen würden viele von ihnen – wofür es in der Praxis tatsächlich Anhaltspunkte gab – schnell in Länder mit höheren Sozialleistungen weiterreisen. Außerdem stehe die polnische Bevölkerung ihrer Aufnahme ablehnend gegenüber.

Da war es fast schon konsequent, dass Polen Arbeitsmigranten aus der krisengeschüttelten Ukraine in großer Zahl willkommen hieß. Seit Jahren sind die Ukrainer, der Prägung nach christlich, teils griechisch-katholisch, teils orthodox, die mit Abstand größte Ausländergruppe im Land. Inzwischen sind es, je nach Zählweise, zwischen einer und zwei Millionen. Für die Ukrainer ist Polen der »nahe Westen«, ein Land mit Stabilität und etwas Wohlstand. Manche von ihnen kaufen dort Wohnungen und wollen offenbar für lange bleiben. Ihre Arbeitskraft wird gebraucht, ob es sich um Putzfrauen und Altenpfleger, Verkäuferinnen, Bauarbeiter oder auch gefragte Fachkräfte handelt.

Wie es mit der PiS-Regierung weitergeht, ist schwer zu abzuschätzen. Einerseits war und ist die nationalkonservative Partei offenbar bereit, zusätzlich zu den bestehenden Fronten im politischen Streit noch weitere zu eröffnen. Eine heftig umkämpfte Front tat sich im Herbst 2016 im Streit um die Abtreibungsgesetzgebung auf. Bislang gilt die Regelung von 1993, wonach Abtreibung nur in seltenen Fällen erlaubt ist, bei einer wahrscheinlichen, unheilbaren Erkrankung oder Behinderung des Kindes, nach einer Vergewaltigung oder bei Gefahr für die Gesundheit der Schwangeren. Radikale katholische Gruppen machten zuletzt von dem Recht Gebrauch, mit der Sammlung von mindestens 100 000 Unterschriften einen »Bürger-Gesetzentwurf« im Parlament einzubringen. Mit ihm sollte die Abtreibung fast völlig verboten werden. Daraufhin gingen in ganz Polen Zehntausende Menschen, hauptsächlich schwarz gekleidete Frauen, auf die Straße. Da gerade schlechtes Wetter herrschte, wurden der Regenschirm und die Farbe schwarz zum Symbol dieser Proteste. Die PiS war beeindruckt und stoppte die Gesetzesinitiative.

Andererseits gab es in jüngster Zeit auch deutliche Versuche, die entstandenen Konflikte, etwa mit der EU-Kommission und mit manchen Partnern in der EU, abzumildern. Um die Jahreswende 2017/18 kam es zu einer großen Regierungsumbildung, in deren Rahmen der frühere Banker und politische Quereinsteiger Mateusz Morawiecki Ministerpräsident wurde. Die Minister Witold Waszczykowski (Äußeres), Antoni Macierewicz (Verteidigung) und einige weitere wurden entlassen und in manchen Ministerien wichtige Positionen neu besetzt. Damit waren die wichtigsten »Falken« des Kaczyński-Lagers – mit Ausnahme des Justizministers Ziobro – entmachtet.

Dafür tauchten einige neue Gesichter auf, zum Beispiel das von Jacek Czaputowicz, dem neuen Außenminister, der als junger Mann vor 1989 einer der »Chefdiplomaten« der Bürgerrechtsbewegung gewesen war. Wie der Regierungschef ist er kein Urgestein der Partei. Eine seiner freundlichen Botschaften gleich zu Beginn betraf Deutschland und das Thema der Kriegsreparationen, das die PiS monatelang am Kochen hielt. Czaputowicz verkündete vor seinem ersten Besuch in Berlin, man müsse dieses Thema niedriger hängen und allgemein mehr miteinander reden als einander – womöglich über die Medien – beschimpfen.

All das könnte dafür sprechen, dass die PiS-Herrschaft nach der Halbzeit, also nach zwei Jahren, in eine zweite, »technokratische« Phase eingetreten ist. Die umstrittenen Maßnahmen, auf die es Kaczyński ankam, sind großenteils durchgesetzt. Die Opposition in ihren verschiedenen Facetten ist nach wie vor in der Defensive und erholt sich nur langsam von der Wahlniederlage des Jahres 2015. Allerdings wird die PiS von einmal eroberten Positionen wohl kaum zurückweichen. Das gilt auch und gerade für die Veränderungen in der Justiz. Als Frankreichs Präsident Emmanuel Macron den neuen Regierungschef auf die umstrittenen Veränderungen im polnischen Gerichtswesen ansprach, konterte Morawiecki geschickt, Frankreich habe ja nach 1945, nach dem Ende des mit dem Dritten Reich kollaborierenden Vichy-Regimes, auch seine Justiz säubern müssen. Das Beispiel zeigt: Zumindest könnte es der Regierung Morawiecki gelingen, ihre Positionen besser zu verkaufen, als es beim vorangegangenen Kabinett von Beata Szydło der Fall war.

Wie auch immer das Ringen zwischen Warschau und Brüssel

ausgehen wird, die entscheidenden Schlachten um die Zukunft Polens werden wahrscheinlich an der Weichsel geschlagen werden. Für die Opposition hat Władysław Frasyniuk, einer der Helden des Solidarność-Widerstands, diese Einsicht als Redner auf dem Höhepunkt der Demonstrationen gegen die Justizreform in Worte gefasst, die ebenso treffend wie taktisch klug waren: »Das Schicksal Polens wird nicht in internationalen Institutionen entschieden. Es wird von unserer Entschlossenheit und von unserem Widerstand abhängen, ob wir siegen oder nicht.«

# Der Große Vorsitzende
# und sein Bruder

Nach einem schrecklichen halben Jahrhundert, der Zeit von 1939 bis 1989, hatte Polen als erstes Land den Betondeckel, der auf dem Ostblock ruhte, gesprengt. In den folgenden 25 Jahren hatte es eine Umgestaltung ins Werk gesetzt, für die es von seinen Nachbarn in Ost und West von Jahr zu Jahr mehr bewundert wurde. Eine Fundamentalopposition gegen diesen »alternativlosen« Kurs schien unbegründet und aussichtslos. Die Partei »Recht und Gerechtigkeit«, die diese Rolle zu spielen versuchte, zeigte nach der verlorenen Parlamentswahl 2007 Auflösungserscheinungen. Bis sie 2015 mit einem Doppelschlag zwei Wahlen gewann und Polen auf den Kopf stellte oder, wie ihre Anhänger meinen, vom Kopf auf die Füße. Ihre Politik vollzog sie über lange Zeit – Stand Sommer 2018 – bei fast gleichbleibender Beliebtheit. Mit nur einer Amtsperiode wird sich die PiS nicht zufrieden geben, ihr Anspruch geht, wie auch offen gesagt wird, auf mindestens zwei oder drei Legislaturen. Ein Sieg bei der nächsten Parlamentswahl im Herbst 2019 ist wahrscheinlich.

Der bisherige Erfolg ist ein Erfolg des PiS-Vorsitzenden Jarosław Kaczyński. Er bezeichnet sich gelegentlich ironisch als »einfachen Abgeordneten« ohne Regierungsamt, aber in Wahrheit ist er der große Regisseur hinter der politischen Bühne. Wie hat Kaczyński das geschafft, wie macht er das? Wer ist dieser Mann, der Polen vom »europäischen Land der Freiheit« (so Bundespräsident Joachim Gauck 2012 in Warschau) zumindest in den Augen der liberalen Eliten zu einem Sorgenkind gemacht hat?[1]

Vorab: In turbulenter Zeit, Anfang 1919, hielt der Soziologe

Max Weber seinen berühmten Vortrag »Politik als Beruf«.[2] Mit »Beruf« meinte er Berufung. Weber unterschied drei »Legitimitätsgründe einer Herrschaft«. Neben die »traditionale« und die »legale« Herrschaft stellte er die »charismatische«. Hierbei gehe es um »die Autorität der außeralltäglichen persönlichen *Gnadengabe* (Charisma), die ganz persönliche Hingabe und das persönliche Vertrauen zu Offenbarungen, Heldentum oder anderen Führereigenschaften eines einzelnen«. Nicht »Sitte oder Satzung« begründe seine Stellung, sondern der »Glaube« seiner Anhängerschaft an ihn. Weber nennt Beispiele von Politikern aus demokratischen Staaten – den USA und Großbritannien – und kommt zu folgendem Schluss: Entweder gebe es eine »Führerdemokratie mit ›Maschine‹ [gemeint ist eine ›blind‹ gehorchende Parteimaschine] oder führerlose Demokratie, das heißt: die Herrschaft der ›Berufspolitiker‹ ohne Beruf, ohne die inneren, charismatischen Qualitäten, die eben zum Führer machen«.

Kaczyński nennen manche seiner Mitstreiter heute – wie vor hundert Jahren Marschall Piłsudski – den »naczelnik« (Oberhaupt, Chef). Verfügt er über eine solche »Parteimaschine«? Offenbar. Dann müsste er auch so etwas wie Charisma haben. Zweifellos besitzt er – zumindest gilt das für die Zeit seit den zwei siegreichen Wahlkämpfen von 2015 –große analytische und strategische Fähigkeiten. Aber Charisma im landläufigen Sinne? Kaczyński ist ein Mann von kleinem Wuchs (angeblich 1,67 m), nicht besonders gut aussehend, und über seine Qualitäten als Redner gehen die Meinungen auseinander. Ohnehin sind seine Reden zumeist Kampf- und Mobilisierungsreden, mit denen er sich vor allem an seine Stammwählerschaft wendet. Darum, die Unentschlossenen oder gar seine Gegner zu überzeugen, geht es ihm kaum. »Gegner zu überzeugen« gilt im zutiefst polarisierten Polen heute ohnehin als unmöglich oder überflüssig. Selbst im persönlichen Gespräch tritt bei Jarosław Kaczyński – ähnlich wie bei seinem verstorbenen Bruder Lech – ein Zug der Rechthaberei hervor (polnisch: »besserwisserstwo«).

Umso bemerkenswerter ist, dass auch manche unabhängigen und kritischen Geister Jarosław Kaczyński heute als faszinierende Gestalt bezeichnen oder als den wirkungsmächtigsten, ja sogar »größten« Politiker Polens seit 1989. (Wirkt auch hier das Charisma? Oder hilft hier Jacob Burckhardts Analyse der »historischen Größe« weiter? »Die wirkliche Größe ist ein Mysterium«, lesen wir in seinen *Weltgeschichtlichen Betrachtungen*.) Vom »größten Politiker« spricht der Journalist Michał Krzymowski im Vorwort zu seiner Ende 2015 erschienenen Biografie des Parteichefs. Die Soziologin Jadwiga Staniszkis behauptet, er sei vermutlich »der intelligenteste Politiker« des Landes. Der einstige Politiker Aleksander Hall bescheinigt Kaczyński immerhin »eine ganz außerordentliche Persönlichkeit«, auch wenn er anschließend sein »anderes, düsteres Gesicht« beschreibt und vor den Folgen seiner Politik eindringlich warnt.[3]

Wie dem auch sei: Der Vorsitzende der Partei mit dem biblischen Namen »Recht und Gerechtigkeit« (PiS) ist heute offensichtlich der einflussreichste Bürger Polens. Niemand zweifelt daran, dass er es war, der 2015 Andrzej Duda für das Amt des Staatspräsidenten und Beata Szydło als Ministerpräsidentin auswählte. Und er war es auch, der im Dezember 2017 entschied, dass Mateusz Morawiecki dieses Amt übernehmen solle. Die Mehrheit der Beobachter in Polen war sich bisher auch einig, dass der »prezes« (gesprochen fast wie das verwandte deutsche Wort *Präses*) alle wichtigen inhaltlichen und personellen Entscheidungen im Regierungslager selbst absegnen muss. Auch wenn er selbst in (gespielter?) Bescheidenheit seine eigene Bedeutung bagatellisiert. Kritiker werfen der Regierung und dem Präsidenten vor, damit auf intransparente Weise von einem Machtorgan jenseits des Verfassungsrahmens abhängig zu sein, das über seine Aktivitäten keinerlei Rechenschaft ablegen muss.

Ist Kaczyński also so etwas wie der »Citizen Kane« der Republik Polen? Wird er, dem Filmhelden gleich, nach seinem Aufstieg auch einen tiefen Fall erleben? Der Vergleich mit Orson Welles'

Figur des Medienmoguls hinkt an vielen Stellen. So strebt Kaczyński – das räumen auch seine Kritiker ein – nicht nach persönlichem Reichtum. Er will vielmehr sein Land (und dessen Stellung in der Welt) radikal verändern. Er will die Herrschaft über die Seelen, die kulturelle Hegemonie. Deswegen strebt er nach Macht nicht um der bloßen Macht willen, wie man es hier und da in deutschen Medien lesen konnte. Auf diesem Weg ist er, das Stehaufmännchen der Dritten Republik, erstaunlich weit gekommen. Außerdem ist er ein Mann, dessen persönliche Eigenschaften seinem politischen Verhalten überaus deutlich ihren Stempel aufdrücken. Da lohnt es, selbst seine persönlichen Traumata und seine Kindheit näher zu betrachten.

## Die Anfänge der Zwillinge

Kaum jemand beschrieb die Kaczyński-Brüder treffender als eine Schulkameradin der beiden aus dem Warschauer Stadtteil Żoliborz, die vor einigen Jahren über den Schulalltag der Zwillinge berichtete: »Sie zogen beide schmollend und Arm in Arm den Korridor entlang und nahmen den Rest der Welt kaum wahr. So sind sie bis heute.« Geboren wurden die Brüder 1949 in Warschau, einer Stadt, die wenige Jahre zuvor, durch Krieg, Besatzungsterror und Holocaust, etwa so viele Einwohner verloren hatte wie ganz Frankreich. Rajmund Kaczyński, der Vater, hatte im Warschauer Aufstand gekämpft. Als er damals verletzt wurde, pflegte ihn eine Sanitäterin. Rajmund Kaczyński wurde im besetzten Polen in ein Durchgangslager verbracht. Bald gelang es ihm, auf einem Pferdewagen, unter den Leichen toter Kameraden versteckt, aus dem Lager zu fliehen. (Der Neffe der Sanitäterin, Bronisław Komorowski, sollte 2010 Staatspräsident, Gegner und direkter Konkurrent Jarosław Kaczyńskis werden.)

Jarosławs Verhältnis zum Vater war, soweit bekannt, recht kühl. Umso inniger war sein Verhältnis zur Mutter. Jadwiga Kaczyńska genoss seitens der Söhne große Verehrung. Während der mitten im Leben stehende Lech verheiratet und Vater einer Tochter war, blieb Jarosław unverheiratet, was seine Bindung an die Mutter sicher noch verstärkt hat. Jarosław wohnte bis zum Tod der Mutter 2013 mit ihr in einem Haus. Dort, im gerade bei Intellektuellen beliebten Warschauer Viertel Żoliborz, wohnt Kaczyński bis heute.

Ein erster gemeinsamer Erfolg der beiden Brüder waren 1962 ihre Hauptrollen in dem Film *Die zwei Monddiebe*. Der Film, der im Ausland unter anderem in der DDR gezeigt wurde, handelt von zwei Brüdern, die mit schlechten Eigenschaften in die Welt ziehen, aber am Ende auf den Pfad der Tugend zurückgeführt werden. Als Kinder früh zu Ruhm zu gelangen, das prägt und verdirbt womöglich den Charakter. Wen kann es da wundern, dass die Zwillinge später Arm in Arm in die Politik gingen und den Rest der Welt kaum wahrnahmen?

Im Jahr 1967 bestanden die Brüder in Warschau das Abitur. Die nächsten vier Jahre studierten sie Jura. Von 1971 an arbeitete Lech an der Universität in Danzig, Jarosław als wissenschaftlicher Mitarbeiter zunächst an einem regierungsnahen Warschauer Institut, dann, von 1976 bis 1981, an der Universität Warschau, Zweigstelle Białystok. Nach der Zerschlagung der Solidarność 1981 kam Jarosław für einige Zeit als Bibliothekar in der Universitätsbibliothek in Warschau unter, später war er arbeitslos.

Zu ihrem Glück waren beide Kaczyńskis da schon promoviert. Jarosław hatte seine Arbeit bei dem Warschauer Professor Stanisław Ehrlich geschrieben.[4] Dieser Abkömmling einer jüdischen Bankiersfamilie war ein marxistischer Jurist mit soziologischem Blick und ein – zumindest bis zum Umbruchjahr 1968 – sehr einflussreicher Hochschullehrer, der mit seiner Doktorandenrunde in Cafés oder zu Hause beim Wein sehr offen diskutierte. Ihn interessierten die hintergründigen Mechanismen von Macht und Einfluss in der Gesellschaft; Jarosław dürfte, was diese Perspektive betrifft, einiges von ihm gelernt haben.

Bruder Lech habilitierte sich später noch und wurde außerordentlicher Professor. Schon früh wurde offenbar eine Art Rollenverteilung vorgezeichnet: Es war der gesellige, offenere Lech, der später repräsentative Ämter übernahm. So war er in den Jahren 2000 bis 2001 Justizminister, von 2002 bis 2005 Warschauer Oberbürgermeister und von 2005 bis 2010 Staatspräsident. Dagegen war der zunehmend verschlossene, ungesellige Jarosław später vor allem auf der Parteischiene aktiv, in der »Parteimaschine«, mit anderen Worten, er zog im Hintergrund die Fäden, bestimmte die Strategie, die Richtlinien.

Bei eineiigen Zwillingen ist in der Regel der Erstgeborene der dominante; vieles deutet darauf hin, dass es sich auch im Fall des zuerst geborenen Jarosław so verhielt. Mehrfach hat er seine Abneigung bekundet, Regierungsämter zu übernehmen: »Am liebsten wäre ich der Chef einer starken, sehr einflussreichen, regierenden Partei.«[5] Ein weiterer Unterschied zwischen den Brüdern: Auf manchen Politikfeldern ist Lech mit gemäßigteren, konzilianteren Akzenten aufgefallen als Jarosław. Allerdings ist schwer zu bestimmen, inwieweit dies echte Differenzen waren, oder ob es sich um eine Frage des Stils und – für den Präsidenten Lech Kaczyński – des Amtsverständnisses handelte. Jarosław der Radikale, Lech der Gemäßigte? Seit 2015 hat Polens Opposition mehrfach den verstorbenen Lech gegen Jarosław ins Feld geführt; Lech habe die Bedeutung der Rechtsstaatlichkeit besser verstanden, auch sei er geradezu sozialdemokratisch angehaucht gewesen. Das mag etwas übertrieben wirken. Immerhin sagte aber Jarosław kürzlich selbst, sein Bruder habe der Tradition der polnischen Rechten der Vorkriegszeit, der Nationaldemokraten, mit größerer Reserviertheit gegenübergestanden als er selbst. Vereint habe beide die Verehrung für den aus dem Sozialismus kommenden Staatsmann Józef Piłsudski und der Glaube, selbst »in gewissem Maße ... Fortsetzer seines Denkens« zu sein.[6]

## Aus der Opposition an den Runden Tisch

Im März 1968 nahmen die Brüder in Warschau an den Demonstrationen oppositioneller Studenten teil, die sich gegen Zensur und staatlichen Antisemitismus richteten. Lech bekam dabei auch einen Polizeiknüppel zu spüren. Entscheidend für ihren Werdegang sollten die Jahre 1976/77 werden: Damals schlossen sich die Zwillinge der gerade entstehenden Bürgerrechtsbewegung an, dem KOR (Komitee zur Verteidigung der Arbeiter). Viele Jahre später erzählte Jarosław der für ihre großen Interviews bekannten Journalistin Teresa Torańska eine symbolträchtige Szene aus jener Zeit: Der 28 Jahre alte Jarosław Kaczyński ist erstmals zu einem KOR-Treffen eingeladen. Er nimmt Platz an einem Tisch. Als die älteren und erfahrenen Aktivisten Jacek Kuroń, Jan Józef Lipski und andere den Raum betreten, bieten die Jüngeren ihnen ihre Stühle an. Nicht so Kaczyński: Er verteidigt seinen Stuhl hartnäckig gegen den charismatischen, schon damals legendären Kuroń. Im Interview erklärte er das später so: »Hätte ich nicht die Motivation gehabt, gegen den Kommunismus zu kämpfen, also in der Opposition sein zu müssen, hätte ich sie zum Teufel gejagt, denn diese Herrschaften akzeptierte ich nicht.«[7]

Übersteigertes Selbstbewusstsein? Vermutlich auch das. Früh gab es in der Bewegung allerdings auch inhaltliche Differenzen: Reformsozialisten gegen bürgerlich-national-katholische Kräfte. Sie führten dazu, dass Kaczyński sich 1979 vom KOR, dieser eher »linken« Gruppierung, absetzte und einer eher »rechten«, deutlich antimarxistischen Gruppe um Antoni Macierewicz und die Zeitschrift *Głos* (Die Stimme) anschloss. Macierewicz war seitdem sein vielleicht wichtigster Weggefährte: 1991/92 war er Innenminister, 2006/07 in der ersten PiS-Regierung stellvertretender Verteidigungsminister; beide Male spielte er bei den Versuchen der jeweiligen Regierung, alte (vermeintliche oder tatsächliche) Geheimdienstseilschaften zu zerschlagen, die Schlüsselrolle. Seit 2010 war er der oberste »Aufklärer« der Flugzeugkatastrophe von Smolensk. Von 2015 bis Januar 2018 war er Verteidigungsminister, dann wurde er – überraschend und ohne öffentliche Begründung – im Zuge einer großen Regierungsumbildung von dem neuen Regierungschef Morawiecki entlassen. Die vorausgegangene öffentliche Debatte und Kritik an Macierewicz bezog sich auf engste Mitarbeiter mit unklaren Russland-Verbindungen sowie auf fragwürdige Entscheidungen als Minister. Seit 2013 ist er ferner einer der Vize-Vorsitzenden der PiS. Spekulationen besagen allerdings auch, dass Macierewicz im Falle eines völligen Bruchs Kaczyński gefährlich werden und mit einer eigenen Partei, die formell die ganze Zeit existierte, die Fünf-Prozent-Hürde überspringen könnte.

Festzuhalten bleibt, dass einige der führenden Politiker Polens, deren Verhalten heute viele in Europa wundert, vor 40 Jahren mutige, risikobereite Aktivisten und Idealisten waren. Aber in manchen Fällen auch dies: auf Politik fixierte, in Politik vernarrte, von Ideen eher getriebene als geleitete Männer, mit denen man damals, wie ein Weggefährte über Jarosław sagte, kaum über etwas anderes reden konnte als über Politik. Hier schließt sich zwangsläufig die Frage nach dem Privatleben Jarosław Kaczyńskis an. Einmal, 2010, bekannte er, in jungen Jahren »emotional engagiert« gewesen zu sein, doch daraus sei nichts geworden. Wer eifrig recherchiert, stößt auf eine Frau, die heute in Warschau Musikprofessorin ist. In den letzten Jahren gab es gelegentlich Spekulationen über eine mögliche Herzdame des Parteichefs. Auch gilt als sicher, dass der alte Junggeselle bei manchen (Partei-)Freundinnen zumindest einen Fürsorgeinstinkt aktiviert. Doch schreibt etwa sein Biograf Michał Krzymowski, der Politiker habe spätestens in den 1990er-Jahren den Weg des »Berufsrevolutionärs« gewählt, im Bewusstsein, dass dieser Weg mit Familienleben nicht zu vereinbaren sei.

Im polnischen Sommer der Freiheit, der 1980/81 im Zeichen der Solidarność 15 Monate dauern sollte, landeten die Kaczyńskis natürlich dort, wo ihre Weggefährten waren: eben in dieser Bewegung, wo sie als Juristen ihre Kenntnisse einbrachten. Die Niederschlagung der Bewegung durch das Kriegsrecht trug Lech zehn Monate Internierungshaft ein, Jarosław blieb dagegen von einer Inhaftierung verschont. In den bitteren 1980er-Jahren spielten beide wichtige Rollen in der illegal tätigen, aber durch die Repressalien stark geschwächten Solidarność. In das Jahr 1989 ging Jarosław Kaczyński in denkbar schlechter Stimmung: »Ich war 40 Jahre alt, ohne Arbeit und ohne Zukunftsperspektive.«[8]

An den Verhandlungen mit den Machthabern am Runden Tisch ab Februar 1989 waren die Kaczyńskis persönlich beteiligt. Hier wurde das Ende des Kommunismus eingeläutet. Damit begann der Übergang von einer oft genug konspirativen Gruppenarbeit, die durch Misstrauen und Abschottung gegen die Geheimpolizei geschützt werden musste, zur »offenen Gesellschaft«, in der (zumindest theoretisch) Transparenz, gegenseitiges Vertrauen und Kompromissbereitschaft herrschten. Es begann eine Phase großer Hoffnungen und hektischer Aktivitäten, womöglich die glücklichste Zeit im Leben des erwachsenen Jarosław Kaczyński. Als Unterhändler im Auftrag des faktischen Oppositionsführers Wałęsa gelang es ihm, nach den »halbfreien« Wahlen vom Juni 1989 die bisherigen Blockparteien ZSL und SD auf die Seite der Solidarność-Kräfte zu ziehen und damit die Wahl des ersten nichtkommunistischen Premiers im Ostblock überhaupt erst möglich zu machen. Kaczyński war entscheidend daran beteiligt, den »Linken« Bronisław Geremek als Kandidaten für dieses Amt zu verhindern und den »Katholiken« Tadeusz Mazowiecki auf den Schild zu heben, der dann auch tatsächlich Regierungschef wurde. In den Jahren 1989/90 war Kaczyński dann als Nachfolger Mazowieckis Chefredakteur der wichtigen Wochenzeitung *Tygodnik Solidarność*. In den Jahren

1990/91 leitete er des Präsidialamt unter dem Staatsoberhaupt Lech Wałęsa. Sein Bruder Lech war als Staatsminister ebenfalls dort beschäftigt. Beide Brüder waren von 1989 bis 1991 außerdem gleichzeitig Senatoren, später dann gleichzeitig Abgeordnete.

Im Oktober 1990, kurz vor der ersten freien Präsidentenwahl, kam es zu einer denkwürdigen Fernsehdebatte. Lech Wałęsa kämpfte gegen Tadeusz Mazowiecki – aber nicht persönlich, sondern über Stellvertreter. Für den Kandidaten Wałęsa erschien Jarosław Kaczyński im Studio – sein erster wirklich massenwirksamer Auftritt. Für Mazowiecki kam Adam Michnik. Kaczyński stellte in der Debatte fest: »Die Wirtschaft wird in Wirklichkeit vom Nomenklatura-Filz gesteuert. Wir müssen ihn zerschlagen.« Michnik erwiderte: »Die Wirtschaft steuert Balcerowicz.« Kaczyński dagegen: »Das scheint Ihnen nur so.« Das ist für Kaczyński bis heute eine zentrale Frage: Lenkten der Wirtschaftsreformer Leszek Balcerowicz und der Staat durch Gesetze und Deregulierung die Geschicke des Landes, oder dominierten im Hintergrund andere, unsichtbare Mechanismen und Seilschaften? So könnte ein wichtiger Glaubenssatz Kaczyńskis lauten: Ich sehe was, was du nicht siehst. Hinter der Fassade von Recht und Gesetz agieren mächtige Kräfte und Interessen, denen wir das Handwerk legen müssen.

Das Fortbestehen und der Einfluss der alten Kräfte als Diagnose, das Zerschlagen dieser Kräfte als Therapie – das ist für die Kaczyńskis und ihr Umfeld der wichtigste Ansatzpunkt. Der »dicke Strich« unter die Vergangenheit, den Premier Mazowiecki 1989 angekündigt hatte, musste dementsprechend kompromisslos bekämpft werden. Dieses Vorgehen – also die Säuberung des Staates von alten und korrupten Seilschaften – wurde ergänzt von der zweiten, ebenfalls bis heute gültigen Richtlinie Kaczyński'scher Politik: dass Wirtschaftsreformen sozial stärker abgefedert werden müssen.[9] Wenn man die Linien »Säuberung« und »Abfederung« weiterzieht, treffen sie sich in einem idealen Punkt: einer gesunden, »gerechten«

Wirtschaft ohne privilegierte Seilschaften, die mehr Wohlstand für alle brächte.

Dieses politische Ziel scheint nachvollziehbar. Dagegen trat bereits 1993 auch ein irrationaler Zug bei Kaczyński zu Tage. Er erklärte die liberalen Reformkräfte – explizit nannte er »das Milieu der Demokratischen Union«, fast direkt zum geistigen Erben der KPP, der winzigen Vorkriegs-KP. Diese sei übrigens von Menschen jüdischer Herkunft dominiert gewesen; doch sei es schädlich und »irreführend«, auf ein solches Phänomen heute »mit Antisemitismus zu reagieren«.[10]

## Die »Bespitzelung der Rechten«

Wer in die Politik geht, braucht, wie gesagt, eine Partei, am besten – im Sinne Max Webers – eine »Maschine«. Im Mai 1990 gründete Jarosław Kaczyński die Partei PC, die Zentrumsallianz. Zunächst unterstützte sie Wałęsa in seinem Bestreben, Staatspräsident zu werden, was bei den Wahlen im Dezember in Erfüllung ging. Kaczyński wurde Chef des Präsidialamts. Doch schon im Oktober 1991 kam es zum Bruch zwischen den beiden. Jetzt begann die tiefe Feindschaft zwischen dem Arbeiterführer und dem Kaczyński-Lager, das bis heute versucht, Wałęsas historische Rolle kleinzureden. Laut Jarosław war kein anderer als der Jurist Lech Kaczyński Wałęsas »Lehrmeister« gewesen.

Bei diesem Bruch spielte neben persönlichen Animositäten eine große Rolle, dass die Kaczyńskis in Wałęsa stets eher den Beschützer der alten Filzstrukturen und in ihm persönlich den »Agenten Bolek«, den Stasi-Informanten, sahen. Dabei sind die Fakten weitgehend unumstritten: Wałęsa hatte sich 1970 in Haft und unter Druck zu einer Zusammenarbeit mit dem SB, der polnischen Staatssicherheit, verpflichtet, konnte sich aber später von dem Geheimdienst lösen. Er hat, was eine Dummheit war, als Staatspräsident nach 1990 offenbar die Spuren dieser Ereignisse zu beseitigen versucht. Und das Wałęsa-Lager hat, was noch dümmer war, in den Jahren 1992 bis 1995, aber vermutlich auch schon vorher, legal tätige Oppositionsparteien vor allem der Rechten, aber auch der Linken, darunter Kaczyńskis PC, überwachen lassen.[11]

War diese sogenannte »Bespitzelung der Rechten« die Ursünde der Dritten Republik? Jarosław Kaczyński meinte später, als sie ans Licht kam, die Watergate-Affäre sei dagegen ein Sandkastenspiel gewesen. Dass der Geheimdienst-Oberst Jan Lesiak, ein ehemaliger Offizier der Staatssicherheit, nach der Wende im Auftrag des Chefs des neuen Geheimdienstes UOP munter weiterspitzelte, war schlimm, vielleicht sogar »ein beispielloser Vorgang in der Geschichte der Dritten Republik Polen«[12]. Seine UOP-Einheit strebte nicht nur danach, das Intimleben Jarosław Kaczyńskis auszukundschaften (ist er homosexuell?), sondern auch, oppositionelle Parteien durch Verbreitung von Gerüchten und andere verdeckte Aktionen zu »zersetzen« (so der entsprechende Stasi-Fachausdruck). Hinzu kommt, dass beide Kaczyńskis ebenso wie andere Politiker der antikommunistischen Rechten damals beklagten, ihre Autos seien von den aus früheren Zeiten bekannten »Unbekannten« manipuliert und dadurch sogar schwere Unfälle herbeigeführt worden. Jahre später, zur Zeit der ersten PiS-Regierung, wurde zumindest der Inhalt des legendären »Lesiak-Schranks« aktenkundig. Das Gerichtsverfahren wurde zwar 2007 wegen Verjährung eingestellt, doch das Gericht sprach von einem klaren Fehlverhalten der Lesiak-Einheit. Wenn die Kaczyńskis später Grund zur Rache gesehen haben sollten, dann hat das hier seinen Ursprung. Dass die ohnehin zu Misstrauen neigenden Zwillinge aus der Lesiak-Affäre allzu weitgehende Schlüsse zogen, dass sie offenbar glaubten, die damaligen Misserfolge in ihrer Karriere gingen maßgeblich auf die Lesiak-Aktionen zurück, steht auf einem anderen Blatt.

## Kaczyński, Kohl und Merkel

Nicht nur in Polen, sondern auch international waren die Kaczyńskis schwierige Partner. Nach 1990 orientierte sich die PC zunächst an den christlich-demokratischen Parteien Westeuropas und stand ihnen damals zweifellos näher als die PiS heute. Von 1991 ist das einzige Treffen Jarosław Kaczyńskis, damals in seiner Funktion als Chef von Wałęsas Präsidialamt, mit dem Bundeskanzler und CDU-Vorsitzenden Helmut Kohl überliefert. Es verlief in Bonn in einer Atmosphäre der Konfrontation und Missverständnisse. Offenbar sprach der Gast sofort und in forderndem Ton die historischen Belastungen des deutsch-polnischen Verhältnisses an, woraufhin man zu den drängenden Fragen der Zukunft gar nicht mehr kam. Aus der Annäherung oder gar Partnerschaft mit den Christdemokraten und der Europäischen Volkspartei (EVP), wie sie Viktor Orbáns Fidesz gelang, wurde jedenfalls nichts, und die Verantwortung dafür trägt offenbar Kaczyński. Eine andere Begegnung im März 2004, kurz vor Polens EU-Beitritt, bestätigt diesen Eindruck: Damals kam der Belgier Winfried Martens als Vorsitzender der EVP nach Warschau und sprach mit ihm. Er wollte wissen, ob Kaczyńskis neue Partei, die PiS, jetzt alte Pläne wahrmachen und der Parteienfamilie beitreten wolle. Inzwischen hatten sich die Fronten jedoch bereits verhärtet.[13] Die PiS sollte sich im Europaparlament später in einer Fraktion mit den britischen Konservativen und zeitweise auch der »Alternative für Deutschland« (AfD) wiederfinden.

Auch wenn Jarosław Kaczyński außenpolitisch interessiert sein sollte: Mit Fremdsprachenkenntnissen ist er nicht gerade gesegnet, und die Maxime »Reisen bildet« scheint ihm wenig zu bedeuten. Als einzige private Reise ins Ausland ist ein Aufenthalt der Zwillinge bei ihren Cousins 1967 im ukrainischen (damals sowjetischen) Odessa bekannt.[14] Zwar haben beide als Politiker dienstlich Auslandsreisen absolviert, doch Jarosław

Kaczyńskis bevorzugter Urlaubsort scheint ein einsames Haus in den polnischen Wäldern zu sein.

Da muss das Ausland schon zu ihm kommen. Seit den Wahlsiegen von 2015 kamen als ausländische Besucher unter anderem Rudolph Giuliani, David Cameron, Petro Poroschenko und der hohe US-Diplomat Daniel Fried. Ein Treffen mit Viktor Orbán fand auf halbem Wege zwischen Warschau und Budapest in den Karpaten statt. Nach einer anschließend über Monate geheimgehaltenen Zusammenkunft mit Angela Merkel bei Berlin 2016 kam es auch zu einer offiziellen Begegnung der beiden in Warschau 2017, über deren Inhalt aber, wie bei den meisten Begegnungen mit ausländischen Politikern, weitestgehend Stillschweigen gewahrt wurde. Das ist ja gerade der Vorteil der Machtposition Jarosław Kaczyńskis außerhalb der Regierung: Er muss über seine Motive, seine (Miss-)Erfolge, seine Hinterzimmergespräche nicht öffentlich Rechenschaft ablegen.

Jarosław Kaczyńskis Verhältnis zu Merkel ist differenziert zu sehen. Auf die möglichen Kandidaten für das Amt des Bundeskanzlers angesprochen, lobte er sie einerseits (»Als Pole kann ich nur wiedergeben, was mein leider verstorbener Bruder Lech Kaczyński immer gesagt hat: Angela Merkel ist für uns Polen die beste Lösung. Und ich glaube, er hatte recht.«[15]), andererseits hatte er in einer seiner beliebten dunklen Andeutungen einmal gesagt, dass ausgerechnet Merkel Kanzlerin geworden sei, sei gewiss »kein Zufall«. Und er fragte sich, »was sie sich dabei gedacht hat, als sie [2015] die Grenzen öffnete«. Ansonsten bleibt das Nachbarland ein wichtiger Vergleichsmaßstab. »Deutschland bei Wohlstand und Wirtschaftskraft einholen« sei Polens langfristiges Ziel.[16]

## Kaczyński und sein Kronprinz

Wer spielt heute in Kaczyńskis Mannschaft? Nach der Doppelherrschaft der Zwillinge (2006/07) kamen acht schwierige Jahre in der Opposition mit Wahlniederlagen auf allen Ebenen. Dennoch hat Jarosław Kaczyński diese Zeit überstanden und ist jetzt wieder da, mächtiger als je zuvor. Mehrfach, zuletzt vor der Ablösung von Beata Szydło, hielten viele es für möglich, dass er persönlich das Amt des Regierungschefs übernehmen werde. Doch es gibt für Kaczyński Gründe, es nicht zu tun. Er weiß, dass er in der Bevölkerung unbeliebt ist; in Umfragen, die seit Jahren »Vertrauen« und »Misstrauen« gegenüber Politikern ermitteln, nehmen er und Antoni Macierewicz, die beiden großen Polarisierer, in der Rubrik »Misstrauen« regelmäßig die Spitzenplätze ein. Außerdem ist das stille Arbeitszimmer in der Nowogrodzka-Straße sein Element. Dort befindet sich die Parteizentrale, und hier entwirft er in Ruhe seine Strategien und empfängt Regierungsmitglieder. Gipfeltreffen und mühsame Verwaltungsarbeit sind seine Sache nicht. Diese Arbeit erledigen die anderen. Außerdem wurde gelegentlich über (kleinere) gesundheitliche Probleme Kaczyńskis berichtet. Diese gipfelten im Mai und Juni 2018 in einem wochenlangen Krankenhausaufenthalt wegen Knieschmerzen. Es hieß, der Parteichef brauche ein künstliches Kniegelenk. In dieser Zeit kamen Spekulationen auf, ob sich im PiS-Lager bald die Nachfolgefrage stellen werde.

Ein Grund mehr zu fragen: Wer spielt sonst in der Mannschaft? Von Ex-Verteidigungsminister Macierewicz und dem jetzigen Premier Mateusz Morawiecki war bereits die Rede. Kaczyński hat diese zwei Politiker öffentlich gelobt wie sonst kaum jemanden. Den einen vor allem, weil er über Jahre beharrlich die »Aufarbeitung« der Smolensk-Katastrophe betrieben hat und weiterhin betreiben soll, auch wenn Kaczyński im April 2018 das Ende der monatlichen Smolensk-Gedenkmärsche verkündete.[17] Den anderen, einen erfolgreichen Ex-Banker und späten Quereinsteiger, lobte der Parteichef, weil er die wirtschaftspolitische Vision der PiS verkörpert. Morawiecki will eine »Reindustrialisierung« Polens, mehr Investitionen und Innovationen. Das Land solle mehr werden als die verlängerte Werkbank des Wes-

tens. Morawiecki, sagte der Parteichef einmal, sei »unser Balcerowicz«, also ein zweiter »Vater der Wirtschaftsreformen«
nach jenem von 1989/90. Kaczyński hat zum deutlich jüngeren
Morawiecki, so wird berichtet, ein beinahe väterliches Verhältnis, zugleich fällt es dem früheren Banker nicht schwer, den
Nichtökonomen Kaczyński mit seinen Visionen zu beeindrucken. Auch Morawieckis Herkunft mag eine Rolle spielen: Sein
Vater Kornel war in Wrocław (Breslau) im Untergrund 1982 der
legendäre Gründer der »Kämpfenden Solidarność«, einer radikalen Abspaltung der Solidarność, die auch den Runden Tisch von
1989 sehr kritisch sah.

Auf einer entfernteren Umlaufbahn um den Vorsitzenden
kreisen Justizminister und Generalstaatsanwalt Zbigniew Ziobro und der Minister für Wissenschaft und Hochschulwesen
Jarosław Gowin. Vor allem Letzterer gilt Kaczyński als ein etwas
unsicherer Kantonist; beide bewiesen mit der Gründung eigener rechter Parteien, die im Kleinformat auch heute noch –
gleichsam als Anhängsel der PiS – existieren, vor 2015 politische
Eigenständigkeit. Der PiS-Chef hat es jedoch verstanden, ihre
Ambitionen in für sich günstige Bahnen zu lenken. Auch wenn
sie sich weiterhin ihre Kleinparteien als eigene Gefolgschaft
halten, gelten sie inzwischen wieder eindeutig als Mitstreiter
in der »vereinigten Rechten« unter Führung der PiS. Vielleicht
könnte man diese verschachtelte Konstruktion entfernt mit
dem Bündnis aus CDU und CSU vergleichen, auch wenn das Gewicht der Bayern ein viel Größeres ist.

Der engste und treueste Kreis um Kaczyński ist dagegen die
gerne als »PC-Orden« bezeichnete verschworene Gemeinschaft
von Männern, die sich 1990 und danach der Zentrumsallianz
(PC) angeschlossen hatten. Nach den Wahlen von 2015 bekamen
Angehörige dieses »Ordens«, die sich nur selten durch eigene
Ideen profiliert haben, hohe Ämter. So wurde Mariusz Błaszczak
zuerst Innenminister, dann Verteidigungsminister, Adam Lipiń-
ski Staatssekretär im Amt des Ministerpräsidenten, Marek Ku-

chciński Präsident des Sejm, Wojciech Jasiński Chef des Orlen-Konzerns. Als wichtigster Mann aus dem »Orden« und damit als möglicher Nachfolger Kaczyńskis im Amt des Parteiführers wurde 2018 vor allem der neue Innenminister Joachim Brudziński gehandelt. Der studierte Politologe aus Szczecin (Stettin), Jahrgang 1968, gilt manchen Beobachtern zufolge als der wichtigste und Kaczyński nahestehendste unter den sechs Stellvertretern des Parteichefs, also als der Kronprinz.

Eine recht lockere Gruppe sind die »Professoren«, deren Ideen beim Vorsitzenden Gewicht haben: der Kulturminister und Erste Vizepremier Piotr Gliński, offenbar der wichtigste unter ihnen; ferner die Europa-Abgeordneten Zdzisław Krasnodębski und Piotr Legutko. Ein Kreis, der seit dem Flugzeugabsturz von 2010 klar an Einfluss verloren hat, sind dagegen die »Museumsleute«, Historiker wie Jan Ołdakowski oder Paweł Kowal, die zu den engsten Mitarbeitern Lech Kaczyńskis gehört hatten.

Die Tragödie von Smolensk hat nicht nur das PiS-Lager verändert (siehe S. 225ff.) sie hat auch den Parteivorsitzenden als Mensch verändert und verhärtet. Wenn von Zwillingen einer stirbt, sagen Psychologen, hat der andere ein Gefühl, als sei ihm ein Bein amputiert worden. Nie wieder wird er aufrecht gehen. Jarosław Kaczyński kündigte nach Smolensk an, er werde bis zu seinem Lebensende Trauer tragen. Smolensk ist für ihn zu einem wichtigen Bezugspunkt seines Fühlens, Denkens und Handelns geworden. Am Wahlabend 2015 sagte Jarosław Kaczyński, an die Adresse der unterlegenen Gegner gewandt: »Wir wollen nicht Rache, sondern Gerechtigkeit.« Zwei Jahre später brach im Parlament etwas anderes aus ihm heraus. Provoziert von einem Oppositionspolitiker, der den rechtsstaatlichen Lech gegen den Unrechts-Jarosław in Stellung brachte, stürzte Kaczyński ans Rednerpult und schrie: »Wischt euch eure Verräterfressen nicht mit dem Namen meines Bruders ab, ihr habt versucht, ihn kaputtzumachen, ihr habt ihn ermordet!«[18]

Doch bei seinen Anhängern wird das Charisma des Parteifüh-

rers vermutlich weiterwirken. Auch wegen Smolensk. Sein Weggefährte Brudziński beschrieb einmal den Tag des Absturzes, als
die Partei (und mit ihr ganz Polen) in Tränen aufgelöst war: »Jarosław ist als einziger von uns emotional nicht zusammenge-
brochen. [...] Ich dachte mir, es ist gut, solch einen starken An-
führer zu haben. [...] Dass wir gut handlungsfähig waren, das lag
an Jarosławs Charisma.«[19]

Da haben wir ihn nun, den Kaczyński. Er ist der Held der polnischen Wirklichkeit. Und weil er schon dort so dominant ist, ist
er seit 2015 auch zum Helden zweier erfolgreicher polnischer
Kabarett-Serien geworden. Man spottet gern über ihn. Aber
Hand aufs Herz: Haben sich nicht viele von uns – in Polen, in
Deutschland, in Europa – oft genug nach solch einem Politiker
gesehnt? Nach einem, der mehr ist als der von Max Weber kritisierte »Berufspolitiker«, nach einem, der »Urgestein« ist, der
über viele Jahre »unbeirrt« seinen Weg geht und nicht bei jedem
Mediensturm gleich umfällt? Da ist er: Jarosław Kaczyński – ein
Mann, der als »realistische« Theoretiker der Macht Niccolò Ma-
chiavelli und Carl Schmitt bewundert (Letzteren allerdings mit
Vorbehalt wegen dessen Nähe zum Nationalsozialismus).

Was ist nun das Geheimnis seiner Macht? Ist es Charisma?
Weber hatte, als er vom Charisma des Politikers sprach, Hingabe,
Vertrauen und Glauben der Anhängerschaft ins Spiel gebracht.
Das eine wirkt nicht ohne das andere. Diese Haltungen wirken
auch in Kaczyńskis Umfeld, vermutlich mit diesen Komponen-
ten: Mitgefühl mit einem, »dem oft böse mitgespielt wurde«; Bewunderung (für seine Härte trotz Smolensk); Anerkennung für
seinen bescheidenen Lebensstil; Respekt vor seinem Stehver-
mögen trotz vieler Niederlagen; auch Furcht vor seiner Autorität
innerhalb der Partei (gelegentlich bestraft Kaczyński parteiin-
tern »unmoralisches« Verhalten ranghoher Parteifreunde, etwa
Scheidungen). All das macht Charisma aus. Hinzu kommen
wahlkampftaugliche Motti der Partei wie »Die Schwachen
schützen und die Starken nicht fürchten«, die sich sowohl in So-

zial- wie in Außenpolitik übersetzen lassen; mit ihnen kann sich die PiS zur Rächerin der Erniedrigten und Beleidigten stilisieren. Außerdem das Wagenburg-Motiv: Kaczyński ist der unbeugsame Kommandant des Lagers traditioneller Werte, die verspottet und angegriffen werden.

Früher, als er noch mehr zu Scherzen aufgelegt war, sagte der Parteichef einmal, er habe sich schon in Kinderjahren vorgenommen, Politiker zu werden und »bis zum neunzigsten Lebensjahr zu regieren – um Kanzler Adenauers Rekord zu brechen«.[20] Das wird ihm kaum gelingen, ob mit oder ohne Regierungsamt. Aber vom Strategen Kaczyński stammt offenbar der Plan, nach dem Machtantritt als Erstes die größten Grausamkeiten durchzupeitschen, wie der berühmte »Fürst« bei Machiavelli, und später auf die Wirkung der Sozialpolitik zu setzen. »Ist alles auf einmal abgetan, so beruhigen sich die Menschen, und er [der Fürst] kann sie durch Wohltaten gewinnen«, schrieb Machiavelli.[21] Mit der großen Regierungsumbildung vom Januar 2018 könnte dieser Plan aufgehen. So wird uns der heimliche Herrscher Polens, zumindest aber seine Mannschaft, wohl noch eine Weile erhalten bleiben. Richten wir uns darauf ein.

# Anhang

## Anmerkungen

### Von Freiheitskämpfern zu Kleinhändlern

1 Hirsch, Helga: »Dlaczego przestałam lubić Polaków«, *Polityka* 14/1991, 6.4.1991. Hirsch war damals für die *Zeit* als Korrespondentin in Warschau.

2 Dies sind Befragungen, die seit vielen Jahren als »deutsch-polnisches Barometer« durchgeführt werden, auf deutscher Seite unter anderem von der Körber-Stiftung.

3 »Polnische Wirtschaft« bezeichnete Ineffizienz, Liederlichkeit, Unsauberkeit; der »polnische Reichstag« dagegen anarchisch-chaotische Verhältnisse in einer debattierenden Versammlung. Vgl. Orłowski, Hubert: *»Polnische Wirtschaft«. Zum deutschen Polendiskurs der Neuzeit*, Wiesbaden 1996, S. 53 f.

4 Moczarski, Kazimierz: *Gespräche mit dem Henker. Das Leben des SS-Generals Jürgen Stroop. Aufgezeichnet im Mokotów-Gefängnis in Warschau,* Berlin 2008.

5 Gerhard Gnauck: »Man begehrt noch Europas Luxus, aber nicht mehr seinen Geist.« Interview mit Andrzej Stasiuk, *Neue Zürcher Zeitung,* 8.1.2007.

6 »Der Riss«, *Der Spiegel* 19/2018; https://magazin.spiegel.de/SP/2018/19/157183899/index.html.

7 Borodziej, Włodzimierz: *Geschichte Polens im 20. Jahrhundert*, München 2010, S. 410 f.

8 »Eine neue Stufe der Komplexität.« Interview mit Henry Kissinger, *Handelsblatt,* 30.12.2015.

9 Vgl. Talmon, Jacob: *Die Geschichte der totalitären Demokratie*, hrsg. von Uwe Backes, 3 Bde., Göttingen 2013.

10 Loew, Peter Oliver: *Wir Unsichtbaren. Geschichte der Polen in Deutschland*, München 2014.

## Auferstanden aus Ruinen

1 Zur Debatte um Piłsudskis Prophezeiungen siehe Urbankowski, Bohdan: *Józef Piłsudski. Marzyciel i strateg*, Warschau 1997, Bd. 2, S. 178–181.

2 Die Geschichte ist gut ausgegangen: Urbaniak half noch beim Abtransport eines verwundeten Engländers und war fortan Kriegsgefangener der Briten. Er wurde nach Großbritannien ausgeschifft, wo er auf eine Polin stieß, deren Ziel es war, unter den Kriegsgefangenen ihre Landsleute ausfindig zu machen und zu befreien. »Spokojne życie wachmistrza Urbaniaka«, Reportage von Andrzej Mularczyk, Polskie Radio, 14.5.1966. http://www.polskieradio.pl/202,I-Wojna-Swiatowa, abgerufen am 15.12.2017.

3 Alle Verluste nach Chwalba, *Historia Polski, 1795–1918*, Krakau 2000, S. 593. Diese Verluste würden etwa 13 Prozent der Bevölkerung ausmachen. Norman Davies spricht von 14,9 Prozent. Davies, Norman: *Im Herzen Europas. Geschichte Polens*. 2. Aufl., München 2001, S. 103.

4 Zu diesen Zahlen siehe Borodziej, Włodzimierz: *Geschichte Polens im 20. Jahrhundert*, München 2010, S. 98, der in seinem Buch immer wieder auch auf die wirtschaftlichen und sozialen Verhältnisse eingeht.

5 Vgl. Herbert, Ulrich: *Geschichte der Ausländerpolitik in Deutschland*, Bonn 2003, S. 93–98, zit. nach Borodziej, a. a. O., S. 81.

6 Vgl. Rhode; Gotthold: *Geschichte Polens. Ein Überblick*. 3. verb. Aufl., Darmstadt 1980, S. 436. Das deutsche Teilungsgebiet war mit acht Prozent des Territoriums von 1772 ohnehin das kleinste, hier lebten weniger Polen als im – mit Abstand größten – russischen oder im österreichischen Teil.

7 Zit. nach: Kochanowski, Jerzy: »Horthy und Pilsudski. Vergleich der autoritären Regime in Ungarn und Polen«, in: Oberländer, Erwin (Hrsg.): *Autoritäre Regime in Ostmittel- und Südosteuropa 1919–1944*, München/Wien/Zürich 2001, S. 19–94, hier S. 33.

8 So z. B. Jerzy Tomaszewski: *Rzeczpospolita wielu narodów*, Warschau 1985, S. 35. Die deutlichste Veränderung in den Jahren 1918–1939 sollte die Zahl der Deutschen betreffen; Hunderttausende emigrierten in dieser Zeit ins Deutsche Reich.

9  Borodziej, a. a. O., S. 106.

10  Ebd., S. 109 f. (auch die Größe der Territorien betreffend).

11  So ohne Quellenangabe Borodziej, a. a. O., S. 121 f.

12  Zur polnischen Ostpolitik 1919/20 vgl. Nowak, Andrzej: Polska i trzy Rosje. Studium polityki wschodniej Józefa Piłsudskiego (do kwietnia 1920 roku). 3., erw. Aufl., Kraków 2015, S. 406–410 und S. 569–588.

13  Worte des sowjetischen Divisionskommandeurs Witowt Putna, zit. nach Borzęcki, Jerzy: Pokój ryski 1921 roku i kształtowanie się międzywojennej Europy Wschodniej, Warschau 2012, S. 152.

14  Vgl. Rotfeld, Adam Daniel/Torkunow, Anatolij W.: Białe plamy – czarne plamy. Sprawy trudne w polsko-rosyjskich stosunkach 1918–2008, Warschau 2010, insb. S. 41–44 und 78–81. Dieser Band ist das Ergebnis der Arbeit der »Polnisch-Russischen Gruppe für Schwierige Fragen«, in der mit Unterstützung beider Regierungen Historiker beider Seiten heikle historische Themen aufarbeiteten.

15  Vgl. Borodziej, a. a. O., S. 107, und Borzęcki, a. a. O., S. 54.

16  Der dort tätige Autor klagt in diesem Brief auch die »Unfähigkeit und Gleichgültigkeit« seiner Landsleute an, die für diese Zustände verantwortlich seien. Klukowski, Zygmunt: Zamojszczyzna, Warschau 2007. Bd. 1 (1918–1943), S. 19 f.

## Demokratie – der erste Versuch (Die Zweite Republik)

1  Zit. nach Urbankowski, a. a. O., S. 276.

2  Noch 1989 zählte Polen, dessen Landwirte sich nicht hatten »verstaatlichen« lassen, etwa zwei Millionen Bauernhöfe, darunter viele ähnlich kleine wie nach 1918. Auch nach 1989 war immer eine bäuerliche Partei im Parlament vertreten (Stand 2018).

3  Golczewski, Frank: Deutsche und Ukrainer 1914–1939, Paderborn 2010, insb. S. 609–633.

4  Wojciechowski, auf dessen genauere Zahlen ich mich hier hauptsächlich stütze, schätzt, »dass sich die Zahl der Deutschen in Polen nach 1926 um etwa eine Million bewegte«, davon 49 Prozent im ehemals preußischen Gebiet. Jaworski, Rudolf/Wojciechowski, Marian (Hrsg.): Deutsche und Polen zwischen den Kriegen. Minderheitenstatus und »Volkstumskampf« im Grenzgebiet. Amtliche Berichterstattung aus beiden Ländern 1920–1939, München u. a. 1997, Bd 1/1, S. 12.

5 Krekeler, Norbert: »Die deutsche Minderheit in Polen und die Re-
visionspolitik des Deutschen Reiches 1919–1933«, in: Benz, Wolfgang (Hrsg.): *Die Vertreibung der Deutschen aus dem Osten*, Frankfurt
am Main 1995, S. 16–32.

6 Zit. nach: Piłsudski do czytania, hrsg. von Zdzisław Najder und
Romana Kuźniar, Krakau 2016, S. 322.

7 Rhode, Gotthold: *Geschichte Polens. Ein Überblick*. 3., verb. Aufl.,
Darmstadt 1980, S. 490.

8 Zit. nach Borodziej, a. a. O., S. 185.

9 So fasst Kornat die Meinung der meisten deutschen Historiker
zusammen, die sich mit dieser Frage befasst haben. Vgl. Kornat, Marek: *Polityka Równowagi 1934–1939. Polska między Wscho-
dem a Zachodem*, Krakau 2007, S. 226. Vom selben Autor auf
Deutsch: *Polen zwischen Hitler und Stalin. Studien zur polnischen
Außenpolitik in der Zwischenkriegszeit*, Berlin 2012. Eine revisio-
nistische Sicht findet sich bei Stefan Scheil, der für 1932/33 die
Gefahr eines »polnischen Marsch[es] nach Westen« sieht, bei
dem es vor allem um Gebietsgewinne gegangen sei, vgl. Scheil,
Stefan: *Polen 1939. Kriegskalkül, Vorbereitung, Vollzug*. Schnellroda
2013, S. 50 ff.

10 Moczulski, Leszek: *Wojna prewencyjna. Czy Piłsudski planował najazd
na Niemcy?*, Warschau 2017, S. 96.

## Das Inferno

1 Auszüge in https://www.europa.clio-online.de/quelle/id/arti-
kel-3377. Eine ganz andere Debatte brach in den letzten Jahren
das Enfant terrible der polnischen Populärgeschichtsschreibung
vom Zaun: Der junge Journalist Piotr Zychowicz wagte in einem
Buch die kühne These, Polen hätte an der Seite des Dritten Reiches gegen die Sowjetunion kämpfen sollen, um sich am Ende –
etwa wie 1917/18 – rechtzeitig von Deutschland loszusagen.
Zychowicz' Standpunkt wurde heiß diskutiert, hat aber kaum jemanden überzeugt. Zychowicz, Piotr: *Pakt Ribbentrop-Beck*, Poznań 2012.

2 *Polskie Dokumenty Dyplomatyczne 1939*, Warschau 2005, Dok. 27, S. 51 f.

3 Burckhardt, Carl Jacob: *Meine Danziger Mission 1937–1939*.
2., durchges. Aufl., München 1960, S. 348; nach einer anderen
Überlieferung dieser Begegnung, deren Ursprung ich leider
nicht ermitteln konnte, erwähnte Hitler Polen ausdrücklich: Er

wolle bei polnischer Unnachgiebigkeit ihm gegenüber zunächst »Polen zusammen mit der UdSSR vernichten und aufteilen« und später die Sowjetunion angreifen. Zit. nach Roos, Hans: *Geschichte der polnischen Nation 1918-1985.* 4., überarb. und erw. Aufl., Stuttgart u. a. 1986, S. 166 (leider ohne Quellenangabe).

4 Vgl. die Schlüsseldokumente zur deutschen und sowjetischen Geschichte unter: http://www.1000dokumente.de. Ich danke Herrn Dr. Axel Hartmann, Bad Sachsa, für eine vom ihm im Archiv des Auswärtigen Amtes angefertigte Kopie des Urtexts von 1939.

5 Zahlen für die deutsche und die sowjetische Front nach: Brzoza, Czesław/Sowa, Andrzej: *Historia Polski 1918-1945,* Krakau 2006, S. 498-507.

6 *Sybiracy Podkarpacia,* Krosno 1998, S. 123 (Bericht der Maria Kamińska, die 1939 13 Jahre alt war).

7 Raszewski, Zbigniew: *Pamiętnik gapia. Bydgoszcz, jaką pamiętam z lat 1930-1945,* Bydgoszcz 1994, S. 89 f.

8 Borodziej, a. a. O., S. 200.

9 Zit. nach Roth, Markus: *Herrenmenschen. Die deutschen Kreishauptleute im besetzten Polen - Karrierewege, Herrschaftspraxis und Nachgeschichte,* Göttingen 2009, S. 34.

10 Zu den Zahlen siehe Długoborski, Wacław: »Die deutsche Besatzungspolitik und die Veränderungen der sozialen Struktur Polens«, in: Ders. (Hrsg.): *Zweiter Weltkrieg und sozialer Wandel. Achsenmächte und besetzte Länder,* Göttingen 1981, S. 303-363, hier S. 319 ff.

11 Einen Fall beschreibt eindringlich Schuller, Konrad: *Der letzte Tag von Borów,* Freiburg 2009.

12 Szarota, Tomasz: *Okupowanej Warszawy dzień powszedni. Studium historyczne,* Warschau 2010, S. 458-461 (eine frühere Ausgabe ist als »Warschau unter dem Hakenkreuz ...« 1985 auf Deutsch erschienen).

13 Borodziej, a. a. O., S. 234.

14 Zit. nach Szarota, a. a. O., S. 384.

15 Mackiewicz, Józef: *Nie trzeba głośno mówić,* London 1993, S. 280.

16 Paulsson, Gunnar S.: *Secret City. The Hidden Jews of Warsaw 1940-1945,* New Haven/London 2002, S. 5 und 221. Der Autor, ein schwedischer Historiker, ist selbst Sohn einer geretteten polnischen Jüdin. Für ganz Polen schätzt der Historiker Jan Grabowski, dass

etwa 250 000 Juden aus den Ghettos flohen, von denen jedoch nur etwa 50 000 in Polen das Kriegsende erlebten. Die übrigen 200 000 seien zu Tode gekommen, und von diesen – so seine »Forschungshypothese« – verlor die Mehrheit ihr Leben »durch die Hände von Polen oder unter ihrer Mitwirkung«, »ob das 60 oder 90 Prozent waren«, vermag Grabowski nicht zu sagen. Ein von ihm zu diesem Thema für Frühjahr 2018 angekündigter Sammelband (»Dalej jest noc. Losy Żydów w wybranych powiatach okupowanej Polski«) erscheint demnächst.

17 Karski, Jan: *Mein Bericht an die Welt. Geschichte eines Staates im Untergrund*, München 2011, S. 460.

18 Karskis Bericht über seine Begegnung mit Roosevelt: https://www.qwant.com/?q=karski+roosevelt+youtube

19 Zahlen und genauere Angaben bei Roth, a. a. O., S. 42 f.

20 Kopka, Bogusław: *Das KZ Warschau. Geschichte und Nachwirkungen*. Aus dem Poln. übers. von Jürgen Hensel, Warschau 2010. Der Autor widerlegt zugleich über Jahrzehnte verbreitete Behauptungen, in dem KZ habe es Gaskammern und 200 000 ethnisch polnische Opfer gegeben.

21 Zahlen nach Borodziej, Włodzimierz: »Der Warschauer Aufstand«, in: *Die polnische Heimatarmee*, hrsg. von Bernhard Chiari unter Mitarbeit von Jerzy Kochanowski, München 2003, S. 217–254, hier S. 221–225. Ausführlicher: Ders.: *Der Warschauer Aufstand 1944*, Frankfurt am Main 2001. Und Davies, Norman: *Aufstand der Verlorenen. Der Kampf um Warschau 1944*. Aus dem Engl. übers. von Thomas Bertram, München 2004. Das wichtigste literarische Zeugnis, vor allem über das Leben der Zivilbevölkerung: Białoszewski, Miron: *Nur das was war. Erinnerungen aus dem Warschauer Aufstand*. Aus dem Poln. übers. von Esther Kinsky, Frankfurt am Main 1994.

22 Borodziej, a. a. O., S. 248.

23 »In den meisten Schätzungen ist von 150 000 bis 180 000 Toten die Rede«, schreibt Borodziej, a. a. O., S. 253. Als Lech Kaczyński Oberbürgermeister von Warschau war, gab er eine Berechnung der Kriegsschäden der Stadt in Auftrag, bis hin zu den privaten Wohnungseinrichtungen. Danach beliefen sich die Schäden insgesamt, nach dem Wert von 2004, auf 54,6 Milliarden US-Dollar.

24 Zit. nach Brandes, Detlev: *Großbritannien und seine osteuropäischen Alliierten 1939–1943*, München 1988, S. 492.

25 Zit. nach: Gniazdowski, Mateusz: »Zu den Menschenverlusten, die Polen während des Zweiten Weltkriegs von den Deutschen zugefügt wurden. Eine Geschichte von Forschungen und Schätzungen«, in: *Historie. Jahrbuch des Zentrums für Historische Forschung Berlin der Polnischen Akademie der Wissenschaften* I (2007/08), S. 65–91, hier S. 74.

26 Materski, Wojciech/Szarota, Tomasz: *Polska 1939–1945. Straty osobowe i ofiary represji pod dwiema okupacjami,* Warschau 2009, S. 204.

27 Friszke, Andrzej: *Polska. Losy Państwa i Narodu 1939–1989,* Warschau 2003, S. 50.

28 Namentlich erfasst wurden laut der beteiligten Stiftung »Polnisch-Deutsche Aussöhnung« 4 591 483 »Opfer«. Dies umfasst allerdings Todesopfer (darunter Juden) ebenso wie Opfer von Repressalien (z. B. Häftlinge, Zwangsarbeiter). Die in der ersten Regierungszeit der Kaczyński-Partei begonnene Aktion ist beschrieben unter www.straty.pl. Auskunft von Jakub Deka, Chef der Stiftung, 12. März 2018.

## Befreit und doch nicht frei

1 Debatte im britischen Unterhaus am 15. Dezember 1944, zit. nach de Zayas, Alfred M.: *Die Anglo-Amerikaner und die Vertreibung der Deutschen.* 2. Aufl., München 1981, S. 25.

2 Zit. nach de Zayas, a. a. O., S. 255 f.

3 Ich folge bei dieser Zahl mit Abstrichen der Berechnung des Osteuropa-Historiker Rhode, Gotthold: »Brief an Bischof Lilje. Anmerkungen zur Diskussion um eine Denkschrift«, Sonderdruck aus *Die politische Meinung,* Februar 1966, Heft 112.

4 Kochanowski, Jerzy: *W polskiej niewoli. Niemieccy jeńcy wojenni w Polsce 1945–1950,* Warschau 2001.

5 Steinhaus, Hugo: *Erinnerungen und Aufzeichnungen.* Aus dem Poln. übers. von Alfred Müßiggang, 2 Bde., Dresden 2010.

6 Borodziej, a. a. O., S. 269 und 440 (Anm. 46). Dies betreffe Volks- und Reichsdeutsche, also Angehörige der deutschen Minderheit, ebenso wie Bürger des Deutschen Reiches, darunter deutsche Soldaten oder Zivilbeamte.

7 Mikołajczyk, Stanisław: *Zniewolenie Polski. Przykład sowieckiej agresji,* Warschau 1984, S. 101. Der Autor veröffentlichte seine Erinnerungen erstmals 1948 auf Englisch und Französisch im Westen. Aufgrund der Tendenz zur Selbstrechtfertigung sind jedoch

auch die späteren Biografien von Andrzej Paczkowski und Roman Buczek zu berücksichtigen, die jedoch, soweit ich sehe, nur auf Polnisch erschienen sind.

8 Friszke, a. a. O., S. 123.

9 Paczkowski, Andrzej: *Od sfałszowanego zwycięstwa do prawdziwej klęski. Szkice do portretu PRL*, Krakau 1999, S. 11–32.

10 Zit. nach Johnson, Boris: *Der Churchill-Faktor.* Aus dem Engl. übers. von Norbert Juraschitz und Werner Roller, Stuttgart 2015, S. 25 f. Schon ein Jahr zuvor, am 12. Mai 1945, hatte Churchill diesen »eisernen Vorhang« in einem Telegramm an Präsident Truman beklagt: »Was dahinter vorgeht, wissen wir nicht«, ebd., S. 318.

11 Friszke, a. a. O., S. 208 f.

12 Ausführlicher bei Borodziej, a. a. O., S. 286 f.

13 Wyszyński, Kardynał Stefan: *Zapiski więzienne* (Notizen aus dem Gefängnis). Eintrag vom 27. September 1953), o. O., o. J., S. 19 (in Warschau ist 2001 eine Neuausgabe erschienen).

14 Zum Terror ausführlich Friszke, a. a. O., S. 201 ff.

15 Zit. nach Borodziej, a. a. O., S. 296.

**Eine fröhliche Baracke im Lager?**

1 In der DDR, wo der Volksaufstand vom 17. Juni 1953 blutig niedergeschlagen worden war, schaffte es Parteichef Walter Ulbricht 1956, eine Debatte über nötige Veränderungen fast völlig zu unterdrücken. Da es in der DDR keinen Stalinismus gegeben habe, behauptete er, brauche man auch keine Entstalinisierung. Lediglich eine große Zahl politischer Häftlinge wurde freigelassen.

2 »Sprzeciw Gomułki wobec dyktatu Kremla« (Teil 1), in: *Dziś*, Heft 9, 2008, S. 162–185, hier S. 167 f.

3 Friszke, a. a. O., S. 223.

4 Gerhard Gnauck: »Wie Polen die Mauer bezwangen«, in: *Die Welt*, 5.5.2009.

5 Friszke, a. a. O., 229 f.

6 So die spätere Philosophin Barbara Skarga: »Człowiek to nie jest piękne zwierzę«, in: *Gazeta Wyborcza*, 17.4.2004.

7 Paczkowski, a. a. O., S. 318.

8 Aufschlussreiche Vergleiche bei Borodziej, a. a. O., S. 320–327.

9 Vgl. Kerski, Basil/Kycia,Thomas/Żurek, Robert: *»Wir vergeben und bitten um Vergebung«. Der Briefwechsel der polnischen und deutschen Bischöfe 1965*, Osnabrück 2006

10 Borodziej, Włodzimierz: »›Wir gewähren Vergebung und bitten um Vergebung‹. Entstehungsbedingungen und Nachwirkungen des polnischen Bischofsbriefes von 1965«, in: *Wir gewähren Vergebung und bitten um Vergebung*. *40 Jahre deutsch-polnische Verständigung*, Bonn 2006, S. 21–32, hier S. 30.

11 Vgl. Bingen, Dieter: *Die Polenpolitik der Bonner Republik von Adenauer bis Kohl 1949–1991*, Baden-Baden 1998, S. 113–154.

12 Seine Kassiber aus dem Lager sind dokumentiert in Paczyńska, Irena: *Grypsy z Konzentrationslager Auschwitz Józefa Cyrankiewicza i Stanisława Kłodzińskiego*, Krakau 2013.

13 Die »deutsch-jüdisch-israelische Vorgeschichte« des Kniefalls – neben den anderen Motivationssträngen – herausgearbeitet bei Wolffsohn, Michael/Brechenmacher, Thomas: *Denkmalsturz? Brandts Kniefall*, München 2005, insb. S. 159–168. »Geschichtspolitisch und moralisch war Brandts Kniefall geradezu grandios, vielleicht sogar eine der großen Gesten der Weltgeschichte. Wusste Brandt, dass sie ostpolitisch höchst riskant war?«, ebd., S. 11.

14 Aussagen Tusks anlässlich einer Filmpremiere, in: *Wprost*, 21.2. 2011; https://www.wprost.pl/kraj/232684/tusk-grudzien-70-sprawiedliwosc-nie-wypelnila-sie-do-konca.html.

15 Zit. nach Zaremba, Marcin: »Bigosowy socjalizm«, *Polityka (Pomocnik Historyczny. Dekada Gierka 1970–1980)*, Heft 14 (2010), S. 25–29.

16 Vgl. Friszke, a. a. O., S. 320 (Zahlen für 1969).

17 Zit. nach Borodziej, a. a. O., S. 319.

18 Zur Schwarzbrennerei vgl. Kochanowski, Jerzy: Jenseits der Planwirtschaft. Der Schwarzmarkt in Polen 1944–1989. Aus dem Poln. übers. von Pierre-Frédéric Weber, Göttingen 2013, insb. S. 264–273.

19 Zit. nach Friszke, a. a. O., S. 319.

20 Kisielewski, Stefan: Dzienniki, Warschau 1996, S. 926 (Eintrag vom 24.11.1977).

## Die wunderbaren Jahre

1 Rolicki, Janusz: *Edward Gierek. Przerwana dekada*, Warschau 1990, S. 169.

2 Kuroń, Jacek: *Gwiezdny czas,* London 1991, S. 98–99.

3 Borodziej, a. a. O., S. 359.

4 Program NSZZ »Solidarność«, zit. nach: http://ofop.eu/sites/ofop. eu/files/biblioteka-pliki/f1_83-124.pdf.

5 So der Bürgerrechtler und Historiker Modzelewski, dem ich bei

diesem Thema weitgehend folge. Er nahm 1997 in Warschau an einer vertraulichen Konferenz mit Brzezinski und den höchsten Sowjetmilitärs der fraglichen Zeit teil. Modzelewski, Karol: *Zajeździmy kobyłę historii. Wyznania poobijanego jeźdźca*, Warschau 2013, S. 282–286. Zu den Gründen des sowjetischen Zurückweichens ähnlich Borodziej, a. a. O., S. 364.

6 Zit. nach Borodziej, a. a. O., S. 366.

7 Modzelewski, a. a. O., S. 300.

8 Zit. nach: Vetter, Reinhold: *Polens diensteifriger General. Späte Einsichten des Kommunisten Wojciech Jaruzelski*, Berlin 2018, S. 291.

9 Eine Tabelle der Dollarkurse auf dem Schwarzmarkt bei Stola, a. a. O., S. 482; demnach verdiente der polnische Durchschnittsbürger in den 1960er-Jahren sogar weniger als 20 US-Dollar im Monat. Zu sämtlichen Erscheinungen des Schwarzmarkts siehe Kochanowski, ebd.

10 Vgl. Stola, a. a. O., S. 355. Zu den Aussiedlerzahlen siehe S. 480. Auch im Zeitraum von 1960 bis 1980 gingen zwei Drittel der damals etwa 500 000 Emigranten aus Polen (darunter etwa die Hälfte Aussiedler) nach Deutschland, zumeist in die Bundesrepublik, 15 Prozent gingen in die USA (ebd., S. 475).

11 Die Briefwechsel und Diskussionen über die Frage, wen Brandt in Polen treffen solle, sind dokumentiert bei Vetter, Reinhold: *Polens eigensinniger Held. Wie Lech Wałęsa die Kommunisten überlistete*, Berlin 2010, S. 208–222.

**Demokratie – der zweite Versuch (Die Dritte Republik)**

1 Zernack, Klaus: *Polen und Rußland. Zwei Wege in der europäischen Geschichte*, Frankfurt am Main/Berlin 1994, S. 531. Polens Staatspräsident Aleksander Kwaśniewski (1995–2005) hat diese Doppelgeschichte in deutscher Sprache seinem Amtskollegen Wladimir Putin geschenkt – von dem wir freilich annehmen dürfen, dass er weder ein Anhänger der Perestrojka noch ein Freund der Solidarność war.

2 Kendziorek, Piotr/Wielowieyska, Dominika: *Dekady. 1985–1994*, Warschau 2006 (Aussage des Historikers Prof. Jerzy Eisler auf der beigelegten CD, Track 7).

3 Diese Worte wurden vielfach überliefert, zum Beispiel hier: https://www.tvn24.pl/wiadomosci-z-kraju,3/pzpr-rozwiazano-25-lat-temu-powstala-sdrp,510285.html.

4 Zit. nach *Gazeta Wyborcza*, 24.6.1989.

5 Mazowiecki, Tadeusz: *Rok 1989 i lata następne. Teksty wybrane i nowe*, Warschau 2012, S. 136–139.

6 Der erste Teil seiner Rede: https://www.dailymotion.com/video/x2mxf3h.

7 Ein bemerkenswertes »ZDF spezial« vom ersten Abend des Kanzlerbesuchs, das offenbar in den Stunden des Mauerfalls gesendet wurde: https://www.youtube.com/watch?v=zD2sVbLAZKg. Eine Gesamtschau des Kanzlerbesuchs in den polnischen Abendnachrichten: https://www.youtube.com/watch?v=ZGMT37NcROc.

8 Zu Kohls Besuch siehe Bingen, a. a. O., S. 253–259.

9 Mazowiecki, a. a. O., S. 149.

10 Vgl. Bingen, a. a. O., S. 266–268.

11 Zit. nach Bingen, a. a. O., S. 256. Damals hatte die neue Partei der »Republikaner« gerade erste Wahlerfolge erzielt. Für den Politologen Bingen ist es jedoch eine »taktische und menschliche Meisterleistung [...], wie der Kanzler durch Vorabinformation und durch demonstrative Einbindung die Vertriebenenpolitiker zu einer maßvollen Haltung bewegen konnte, wenn er sie auch von ihrer Ablehnung des Grenzvertrags nicht abzubringen vermochte«, Bingen, a. a. O., S. 276.

12 Zit. nach Gadomski, Witold: Cena szoku. *15-lecie planu Balcerowicza;* http://wyborcza.pl/1,76842,2453376.html.

13 Albert, Andrzej (Pseudonym von Wojciech Roszkowski): *Najnowsza Historia Polski 1914–1993*, Bd. 2: *1945–1993*, Warschau 1995, S. 911.

14 Zit. nach der Katholischen Informationsagentur KAI; https://ekai.pl/papiez-od-unii-lubelskiej-do-unii-europejskiej/.

15 Zit. nach Goszczyński, Andrzej: »Anty-Europa«, *Wprost,* 28.10. 2001; www.wprost.pl/tygodnik/11398/anty-europa.html.

16 Eine Bilanz der ersten Kaczyński-Zeit bei Vetter, a. a. O., S. 67–102.

17 Tusk, Donald: *Solidarność i duma*, Gdańsk 2005, S. 21.

18 Über die Familie Tusk in diesem Kontext schreibt einfühlsam die Journalistin Szczepuła, Barbara: *Dziadek w Wehrmachcie*, Gdańsk 2007.

19 Das englische Original: https://dgap.org/sites/default/files/event_downloads/radosław_sikorski_poland_and_the_future_of_the_eu_0.pdf.

20 Zit. nach Gnauck, Gerhard: »Zeichen und Wunder an der Weichsel«, *Neue Zürcher Zeitung*, 6.10.2011.

21 Gnauck, Gerhard: »Polen wird Deutschland bald einholen«. Interview mit Leszek Balcerowicz, *Die Welt*, 21.11.2012; vgl. https://www.welt.de/politik/ausland/article111334483/Polen-wird-Deutschland-bald-einholen.html.

## Smolensk und die zweite Kaczyński-Zeit

1 Auch um den damaligen Absturz rankten sich Attentatstheorien, zumal Sikorski für Sowjets und Briten zu einem sehr unbequemen Partner geworden war. So wurde 2008 der Leichnam im Krakauer Wawel-Dom mit Billigung Lech Kaczyńskis und Donald Tusks exhumiert. Die Untersuchung erbrachte jedoch keine Bestätigung der Theorien.

2 Vgl. Michał Krzymowski: *Jarosław. Tajemnice Kaczyńskiego*, Warschau 2015.

3 »Zwei Versionen«, *Frankfurter Allgemeine Zeitung* 13.1.2011 (Kommentar von Stefan Dietrich). Eine m. E. wenig glaubwürdige Theorie zu Smolensk lieferte ein bekannter investigativer Journalist: Roth, Jürgen: *Verschlussakte S. Smolensk, MH17 und Putins Krieg in der Ukraine*, Berlin 2015.

4 Pilch, Jerzy: *Dziennik*, Warschau 2012, S. 224 (Eintrag vom 14.11. 2010).

5 Gerhard Gnauck: »Polens Jugend rückt vor den Wahlen nach rechts«, *Die Welt*, 20.10.2015.

6 *Gerhard Gnauck: Interview mit Mateusz Morawiecki, Deutsche Welle, 18.2.2017;* http://www.dw.com/de/polen-braucht-eine-soziale-marktwirtschaft/a-37557181.

7 Eine kritische Bewertung der Wirtschaftspolitik bei Vetter, a. a. O., insb. S. 41–45.

8 Ausführlich dazu die damalige Ausgabe der fortlaufend in Deutschland erstellten »Polen-Analysen«; http://www.laender-analysen.de/polen/pdf/PolenAnalysen204.pdf.

9 Vgl. Vetter, a. a. O., S. 30 f.

10 Die Trump-Rede im Original, in Text und Video: https://edition.cnn.com/2017/07/06/politics/trump-speech-poland-transcript/index.html.

## Der Große Vorsitzende und sein Bruder

1 Eine erste Fassung dieses Textes erschien in der Fachzeitschrift *Osteuropa*, 3–4/2018. Mehrmals hatte ich Gelegenheit, mit Lech

Kaczyński zu sprechen, seltener mit Jarosław. Beide konnte ich in ihrer Zeit als Präsident beziehungsweise Premier für die *Welt* interviewen: »›Künstliches Gebilde‹: Polens Präsident Kaczyński hält den Integrationsprozess der EU für ausgeschöpf (sic!)«. Interview mit Präsident Lech Kaczyński, *Die Welt*, 9.3.2006; www.welt.de/print-welt/article202937/Kuenstliches-Gebilde-Polens-Praesident-Kaczynski-haelt-den-Integrationsprozess-der-EU-fuer-ausgeschoepf.html; »Deutschland, ein gepflegtes Land, die Jugend wohlgestaltet«. Interview mit Premier Jarosław Kaczyński, *Die Welt*, 6.7.2007; www.welt.de/welt_print/article1001766/Deutschland-ein-gepflegtes-Land-die-Jugend-wohlgestaltet.html. Den PiS-Chef Kaczyński, der meine Interview-Wünsche seit 2015 konsequent ablehnt, konnte ich auch auf Parteikongressen beobachten. Beim Kongress im Juli 2016, auf dem Kaczyński als Parteivorsitzender mit 99 Prozent der Stimmen wiedergewählt wurde, gab es für Journalisten leider keinen regulären Weg, in den Saal zu gelangen (auf einen Monitor übertragen wurden nur die drei ersten Reden). Auf meinen Einwand, das widerspreche der internationalen Praxis, erwiderte die damalige Parteisprecherin: »Aber wir sind so außergewöhnlich, dass wir es anders machen.« Es gelang mir und einem polnischen Kollegen jedoch, durch die nachlässig gehandhabten Einlasskontrollen zu schlüpfen und den Parteitag zu beobachten.

2 Weber, Max: *Politik als Beruf*, Max-Weber-Gesamtausgabe, Bd. I/17, hrsg. von Wolfgang Mommsen, Birgitt Morgenbrod, Tübingen 1994, S. 35–88.

3 Krzymowski, Michał: *Jarosław. Tajemnice Kaczyńskiego*, Warschau 2015, S. 4. Der Autor wahrt gegenüber seinem Helden weitgehend Neutralität. Er ist Redakteur beim Nachrichtenmagazin *Newsweek Polska*, das Kaczyński äußerst kritisch gegenübersteht. Jadwiga Staniszkis' Aussage ist zitiert nach einem Interview mit ihr: »Ein infantiler Autokratismus. Kaczyński, die PiS und Polens Weg nach Osten«, *Osteuropa*, 1–2/2016, S. 103–108, hier S. 103. Die Soziologieprofessorin war jahrelang die wohl prominenteste intellektuelle Anhängerin der PiS, die damals in der Opposition war. Seit ihrem Wahlsieg 2015 ist Staniszkis aber – gleichsam antizyklisch – zu einer scharfen Kritikerin geworden. Zu Hall siehe Hall, Aleksander: *Schlechter Wechsel. Polen unter der Regierung*

*der Partei »Recht und Gerechtigkeit«.* Aus dem Poln. übers. von Andreas R. Hofmann, Berlin 2016, S. 36. Hall, altgedienter Bürgerrechtler und Politiker, jetzt Historiker, brach 1995 mit Jarosław
Kaczyński.

4 Thema war »Die Rolle kollegialer Organe bei der Leitung einer
Hochschule« (Warschau 1976); https://wiadomosci.wp.pl/praca-
doktorska-Jarosława-Kaczyńskiego-odnaleziona-60378151418-
92737a?ticaid=16eb2.

5 Krzymowski, a. a. O., S. 399, leider ohne Datumsangabe; vermutlich vor 2005 geäußert.

6 Brief J. Kaczyńskis zum 150. Geburtstag Piłsudskis, http://wiado-
mosci.dziennik.pl/polityka/artykuly/564 039,Kaczyński-uwaza-
sie-za-kontynuatora-mysli-Piłsudskiego.html.

7 Teresa Torańska: *My,* Warschau 1994, S. 98.

8 Jarosław Kaczyński: *Porozumienie przeciw monowładzy. Z dziejów PC,*
Poznań 2016, S. 69. Das Buch ist eine aufschlussreiche politische
Autobiografie J. Kaczyńskis für die Jahre 1949–2001.

9 Dazu prägnant Vetter, a. a. O., S. 17 f.

10 Butkiewicz, Wojciech (Hrsg.): *Czas na zmiany. Rozmowa z Jarosła-
wem Kaczyńskim. Wstęp Jadwiga Staniszkis,* Warschau 2014 [1. Aufl.
1993], S. 39 f.

11 Vgl. Cenckiewicz, Sławomir u. a.: *Lech Kaczyński. Biografia polity-
czna 1949–2005,* Poznań 2013, S. 534–541. Cenckiewicz gilt unter
den PiS-nahen Historikern als einer der seriöseren. Siehe auch:
Cenckiewicz, Sławomir/Chmielecki, Adam: *Prezydent. Lech Kaczyński 2005–2010,* Warschau 2016. Vetter, *Wohin steuert Polen,* a. a. O.,
hebt hervor, dass die politische Urheberschaft der Spitzelaktion
nicht eindeutig geklärt sei.

12 Cenckiewicz, a. a. O., S. 535.

13 Zu beiden Begegnungen siehe *Die Welt,* 10.2.2016; www.welt.de/
politik/ausland/article152089586 /Kaczynskis-peinlicher-Besuch-
bei-Helmut-Kohl.html. Zu den Missverständnissen Kohl-Ka-
czyński siehe auch das Interview mit Lech Kaczyński: »Künstliches Gebilde ...«, a. a. O.

14 Vgl. Krzymowski, a. a. O., S. 63 f.

15 Interview mit Kaczyński in der *Bild*-Zeitung, 27.7.2016; www.bild.
de/politik/ausland/partei-recht-gerechtigkeit-polen/sind-sie-
polens-dunkle-macht-herr-kaczynski-47022750.bild.html.

16 Ebd. »Deutschland einholen« als neues »nationales Ziel« Polens

hat wohl als erster 2012 Leszek Balcerowicz ausgegeben, siehe S. 224.

17 Video vom Smolensk-Marsch am 10.1.2018 zum Präsidentenpalast (mit Rede Kaczyńskis): www.youtube.com/watch?-v=loe2yaUoMYQ.

18 Der Ethikausschuss des Parlaments erteilte Kaczyński wegen dieser Worte eine Rüge: http://www.rp.pl/Prawo-i-Sprawiedliwosc/180319637-Zdradzieckie-mordy-Jaroslaw-Kaczynski-nie-odwolal-sie-od-decyzji.html.

19 Torańska, Teresa: *Smoleńsk*, Warschau 2013, S. 275.

20 Karnowski, Michał/Zaremba, Piotr: *O dwóch takich … Alfabet braci Kaczyńskich*, Krakau 2006, S. 50. Interessant auch Krasowski, Robert: »Czas Kaczyńskiego. Polityka jako wieczny konflikt«, *Historia* III RP. Lata 2005–2010, Warschau 2016.

21 Zit. nach einem Essay über Kaczyński von Schuller, Konrad: »Ein versehrtes Leben«, *Frankfurter Allgemeine Sonntagszeitung*, 26.11. 2017, S. 10.

# Zeittafel

**Seit etwa 8000 v. Chr.:** Dauerhafte Anwesenheit von Menschen im Gebiet des heutigen Polens.

**Etwa 1200–650 v. Chr.:** Fast im gesamten Raum entfaltet sich die indogermanische »Lausitzer Kultur«, benannt nach Funden in der Lausitz. Befestigte Siedlungen, oft auf Inseln in Seen, wie im teilweise rekonstruierten Biskupin bei Posen. Gräberfelder, Ackerbau, Viehzucht.

**Seit 650 v. Chr.:** Immer wieder Einwanderung germanischer Gruppen (Goten u. a.).

**Um 500 v. Chr.:** Das »Urslawische« löst sich aus der indogermanischen Sprachenfamilie.

**Seit 375 n. Chr.:** Vorstoß der Hunnen aus Asien löst in Europa die »Völkerwanderung« aus. Germanische Stämme weichen bis nach Spanien aus. Westslawische Stämme nehmen den freien Raum ein.

**6./7. Jh.:** Die »slawische Wanderung« dringt bis nach Holstein, zur Elbe, Saale und zum Böhmerwald vor, zum Teil noch weiter nach Westen. Viele Ortsnamen zeugen bis heute davon. Für das heutige Polen werden mehrere Stämme mit dazugehörigen Burgen bekannt.

**Um 900:** Ein Fürstenhaus mit einem (sagenhaften) bäuerlichen Stammvater Piast regiert im Westen des heutigen Polens. Dies berichtet viel später die erste Chronik der polnischen Geschichte aus der Feder des Mönchs Gallus Anonymus. Die Staatsbildung beginnt im Raum Gnesen/Posen, also der späteren Region Großpolen. Die Dynastie der Piasten herrscht bis 1386.

**Um 960–992:** Fürst Mieszko I. herrscht und nimmt 966 das Christentum an. Missionare kommen ins Land. Polen und das Deutsche Reich kämpfen gemeinsam gegen die heidnischen Elbslawen.

**992–1025:** Bolesław I. »der Tapfere« (Chrobry).

**1000:** Kaiser Otto III. pilgert zum Grab des Preußenapostels Adalbert (Wojciech) in Gnesen. Errichtung des Erzbistums Gnesen.

**1025:** Bolesław I. wird in Gnesen zum ersten König von Polen gekrönt und stirbt im selben Jahr.

**1025–1034:** Mieszko II. führt Kriege an zwei Fronten, gegen das Heilige Römische Reich und die Kiewer Rus, den großen Nachbarn im Osten. Mieszko muss auf das Königtum verzichten und gerät in Abhängigkeit vom Reich. Königin Richeza stirbt erst 1063; Grabstätte im Kölner Dom.

**1034–1058:** Kasimir I. Er muss vor einem Aufstand ins Reich fliehen, huldigt Kaiser Heinrich III. und kehrt mit deutscher Hilfe nach Polen zurück.

**1058–1079:** Bolesław II., »der Kühne«, auch »der Freigiebige«. 1076, während des Investiturstreits, in dem er sich auf die Seite des Papstes Gregor VII. stellt, lässt sich Bolesław in Gnesen zum König krönen.

**1079:** In einem Konflikt zwischen Bolesław II. und dem Krakauer Bischof Stanisław wird der Bischof getötet (Heiligsprechung 1254). Daraufhin bricht ein Aufstand aus, Bolesław flieht nach Ungarn.

**1079–1102:** Bolesławs Bruder Władysław I. Herman regiert.

**1102–1138:** Bolesław III. »Schiefmund«. Zeitweise duldet er seinen älteren Bruder Zbigniew neben sich, der über Masowien und Teile Großpolens herrscht. Im Jahr 1113 jedoch wird Zbigniew gefangengenommen und geblendet.

**1138:** Bolesław III. verfügt im Testament die Aufteilung Polens unter seine vier ältesten Söhne, wobei der älteste eine Art Oberherrschaft ausüben soll (Senioratserbfolge). Damit beginnen zwei konfliktreiche Jahrhunderte der Teilfürstentümer.

**1202:** Mit dem Tod Mieszkos III. »des Alten«, Herzog von Großpolen, dem letzten Verfechter der Senioratserbfolge, zerfällt das Haus der Piasten in drei sich bekämpfende Linien: in Großpolen; in Kleinpolen mit Masowien und Kujawien; und in Schlesien, das in weitere Fürstentümer zersplittert.

**1201–1238:** Heinrich I. »der Bärtige« von Schlesien leitet die Ostsiedlung von Deutschen in polnischen Landen ein. Viele Städte werden zu deutschem Recht gegründet, deutsche Bürger, Bauern und Geistliche ziehen nach Polen – nach der Völkerwanderung ist dies eine Gegenbewegung in west-östlicher Richtung.

**1225:** Nach Kreuzzügen gegen die heidnischen Prußen und prußischen Invasionen ruft Herzog Konrad I. von Masowien die Ritter des Deutschen Ordens zu Hilfe und schenkt ihnen das Kulmer Land. Damit beginnt die jahrhundertelange Existenz des Ordensstaates entlang der Ostseeküste.

**1227:** Pommern mit Stettin, bisher im Spannungsfeld zwischen dem Heiligen Römischen Reich, Polen und Dänemark, befreit sich endgültig von der polnischen Oberhoheit, die Herrscher werden zu Fürsten des Reiches. Erst 1945 kommt die Region wieder zu Polen.

**1241:** Die Mongolen fallen in Kleinpolen und Schlesien sowie in Ungarn ein. Zerstörung Krakaus und Breslaus. Erst nach der Schlacht bei Liegnitz ziehen sie ab.

**1246:** Erster Einfall der Litauer mit Plünderungen und Menschenraub; bis 1307 folgen auf diesen Einfall 13 weitere.

**1270:** Erstes (erhaltenes) Zeugnis eines Satzes in polnischer Sprache. Wenig später entsteht der älteste (erhaltene) Text, das an Maria gerichtete Gebet »Gottesgebärerin«.

**1320:** Władysław I. »Ellenlang« wird in Krakau mit päpstlicher Genehmigung zum König von Polen gekrönt. Von jetzt an bleibt Polen bis 1795 ununterbrochen Königreich, und alle Krönungen finden in der Krakauer Wawel-Kathedrale statt. Zuvor hatte Władysław Großpolen und Kleinpolen mit Krakau in seiner Hand wiedervereinigt.

**1333–1370:** Kasimir III. regiert, der einzige polnische König mit dem dauerhaften Beinamen »der Große«. Geschickte Außen- und Heiratspolitik sowie Landesausbau und Zentralisierung nach innen. Vertraglicher Verzicht auf das (ohnehin bereits verlorene) Schlesien zugunsten Böhmens und auf Pommerellen zugunsten des Deutschen Ordens. Kasimir verdoppelt das Staatsgebiet auf 230 000 Quadratkilometer, erstmals geraten große ostslawisch und orthodox besiedelte Gebiete unter polnische Oberherrschaft.

**1364:** Gründung der Krakauer Universität. Glanzvoller europäischer »Fürstentag von Krakau«.

**1370–1382:** König Ludwig von Ungarn ist vertragsgemäß in Personalunion zugleich König von Polen.

**1374:** Im Privileg von Kaschau sichert Ludwig dem polnischen Adel weitgehende Rechte zu. Beginn einer langen Entwicklung, in welcher der Adel auf Kosten der Zentralgewalt (König) und auch des Bürgertums immer stärker wird (Einfluss auf Thronfolge und Gesetzgebung).

**1384:** Ludwigs 13 Jahre alte jüngste Tochter Hedwig (Jadwiga) soll – auch nach dem Willen der Mehrheit des Adels – »König« (rex) werden und wird gekrönt.

**1386:** Der bis dahin heidnische Großfürst Jagiełło (litauisch: Jogaila) von Litauen wird mit Hedwig vermählt, nachdem er zuvor getauft wurde. Als Władysław II. wird er König von Polen; damit beginnt die Herrschaft der zweiten großen Dynastie, der Jagiellonen (bis 1572). Władysław verpflichtet sich mit Adel und Volk Litauens zur Annahme des römischen Christentums und zur Angliederung Litauens an das Königreich Polen »auf ewig« (Unionsvertrag von Krewo [heute Krewa, Weißrussland] 1385). Sein Vetter Witold (Vytautas) wird später »oberster Herzog Litauens« unter polnischer Oberhoheit.

**1410:** Nach einem Aufstand der heidnischen Bevölkerung gegen den Deutschen Orden kommt es zum Krieg zwischen Polen-Litauen und dem Orden. In der Schlacht bei Tannenberg werden die Ordensritter vernichtend geschlagen. Damit beginnt der Niedergang des Ordensstaates.

**1434:** Nach dem Tod des Königs Władysław II. wird sein Sohn als Władysław III. sein Nachfolger und 1440 zugleich König von Ungarn.

**1444:** Während des letzten Kreuzzugs gegen das Osmanische Reich fällt Władysław in der Schlacht bei Warna; schwere Niederlage der polnischen Truppen. Ende der polnisch-ungarischen Verbindung.

**1446:** Neuer Unionsvertrag von Brest zwischen Polen und Litauen (Personalunion).

**1466:** Zweiter Thorner Friede: Der Deutsche Orden verzichtet auf Pommerellen mit Danzig und weitere Gebiete zugunsten Polens und muss dem König von Polen den Treueid schwören.

**1471:** Władysław (tschechisch: Vladislav), ein Sohn von König Kasimir IV., wird zum König von Böhmen gewählt und 1490 auch zum König von Ungarn. Die Jagiellonen sind auf dem Höhepunkt ihres Einflusses.

**1492:** Nach dem Tod Kasimirs wählen die polnischen Adeligen seinen Sohn Johann Albrecht zum Nachfolger, doch in Litauen wird sein Bruder Alexander zum Großfürsten ausgerufen.

**1501:** Nach Johann Albrechts Tod wird Alexander auch zum König von Polen gewählt. Die polnisch-litauische Union ist wiederhergestellt.

**1506–1548:** Sigismund I. »der Alte« regiert als König von Polen und Großfürst von Litauen.

**1525:** Der Ordensstaat wird säkularisiert. Der Hochmeister des Ordens, Albrecht von Brandenburg, leistet nunmehr als Herzog von Preußen dem polnischen König den Lehnseid.

**1548–1572:** Sigismund II. August König und Großfürst.

**1569:** Polen und Litauen werden in der Union von Lublin in einer Realunion vereint. Sie bilden künftig »eine unteilbare und gemeinsame Republik, die zwei Staaten und Völker zu einem Volk vereinigt«. Der gemeinsame König wird von der gemeinsamen Adelsversammlung (Sejm, in der deutschen Literatur auch: Reichstag) gewählt und in Krakau gekrönt. Außenpolitik und Münze sind gemeinsam, vieles andere bleibt getrennt. Zugleich verliert Litauen große Gebiete im Osten an Polen, was dem polnischen Adel ermöglicht, sich dort festzusetzen.

**1572:** Mit dem Tod des Königs und dem Fehlen einer Nachfolgeregelung beginnt die Zeit der freien Königswahl in der polnisch-litauischen Adelsrepublik.

**1573:** Heinrich von Valois wird zum König gewählt, flieht jedoch ein Jahr später aus Polen.

**1576–1586:** Der ungarische Magnat Stefan Bátory ist nach seiner Wahl polnischer König.

**1587:** Der katholische Kronprinz Sigismund von Schweden und – in einer Doppelwahl – auch der Habsburger Maximilian werden fast gleichzeitig zum König bestimmt. Sigismund ist schneller am Krönungsort Krakau, setzt sich durch und wird König Sigismund III. Wasa (schwedisch: Vasa). Er herrscht bis 1632 und ist zeitweise auch König von Schweden.

**1595:** Die meisten orthodoxen Bischöfe Polens entscheiden sich mit der Union von Brest dafür, sich der römischen Kirche zu unterstellen, jedoch unter Beibehaltung ihres Ritus und der Priesterehe. Damit entsteht eine mit Rom unierte Kirche, die bis heute, vor allem in der Ukraine, eine Rolle spielt.

**1609–1612:** Polnisch-litauische Truppen greifen in die Wirren in Russland ein und besetzen Moskau und den Kreml. Ein Rat der russischen Bojaren wählt König Sigismunds Sohn Władysław zum Zaren. Am Ende vertreibt ein russisches Volksaufgebot die polnischen Besatzer (zum Gedenken daran wird seit 2005 der 4. November in Russland als »Tag der Einheit des Volkes« begangen).

**1632–1648:** Władysław IV. Wasa ist nach seiner Wahl polnischer König.

**1648–1668:** Johann II. Kasimir, der letzte Wasa, ist nach seiner Wahl König von Polen.

**1648:** Beginn eines gegen Polen gerichteten Kosakenaufstands in der Ukraine. Kosakenheere fügen polnischen Truppen mehrere Niederlagen zu und massakrieren einen Großteil der jüdischen Bevölkerung. Danach Ausweitung der Moskauer Herrschaft auf die Gebiete östlich des Dnjepr.

**1655–1660:** Polnisch-schwedischer Krieg. Zugleich Moskauer Vorstöße nach Litauen. Diese Jahre gelten in Polen als Zeit der »Sintflut«. Die Schweden belagern das Kloster von Tschenstochau mit der »schwarzen Madonna«, können jedoch auf wundersame Weise abgewehrt werden.

**1669–1674:** Michał Korybut Wiśniowiecki ist nach seiner – von Österreich unterstützten – Wahl polnischer König.

**1672:** Die Türkei dringt im Südosten Polens militärisch vor und erringt die Herrschaft über das Gebiet Podolien.

**1674–1696:** Johann III. Sobieski ist nach seiner Wahl polnischer König.

**1683:** Johann Sobieski verteidigt als Oberbefehlshaber der verbündeten Armeen Wien gegen die Türken.

**1697–1733:** Der Kurfürst von Sachsen, ein Wettiner, ist nach seiner – von Russland unterstützten – Wahl als August II. »der Starke« polnischer König.

**1700:** Beginn des Großen Nordischen Krieges. Eine russisch-polnisch-dänische Allianz kämpft gegen Schweden. Im Verlauf des Krieges wird August von den Schweden zur Abdankung gezwungen, kehrt jedoch nach dem russischen Sieg von Poltawa 1709 auf den Thron zurück.

**1716/1720:** Russland legt August in Polen bestimmte Pflichten auf, etwa den Abzug der sächsischen Truppen aus Polen. Preußen sagt Russland zu, über die adelsfreundliche Verfassungsordnung in Polen zu wachen und Reformen zugunsten einer Stärkung des Staates zu verhindern.

**1721:** Der Friede von Nystad beendet den Krieg. Russland gewinnt die Ostseeprovinzen und steigt zur europäischen Großmacht auf, Schwedens Vormachtstellung an der Ostsee ist für immer beendet.

**1733–1735:** Polnischer Erbfolgekrieg: Frankreich will seinen Kandidaten Stanisław Leszczyński durchsetzen und kämpft gegen Russland und das Reich, die beide den Sohn Augusts des Starken, August, unterstützen.

**1735–1763:** August (III.) ist nach seiner Wahl polnischer König. Russische Truppen waren zur Unterstützung seiner Kandidatur in

Polen eingerückt. Gegenkandidat Stanisław erhält als Abfindung das Herzogtum Lothringen.

**1736–1752:** Der Sejm diskutiert Reformen (Heeres-, Steuerreform), um den Staat zu stärken, doch eine sich »Patrioten« nennende Adelspartei verhindert deren Umsetzung.

**1756–1763:** Siebenjähriger Krieg. Polen bleibt neutral, Sachsen jedoch wird von Preußen besetzt, wobei die Prägestempel der polnischen Münzen den Eroberern in die Hände fallen. Preußen unter Friedrich dem Großen stellt in großem Umfang minderwertige polnische Münzen her, wodurch in Polen eine Inflation ausgelöst wird.

**1764–1795:** Stanisław August Poniatowski, Wunschkandidat der russischen Zarin Katharina der Großen und des Preußenkönigs Friedrichs des Großen, ist nach seiner Wahl, die im Schatten russischer Truppenpräsenz stattfindet, polnischer König.

**1766–1771:** Bündnisse von Adeligen, sogenannte Konföderationen, streiten für oder (mit russischer Unterstützung) gegen eine Reform des polnischen Staates. Russland streitet besonders für einen Erhalt der Freiheiten des Adels und der konfessionellen Minderheiten in Polen. Im Jahr 1770 besetzen preußische Truppen große Gebiete in Westpolen.

**1771:** Russland und Preußen schließen einen Vertrag zur Aufteilung polnischer Gebiete. Russische Truppen kämpfen derweil in Polen gegen eine Adelskonföderation. Österreichische Truppen rücken von Süden her ein.

**1772:** Russland und Österreich schließen einen weiteren Vertrag zur Aufteilung polnischer Gebiete. Damit ist die erste Teilung Polens besiegelt.

**1773:** Ernsthafte Reformbemühungen. Eine »Nationale Edukationskommission« wird gegründet, das erste Kulturministerium Europas, und fördert eine moderne Bildung.

**1791:** Der Sejm verabschiedet die Verfassung vom 3. Mai, die erste geschriebene Verfassung Europas. In Anlehnung an Rousseau und Montesquieu werden Gewaltenteilung und Mehrheitsentscheidungen im Sejm festgeschrieben. Das »liberum veto«, mit dem vor allem im 18. Jahrhundert ein einziger Abgeordneter Beschlüsse blockieren konnte, wird damit überwunden. Polen wird konstitutionelle Erbmonarchie, die Wettiner sind als Königshaus vorgesehen. Rechtsschutz für die Bauern. (Der 3. Mai ist bis heute Feiertag.)

**1792:** Begrüßt von einer prorussischen und gegen die Verfassung gerichteten Konföderation, marschiert eine russische Armee in Polen ein und trifft auf monatelangen bewaffneten Widerstand unter General Tadeusz Kościuszko, der auch gegen Preußen und Österreicher kämpft.

**1793:** Preußen und Russland besiegeln vertraglich die zweite Teilung Polens.

**1795:** Österreich und Russland handeln einen Teilungsvertrag aus; zehn Monate später tritt Preußen dem Vertrag bei. Der König dankt ab. Mit dieser dritten Teilung verschwindet der polnisch-litauische Doppelstaat von der Landkarte.

**1796–1803:** Polnische Legionen kämpfen in Italien in Diensten Napoleons, ihres Hoffnungsträgers.

**1807–1809:** Aus österreichischen und preußischen Anteilen am polnischen Gebiet wird das Herzogtum Warschau geschaffen, das sich politisch mit Frankreich verbindet.

**1812/1813:** Verlustreiche Kämpfe polnischer Truppen an der Seite Napoleons.

**1815:** Der Wiener Kongress bestimmt die Grenzen zwischen den Teilungsmächten in Polen neu (»Vierte Teilung Polens«). Krakau wird Freie Stadt. Russland behält fortan (bis 1914/18) 82 Prozent des Staatsgebiets, Österreich-Ungarn zehn und Preußen (Deutschland) acht Prozent. Im russischen Anteil werden Gebiete um Warschau vom Zaren zum »Königreich Polen« erklärt, dessen König er selbst ist, und mit Regierung und Verfassung ausgestattet. Die Universität Warschau wird gegründet.

**1830/31:** Im von Warschau ausgehenden »Novemberaufstand« setzt der Sejm eine eigene polnische Regierung ein und erklärt Zar Nikolaus I. für abgesetzt. Nach zehn Monaten kapitulieren die Aufständischen.

**1832:** Die »große Emigration« beginnt, polnische Emigranten sammeln sich vor allem in Paris. Unter deutschen Liberalen herrscht eine »Polen-Begeisterung«.

**1846:** Nach dem Versuch eines Aufstands in Krakau greifen russische und preußische Truppen ein; die Stadt wird dem österreichischen Teilgebiet eingegliedert.

**1863–1864:** Ein polnisches, oppositionelles Nationales Zentralkomitee entfacht den »Januaraufstand« gegen die russische Teilungsmacht. Preußen (unter Bismarck) und Russland arbeiten bei der Bekämpfung der Aufständischen zusammen, die anderen großen

Mächte fordern Russland zur Mäßigung auf. Auf die Nieder-
schlagung des Aufstands folgen Todesurteile, Deportationen nach
Sibirien, die Konfiskation von Gütern. – Zugleich Bodenreform im
Königreich Polen.

**1868:** Aufhebung der Behörden im Königreich Polen, Eingliederung in das russische Verwaltungssystem.

**1872/73:** Gründung der Polnischen Akademie der Wissenschaften
in Krakau, im liberal regierten österreichischen Teilgebiet.

**1886:** Preußisches Ansiedlungsgesetz zugunsten der Gründung
deutscher Bauernhöfe auf ehemals polnischem Gutsland. Kampf
gegen den polnischen Landbesitz, unter anderem durch die spätere
Gründung des »Deutschen Ostmarkenvereins«.

**1891/92:** Gründung der Polnischen Sozialistischen Partei (PPS) in
Paris und der Galizischen Sozialdemokratischen Partei in Krakau.
Wenig später wird im österreichischen Galizien auch die erste pol-
nische Bauernpartei, die Polnische Volkspartei (SL), gegründet.

**1901–1907:** Große Schülerstreiks gegen eine preußische Anord-
nung, die den Gebrauch des Polnischen im Schulunterricht be-
kämpfte.

**1905:** Die polnischen Sozialisten im russischen Teilgebiet beteiligen sich an Demonstrationen, Streiks, auch Barrikadenkämpfen,
wie sie auch in vielen russischen Städten stattfinden; ihre Gegenspieler, die polnischen Nationaldemokraten, sind strikt dagegen.

**1908–1910:** In Galizien werden PPS-nahe polnische militärische
Kampforganisationen gegründet, in denen der PPS-Politiker Józef
Piłsudski eine führende Rolle spielt.

**1914–1918:** Erster Weltkrieg. Piłsudski dringt mit Schützenver-
bänden ins russische Teilgebiet ein. Russische Truppen besetzen
Ostgalizien. Von 1915 bis Kriegsende stehen die Mittelmächte weit
im Osten. So wird von deutscher Seite 1916 ein »Königreich Polen«
ausgerufen. Gegen Kriegsende verwirklichen jedoch polnische Politiker die Wiedergründung des polnischen Staates, wobei Piłsudski
provisorisch Staatschef wird.

**1919–1921:** Kampf um Polens Grenzen, teils auf den Friedenskonferenzen in Versailles und Riga, teils militärisch vor Ort. Oberschlesien wird nach einer Abstimmung geteilt, Danzig wird Freie Stadt,
das Gebiet um Vilnius erobern polnische Truppen. Von 1919 bis 1920
kommt es zum polnisch-sowjetischen Krieg, in dem erst die Polen
nach Kiew vorstoßen, dann die Rote Armee vorrückt und erst vor

Warschau zurückgeschlagen wird (»Wunder an der Weichsel«).

**1921:** Der Sejm verabschiedet eine Verfassung, die eine parlamentarische Demokratie begründet.

**1922:** Der erste gewählte polnische Staatspräsident Gabriel Narutowicz wird von einem Nationalisten ermordet.

**1923/24:** Schwere Wirtschaftskrise mit Inflation, danach Wirtschafts- und Währungsreform unter Ministerpräsident Władysław Grabski.

**1926:** Piłsudski, der sich drei Jahre zuvor aus Groll über das »Parteiengezänk« aus der Politik zurückgezogen hat, übernimmt nach einem Militärputsch die Macht. Der Staat wird immer mehr auf eine diktatorische Führung durch ihn zugeschnitten.

**1930:** Vorzeitige Auflösung des Parlaments, zeitweise Inhaftierung von 5000 Regierungsgegnern.

**1934:** Nichtangriffserklärung zwischen Polen und dem Deutschen Reich, Verlängerung des Nichtangriffspakts mit der Sowjetunion.

**1935:** Kurz nach Inkrafttreten einer neuen, stark auf Marschall Piłsudski zugeschnittenen Verfassung stirbt dieser.

**1939:** Am 23. August unterzeichnen das Dritte Reich und die Sowjetunion überraschend einen Nichtangriffspakt (Hitler-Stalin-Pakt). Im Geheimen Zusatzprotokoll werden die »Interessensphären« im Osten Europas abgesteckt, unter anderem ist eine Teilung Polens vorgesehen. Am 1. bzw. 17. September marschieren deutsche bzw. sowjetische Truppen in Polen ein. Polens Verbündete leisten keine oder nur symbolische militärische Unterstützung (Frankreich).

**1941:** Die Wehrmacht greift überraschend die Sowjetunion an; damit kommen alle polnischen Gebiete unter deutsche Besatzung.

**1942:** Nachdem schon 1940 Lager wie Auschwitz und Treblinka gegründet worden waren, wird zur Jahreswende 1941/42 die industrielle Massenvernichtung von Menschen erprobt. Auf der Berliner-Wannsee-Konferenz im Januar 1942 werden die Deportation der Juden Europas nach Osten und ihre Ermordung beschlossen.

**1943:** Angesichts des Abtransports fast aller Menschen aus dem Warschauer Ghetto, mutmaßlich mit dem Ziel ihrer Ermordung, beginnen jüdische Kämpfer am 19. April den Ghetto-Aufstand.

**1944:** In Lublin wird das »Polnische Komitee der Nationalen Befreiung« unter sowjetischer Aufsicht als Keimzelle einer kommunistisch geprägten künftigen Regierung gebildet.

**1944:** Am 1. August beginnt die Heimatarmee (AK), die größte Organisation des Widerstands, den Warschauer Aufstand gegen die deutschen Besatzer. Die Westalliierten unterstützen ihn durch Abwurf von Material aus der Luft, die am Stadtrand von Warschau stehenden Sowjets verhalten sich passiv bis destruktiv.

**1945:** Die Konferenz von Jalta (Februar) bestimmt, dass Polens Ostgebiete an die Sowjetunion fallen. Am 8./9. Mai kapituliert die Wehrmacht. Die Konferenz von Potsdam (Juli/August) bestimmt größtmögliche Gebietsverluste Deutschlands zugunsten Polens und der Sowjetunion. Deutsche und Polen verlieren zu Millionen ihre Heimat.

**1947:** Im Januar finden erste (manipulierte) Sejm-Wahlen statt, ein von den Kommunisten dominierter Block siegt. Der Kommunist Bolesław Bierut wird polnischer Staatspräsident. Die bewaffneten Konflikte zwischen Sicherheitskräften und nichtkommunistischen Partisanen, die seit 1945 Tausende Opfer gefordert haben, lassen nach.

**1948:** Die kommunistische PPR und die sozialistische PPS werden unter Bieruts Führung zur Polnischen Vereinigten Arbeiterpartei (PVAP) verschmolzen.

**1949:** Mit Gründung des »Rats für Gegenseitige Wirtschaftshilfe« (RGW/Comecon) wird die wirtschaftliche Integration des Ostblocks vorangetrieben.

**1952:** Polen erhält eine Verfassung und wird offiziell zur Volksrepublik Polen (»Volksdemokratie«). Der politische Terror der Diktatur gegen Andersdenkende erreicht seinen Höhepunkt.

**1955:** Mit dem Militärbündnis Warschauer Pakt wird die Existenz des Ostblocks zementiert.

**1956:** Bierut stirbt überraschend in Moskau. Das Regime bröckelt. Im Juni werden Arbeiterproteste in Posen von der Armee niedergeschlagen. Im Oktober wird der zeitweise inhaftierte »Nationalkommunist« Władysław Gomułka Parteichef, eine Liberalisierung setzt ein, die allerdings ein Jahr später teilweise zurückgenommen wird.

**1968:** Die Behörden gehen im März gegen Proteste von Studenten und anderen vor und beginnen schließlich eine antisemitische Kampagne, worauf Tausende polnische Juden das Land verlassen.

**1970:** Polen und die Bundesrepublik Deutschland normalisieren ihre Beziehungen; Anerkennung der polnischen Westgrenze. Kniefall Willy Brandts in Warschau. Tage später schlägt die Armee an der

Ostseeküste Arbeiterproteste nieder. Parteichef Gomułka stürzt, Edward Gierek wird sein Nachfolger.

**1976:** Arbeiterproteste. Eine gut organisierte Bürgerrechtsbewegung entsteht.

**1979:** Der neue Papst Johannes Paul II., bis 1978 Erzbischof von Krakau, unternimmt die erste seiner Reisen nach Polen und feiert große Freiluftmessen. Erstmals bringen damit nichtstaatliche Veranstaltungen Millionen Menschen auf die Beine.

**1980:** Nach Streiks, vor allem in Danzig, zwingt die entstehende Arbeiterbewegung die Regierung zu weitreichenden Zugeständnissen. Die freie Gewerkschaft »Solidarność« (Solidarität) entsteht und hat, geführt von dem Werftarbeiter Lech Wałęsa, bald zehn Millionen Mitglieder.

**1981:** Am 13. Dezember verhängt Partei- und Regierungschef General Wojciech Jaruzelski den Kriegszustand. Alle unabhängigen Organisationen werden zerschlagen, zum Teil arbeiten sie im Untergrund weiter.

**1988:** Die Regierung verspricht als erste im Ostblock Verhandlungen an einem Runden Tisch, die im Februar 1989 beginnen.

**1989/90:** »Halbfreie« Wahlen zum Parlament. Jaruzelski wird Staatspräsident. Der christlich-demokratisch gesinnte Tadeusz Mazowiecki wird im August 1989 Ministerpräsident, nach einer Volkswahl im Dezember 1990 löst Wałęsa Jaruzelski ab. Schmerzhafte »Schockreformen« unter Finanzminister Leszek Balcerowicz legen die Grundlage für eine Marktwirtschaft.

**1993:** Währungsreform. Der »neue« Złoty (PLN) wird eingeführt.

**1993/95:** Die postkommunistische Linke gewinnt erstmals die Sejm-Wahlen, 1995 auch die Präsidentschaftswahlen, und wird zu einer mehrheitsfähigen politischen Kraft.

**1997:** Per Referendum wird eine neue Verfassung angenommen.

**1999:** Polen tritt (wie Tschechien und Ungarn) der Nato bei.

**2004:** Polen tritt (wie neun weitere Staaten) der Europäischen Union bei, nachdem die polnische Bevölkerung den Schritt in einem Referendum befürwortet hat. Polen verpflichtet sich mit dem Beitritt, auch den Euro einzuführen, doch ohne Datumsangabe. (2018 ist Polen immer noch nicht Mitglied der Euro-Zone.)

**2005:** Die von Jarosław Kaczyński geführte, nationalkonservative Partei Recht und Gerechtigkeit (PiS) stellt mit Kaczyńskis Zwillingsbruder Lech den Staatspräsidenten, bildet zugleich erstmals die Regierung, verliert jedoch 2007 vorgezogene Sejm-Wahlen.

**2007:** Polen tritt dem Schengen-Raum bei (Wegfall der Grenzkontrollen gegenüber den benachbarten EU-Ländern).

**2007–2014:** Donald Tusk von der liberalen Bürgerplattform (PO) regiert das Land, das in den Krisen dieser Zeit als einziges EU-Land ununterbrochen Wirtschaftswachstum aufweist.

**2010:** Im russischen Smolensk stürzt ein polnisches Regierungsflugzeug ab. Präsident Kaczyński und 95 weitere Personen, großenteils hohe Amtsträger, kommen ums Leben.

**2012:** Fußball-Europameisterschaft in Polen und der Ukraine, das bis dahin größte Sportereignis im östlichen Europa seit 1989.

**2015:** Zum zweiten Mal erzielt die PiS in Wahlen einen Doppelsieg: Ihr Kandidat Andrzej Duda wird Staatspräsident. Im Sejm erreicht die PiS – als erste Partei seit 1989 – eine absolute Mehrheit der Sitze, während erstmals keine genuin linke Partei im Sejm vertreten ist. Ministerpräsidentin wird Beata Szydło. Umstrittene Reformen beginnen, vor allem im Bereich der Justiz.

**2016:** Nach Beginn der russischen Aggression gegen die Ukraine (2014) beschließt der Nato-Gipfel in Warschau (mit Barack Obama, Angela Merkel u. a.) die rotierende Stationierung einer Kampfgruppe von etwa 1000 Bündnissoldaten in Polen. Die USA führen diese multinationale Truppe und schicken zusätzlich weitere (rotierende) Einheiten nach Polen. Die ersten Soldaten treffen 2017 ein.

**2016/17:** Konflikte zwischen Brüssel und Warschau: Polen erklärt die Verpflichtung der Vorgängerregierung, bis zu 7000 Flüchtlinge aus Südeuropa zu übernehmen, für nicht durchführbar. (Sie begründet das u. a. mit der Anwesenheit von etwa einer Million Flüchtlingen/Migranten aus der Ukraine.) – Die Europäische Kommission eröffnet ein im Sommer 2018 noch andauerndes Verfahren zur Überprüfung der Rechtsstaatlichkeit in Polen.

**2017:** US-Präsident Donald Trump hält in Warschau seine bisher wichtigste europapolitische Rede.

**2018:** Im Januar vollzieht der neue Ministerpräsident Mateusz Morawiecki eine große Regierungsumbildung. Verbesserung der Atmosphäre in den Beziehungen zu Brüssel und Berlin.

Offener Konflikt um die vorzeitige Ablösung von Richtern am Obersten Gericht.

NORWEGEN

Kristiania

Skagerrak

Vänersee

Vättersee

SCHWEDEN

Gotland

DÄNE-
MARK

Kopenhagen

Rügen

Rostock

Hamburg

Stettin

DEUTSCHES REICH

Berlin

Magdeburg

Posen

Leipzig

Breslau

Oder

Elbe

München

Prag

Böhmen

Brünn

Mähren

Preßburg

Wien

(Doppelmonarchie)
ÖSTERREICH-UNGARN

Österreich

Klagenfurt

Budapest

Ungarn

Tirol

Venetien

Krain

Agram

Venedig

Triest

Kroatien

Fiume

Drau

Neusatz

Fünfkirchen

Save

Bosnien-
Herzegowina

Belgrad

Dalmatien

Sarajevo

SERBIEN
1882 KGR.

Split

1878

Sand-
schak
Novipazar

Nis

1878

BULGARIEN 1908 KGR.

Sofia

ITALIEN

Adria

Ragusa

1878

MONTE-
NEGRO
1910 KGR.

Skopje

OSMANISCHES REICH

Rom

Neapel

Thessaloniki

Grenze zwischen Österreich-Ungarn

Grenze des
Osmanischen Reiches 1815

1881 griechisch
GRIECHENLAND

Stockholm

Reval

Ösel

Helsinki

Grfsm. Finnland 1809
russisch

Ladogasee

St. Petersburg

Ilmensee

Pskov

Peipussee

Riga

Wolga

Memel

Königsberg

Kaunas

Düna

Vitebsk

Danzig

Allenstein

Wilna

Minsk

Ostsee

Thorn

Bialystok

RUSSISCHES REICH

Weichsel

Bug

Warschau

Polen

Lodz

Brest

Gomel'

Kattowitz

Lublin

Krakau

Lemberg

Galizien

Dnjestr

Kiew

Dnjepr

Czernowitz

Buko-
wina

1812
russisch

Odessa

Klausenburg

Bessarabien

Pruth

Siebenbürgen

Hermannstadt

Dobrudscha

RUMÄNIEN

Bukarest
1881 KGR.

Donau

Ostrumelien
1885 bulgarisch

Schwarzes
Meer

Konstantinopel

0    100    200    300 km

Osteuropa nach 1815

SCHWEDEN

ESTLAND

_Peipus-See_

Riga

LETTLAND

_Ostsee_

Memel

LITAUEN

SOWJETUNION

DEUTSCHES
REICH

Freie Stadt
Danzig

Königsberg

Wilna **4**

Ostpreußen

**1**

Allenstein **2**

Minsk

Bromberg

Thorn

Posen

**Posen**

Warschau

Polesien

Breslau

Lodz

Brest **3**

**POLEN**

Oppeln

Tschenstochau

Wolhynien

Kiew

**2**

Kattowitz

Krakau **1**

Lemberg **4**

Ukraine

**2**

Ostgalizien

TSCHECHOSLOWAKEI

UNGARN

RUMÄNIEN

0  50  100 150 km

| | Polen unabhängige Republik 11.11.1918 |
|---|---|
| **1** | Erwerbungen 1919/20 |
| **2** | Erwerbungen 1920 |
| **3** | Erwerbungen 1921 |
| **4** | Erwerbungen 1923 (1919 bzw. 1920 besetzt) |
| ••••••• | weitestes Vordringen Polens1919/20 |

– – – Grenze Polens 1772
«Curzon-Linie» 8.12.1919
–•–•– polnische Staatsgrenze 1922
Grenze des Deutschen Reiches bis 1918
Abstimmungsgebiete 1920/21
Wilna-Gebiet («Mittellitauen»)
–•–•– andere Staatsgrenzen

Polen nach dem Ersten Weltkrieg

Memel
LITAUEN
Ostsee
Memel
Kaunas
Wilna
Königsberg
Danzig
Ostpreußen
Elbing
Pommern
Suwalki
Sudauen
Minsk
DEUTSCHES REICH
Allenstein
Grodno
Njemen
Danzig-Westpreußen
Bromberg
Thorn
Südostpreußen
Białystok
Narew
SOWJETUNION
Netze
Warthe
Posen
Weichsel
Oder
Warthegau
Warschau
Bug
Brest-Litowsk
Pripjat
Łódź
Glogau
Lublin
Kowel
Breslau
Schlesien
Generalgouvernement
Oppeln
Tschenstochau
Kielce
Zamość
Rowno
Gleiwitz
Kattowitz
Weichsel
Ost-Oberschlesien
Krakau
Auschwitz
Lviv/Lwow (Lemberg)
Ukraine
Protektorat Böhmen und Mähren
Tarnopol
Dnjestr
Kamenez-Podolskij
Donau
Bratislava (Preßburg)
SLOWAKEI
Wien
UNGARN
RUMÄNIEN
N
S
Deutsches Reich
Vom Reich kontrollierte polnische Territorien
Von der UdSSR annektierte polnische Territorien
Region Wilna, von der UdSSR am 28. 10. 1939 Litauen zugesprochen
0 40 80 120 160 200 km

Die Teilung Polens 1939

SCHWEDEN

Ostsee

Lettische SSR

Daugavpils
(Dünaburg)

Klaipeda
(Memel)

Litauische SSR

Polozk
(Plisa)

Kaunas

Gdańsk
(Danzig)

Kaliningrad
(Königsberg)

Vilnius
(Wilno)

Koszalin
(Köslin)

Ostpreußen

Suwałki

Pommern

Olsztyn
(Allenstein)

Grodno

Minsk

Szczecin
(Stettin)

Berlin

Toruń
(Thorn)

Białystok

Weißrussische
SSR

Warthe

Poznań
(Posen)

Płock

SOWJETUNION

DDR

POLEN

Warszawa
(Warschau)

Brest

Pinsk

Łódź
(Litzmannstadt)

Pripjet

Wrocław
(Breslau)

Weichsel

Oder

Lublin

Opole (Oppeln)

Luzk

Rowno

Oberschlesien

Praha
(Prag)

Kraków
(Krokau)

Ukrainische
SSR

Olomouc
(Olmütz)

Lwiw
(Lemberg)

TSCHECHOSLOWAKEI

Košice
(Kaschau)

Karpaten-
Ukraine
1945 zur UdSSR

Czernowzy
(Czernowitz)

1939 zum
1940/41 u.
1944 ukrain.

Wien

Bratislava
(Preßburg)

Donau

Chust

ÖSTERREICH

UNGARN

RUMÄNIEN

0    100    200 km

Polen nach dem Frieden
von Riga 1921

Gebietsaustausch Polens
mit der Sowjetunion 1950

deutsch-sowjetische
Demarkationslinie 1939

Grenzen der Sozialistischen
Sowjetrepubliken

Grenzen von 1945

Polen nach 1945

# Literatur

Adamowicz, Piotr u. a.: *Danzig in den Worten von Lech Wałęsa*, Gdańsk 2008.

Applebaum, Anne: *Der eiserne Vorhang. Die Unterdrückung Osteuropas 1944–1956*. Aus dem amerik. Engl. übers. von Martin Richter, München 2013.

Ash, Timothy Garton: *Ein Jahrhundert wird abgewählt. Aus den Zentren Mitteleuropas 1980–1990*. Aus dem Engl. übers. von Yvonne Badal, München 1992.

Ash, Timothy Garton: *Im Namen Europas. Deutschland und der geteilte Kontinent*. Aus dem Engl. übers. von Yvonne Badal, München/ Wien

Asmuss, Burkhard/Ulrich, Bernd: *Deutsche und Polen. Abgründe und Hoffnungen*, Dresden 2009.

Bartoszewski, Władysław: *Das Warschauer Ghetto – wie es wirklich war. Zeugenbericht eines Christen*. Vorwort von Stanisław Lem. Unveränderter Nachdruck, Frankfurt am Main 2015.

Bartoszewski, Władysław: *Mein Auschwitz*, Paderborn 2015.

Bartoszewski, Władysław: *Uns eint vergossenes Blut. Juden und Polen in der Zeit der »Endlösung«*. Unveränderter Nachdruck, Frankfurt am Main 2015.

Becher, Ursula A. J., u. a. (Hrsg.): *Deutschland und Polen im zwanzigsten Jahrhundert. Analysen – Quellen – didaktische Hinweise*, Hannover 2001.

Benz, Wolfgang (Hrsg.): *Die Vertreibung der Deutschen aus dem Osten. Ursachen, Ereignisse, Folgen*, Frankfurt am Main 1995.

Bereś, Witold/Burnetko, Krzysztof: *Marek Edelman erzählt*, Berlin 2009.

Białoszewski, Miron: *Nur das was war. Erinnerungen aus dem Warschauer Aufstand*. Aus dem Poln. übers. von Esther Kinsky, Frankfurt am Main 1994.

Bickhardt, Stephan (Hrsg.): *In der Wahrheit leben. Texte von und über Ludwig Mehlhorn*, Leipzig 2012.

Bingen, Dieter/Ruchniewicz, Krzysztof (Hrsg.): *Länderbericht Polen*, Bonn 2009.

Bingen, Dieter u. a. (Hrsg.): *Die Deutschen und die Polen. Geschichte einer Nachbarschaft*, Darmstadt 2016.

Bingen, Dieter u. a. (Hrsg.): *Erwachsene Nachbarschaft. Die deutsch-polnischen Beziehungen 1991 bis 2011*, Wiesbaden 2011.

Bingen, Dieter u. a. (Hrsg.): *Mein Polen – meine Polen. Zugänge und Sichtweisen*, Wiesbaden 2016.

Bingen, Dieter u. a. (Hrsg.): *Polnische Spuren in Deutschland. Ein Lesebuchlexikon*, Bonn 2018.

Bingen, Dieter u. a. (Hrsg.): *Vertreibungen europäisch erinnern? Historische Erfahrungen – Vergangenheitspolitik – Zukunftskonzeptionen*, Wiesbaden 2003.

Bingen, Dieter: *Die Polenpolitik der Bonner Republik von Adenauer bis Kohl 1949–1991*, Baden-Baden 1998.

Böhler, Jochen/Deutsches Historisches Institut Warschau (Hrsg.): *»Grösste Härte ...« Verbrechen der Wehrmacht in Polen. September/Oktober 1939*, Osnabrück 2005.

Böhler, Jochen: *Der Überfall. Deutschlands Krieg gegen Polen*, Frankfurt am Main 2009.

Böll, Heinrich u. a. (Hrsg.): *Verantwortlich für Polen?*, Reinbek bei Hamburg 1982.

Boll, Friedhelm u. a. (Hrsg.): *Versöhnung und Politik. Polnisch-deutsche Versöhnungsinitiativen der 1960er-Jahre und die Entspannungspolitik*, Bonn 2009.

Borodziej, Włodzimierz/Lemberg, Hans (Hrsg.): *»Unsere Heimat ist uns ein fremdes Land geworden ...« Die Deutschen östlich von Oder und Neiße 1945–1950. Dokumente aus polnischen Archiven*, Marburg 2000.

Borodziej, Włodzimierz/Ziemer, Klaus (Hrsg.): *Deutsch-polnische Beziehungen 1939–1945–1949. Eine Einführung*, Osnabrück 2000.

Borodziej, Włodzimierz: *Geschichte Polens im 20. Jahrhundert*, München 2010.

Brandt, Marion (Hrsg.): *Fortschritt, unverhofft. Deutschsprachige Schriftsteller und die Solidarność – eine Anthologie*, Osnabrück 2016.

Breyer, Richard u. a.: *Nachbarn seit tausend Jahren. Deutsche und Polen in Bildern und Dokumenten*. Vorwort von Gotthold Rhode, Mainz 1976.

Brill, Klaus: *Im Osten geht die Sonne auf. Eine Entdeckungsreise durch das neue Mitteleuropa*, München 2014.

Buras, Piotr/Tewes, Henning: *Polens Weg. Von der Wende bis zum EU-Beitritt*, Stuttgart/Leipzig 2005.

Chiari, Bernhard (Hrsg.): *Die polnische Heimatarmee. Geschichte und Mythos der Armia Krajowa seit dem Zweiten Weltkrieg*, München 2003.

Chwalba, Andrzej (Hrsg.): *Polen und der Osten. Texte zu einem spannungsreichen Verhältnis*, Frankfurt am Main 2005.

Chwalba, Andrzej: *Kurze Geschichte der Dritten Republik Polen 1989–2005*, Wiesbaden 2010.

Cöllen, Barbara, u. a. (Hrsg.): *Polenhilfe. Als Schmuggler für Polen unterwegs*, Dresden 2012.

Danielewicz-Kerski, Dorota/Górny, Maciej (Hrsg.): *Berlin. Polnische Perspektiven. 19.–21. Jahrhundert*, Berlin 2008.

Davies, Norman: *Im Herzen Europas. Geschichte Polens.* Aus dem Engl. übers. von Friedrich Griese, München 2000.

Davies, Norman: *Aufstand der Verlorenen.* Der Kampf um Warschau 1944. Aus dem Engl. übers. von Thomas Bertram, München 2004.

Deutsches Polen-Institut (Hrsg.): *Mythen. Jahrbuch Polen 2018* (Bd. 29), Wiesbaden 2018.

Dittert, Annette: *Palmen in Warschau. Notizen aus dem neuen Polen*, Köln 2004.

Dmitrów, Edmund u. a.: *Der Beginn der Vernichtung. Zum Mord an den Juden in Jedwabne und Umgebung im Sommer 1941. Neue Forschungsergebnisse polnischer Historiker*, Osnabrück 2004.

Eckart, Karl: *Polen*, Paderborn u. a. 1983.

Engelking, Barbara/Hirsch, Helga (Hrsg.): *Unbequeme Wahrheiten. Polen und sein Verhältnis zu den Juden*, Frankfurt am Main 2008.

Engelking, Barbara/Leociak, Jacek: *The Warsaw Ghetto. A Guide to the Perished City*, New Haven 2009.

Gnauck, Gerhard: *Syrena auf dem Königsweg. Warschauer Wandlungen*, Wien 2004.

Gnauck, Gerhard: *Wolke und Weide. Marcel Reich-Ranickis polnische Jahre*, Stuttgart 2009.

Gross, Jan Tomasz: Angst. *Antisemitismus nach Auschwitz in Polen*, Berlin 2012.

Gross, Jan Tomasz: *Nachbarn. Der Mord an den Juden von Jedwabne*, München 2001.

Hahn, Hans Henning, u. a. (Hrsg.): *Deutsch-Polnische Erinnerungsorte*. Bde. 1–5, Paderborn 2012.

Haumann, Heiko: *Geschichte der Ostjuden*, München 1990.

Haus der Geschichte der Bundesrepublik Deutschland (Hrsg.): *Annäherungen. Deutsche und Polen 1945–1995*, Düsseldorf 1996.

Hellmann, Manfred: *Daten der polnischen Geschichte*, München 1985.

Herbert, Ulrich (Hrsg.): *Nationalsozialistische Vernichtungspolitik 1939–1945. Neue Forschungen und Kontroversen*, Frankfurt am Main 1998.

Hoensch, Jörg K.: *Geschichte Polens*, Stuttgart 1990.

Jaworski, Rudolf/Wojciechowski, Marian (Hrsg.): *Deutsche und Polen zwischen den Kriegen. Minderheitenstatus und »Volkstumskampf« im Grenzgebiet. Amtliche Berichterstattung aus beiden Ländern 1920–1939*, München u. a. 1997.

Karski, Jan: *Mein Bericht an die Welt. Geschichte eines Staates im Untergrund*, München 2011.

Kassow, Samuel D.: *Ringelblums Vermächtnis. Das geheime Archiv des Warschauer Ghettos*, Reinbek bei Hamburg 2010.

Kerski, Basil, u. a.: *»Wir vergeben und bitten um Vergebung«. Der Briefwechsel der polnischen und deutschen Bischöfe von 1965 und seine Wirkung*, Osnabrück 2006.

Kerski, Basil: *Die Dynamik der Annäherung in den deutsch-polnischen Beziehungen. Gegenwart und Geschichte einer Nachbarschaft*, Düsseldorf 2011.

Kijowska, Marta: *Polen, das heißt nirgendwo. Ein Streifzug durch Polens literarische Landschaften*, München 2007.

Kneip, Matthias/Mack, Manfred (Hrsg.): *Polnische Literatur und deutsch-polnische Literaturbeziehungen. Materialien und Kopiervorlagen für den Deutschunterricht 10.–13. Schuljahr*, Berlin 2003.

Kneip, Matthias/Mack, Manfred: *Polnische Geschichte und deutsch-polnische Beziehungen. Darstellungen und Materialien für den Geschichtsunterricht*, Berlin 2007.

Kneip, Matthias: *111 Gründe Polen zu lieben. Eine Liebeserklärung an das schönste Land der Welt*, Berlin 2015.

Kneip, Matthias: *Grundsteine im Gepäck. Begegnungen mit Polen*, Paderborn 2002.

Kneip, Matthias: *Polenreise. Orte, die ein Land erzählen*, Paderborn 2007.

Kobylińska, Ewa/Lawaty, Andreas (Hrsg.): *Erinnern, Vergessen, Verdrängen. Polnische und deutsche Erfahrungen*, Wiesbaden 1998.

Kochanowski, Jerzy: *Jenseits der Planwirtschaft. Der Schwarzmarkt in Polen 1944–1989*, Göttingen 2013.

Krzoska, Markus: *Ein Land unterwegs. Kulturgeschichte Polens seit 1945*, Paderborn 2015.

Kubina, Michael/Wilke, Manfred (Hrsg.): *»Hart und kompromißlos* durchgreifen« *Die SED contra Polen 1980/81. Geheimakten der SED-Führung über die Unterdrückung der polnischen Demokratiebewegung*, Berlin 1995.

Lanckorońska, Karolina: *Mut ist angeboren. Erinnerungen an den Krieg 1939–1945*, Wien u. a. 2003.

Lawaty, Andreas/Orłowski, Hubert (Hrsg.): *Deutsche und Polen. Geschichte – Kultur – Politik*, München 2003.

Lipski, Jan Józef: Zwei Vaterländer – zwei Patriotismen. Einführung von Gotthold Rhode. Sonderdruck aus Kontinent Magazin, Heft 22, Berlin 1982.

Loew, Peter Oliver: *Wir Unsichtbaren. Geschichte der Polen in Deutschland*, München 2014.

Mallmann, Klaus-Michael u. a.: *Einsatzgruppen in Polen. Darstellung und Dokumentation*, Darmstadt 2008.

Meyer, Gerd u. a. (Hrsg.): *Brennpunkte der politischen Kultur in Polen und Deutschland*, Warschau 2007.

Meyer, Stefan / Thalheim, Robert: *Asche oder Diamant? Polnische Geschichte in den Filmen Andrzej Wajdas*, Berlin 2000.

Michnik, Adam: *Polnischer Frieden. Aufsätze zur Konzeption des Widerstands*, hrsg. von Helga Hirsch, Berlin 1985.

Möller, Steffen: *Viva Polonia. Als deutscher Gastarbeiter in Polen*, Frankfurt am Main 2008.

Mommsen, Hans: *Das NS-Regime und die Auslöschung des Judentums in Europa*. 3., überarb. Aufl., Göttingen 2014.

Oberländer, Erwin: *Autoritäre Regime in Ostmittel- und Südosteuropa 1919–1944*. 2., um ein Nachw. erg. Aufl., Paderborn 2017.

Orłowski, Hubert: *»Polnische Wirtschaft«. Zum deutschen Polendiskurs der Neuzeit*, Wiesbaden 1996.

Orłowski, Hubert: *Die Lesbarkeit von Stereotypen. Der deutsche Polendiskurs im Blick historischer Stereotypenforschung und historischer Semantik*, Wrocław 2005.

Pilecki, Witold: *Freiwillig nach Auschwitz. Die geheimen Aufzeichnungen des Häftlings Witold Pilecki*, Zürich 2013.

Piskorski, Jan M.: *Vertreibung und deutsch-polnische Geschichte. Eine Streitschrift*, Osnabrück 2005.

Polanska, Justyna: *Unter deutschen Betten. Eine polnische Putzfrau packt aus*, München 2011.

Raabe, Stephan/Womela, Piotr (Hrsg.): *Der Hitler-Stalin-Pakt und der Beginn des Zweiten Weltkrieges*, Warschau 2009.

*Reviersport* (Sonderheft): *Glückauf Polonia!*, Essen, Juni 2012.

Rhode, Gotthold: *Geschichte Polens. Ein Überblick*, Darmstadt 1980.

Riechers, Albrecht u. a. (Hrsg.): *Dialog der Bürger. Die gesellschaftliche Ebene der deutsch-polnischen Nachbarschaft*, Osnabrück 2005.

Rogall, Joachim: *Die Deutschen im Posener Land und in Mittelpolen*, München 1993.

Roos, Hans: *Geschichte der Polnischen Nation 1918–1985. Von der Staatsgründung im Ersten Weltkrieg bis zur Gegenwart*, Stuttgart u. a. 1961.

Roth, Markus: *Herrenmenschen. Die deutschen Kreishauptleute im besetzten Polen – Karrierewege, Herrschaftspraxis und Nachgeschichte*, Göttingen 2009.

Ruchniewicz, Krzysztof/Zybura, Marek (Hrsg): *»Der du mein ferner Bruder bist ...« Polnische Deutschlandfreunde in Porträts*, Osnabrück 2017.

Schuller, Konrad: *Der letzte Tag von Borów. Polnische Bauern, deutsche Soldaten und ein unvergangener Krieg*, Freiburg im Breisgau 2009.

Skorupski, Jan Stanisław: *... um die Polen zu verstehen. Die längste Ballade der Welt*, Berlin 1991.

Smechowski, Emilia: *Wir Strebermigranten*. München 2017.

Snyder, Timothy: *Bloodlands. Europa zwischen Hitler und Stalin*. Aus dem Engl. übers. von Martin Richter, München 2011.

Stach, Andrzej: *Das polnische Berlin. Polski Berlin*, Berlin 2002.

Stiftung »Polnisch-Deutsche Aussöhnung« (Hrsg.): *Erinnerung bewahren. Sklaven- und Zwangsarbeiter des Dritten Reiches aus Polen 1939–1945*, Warschau 2007.

Szarota, Tomasz: *Die Deutschen in den Augen der Polen während des Zweiten Weltkrieges*, Warschau 2009.

Szarota, Tomasz: *Stereotype und Konflikte. Historische Studien zu den deutsch-polnischen Beziehungen*, Osnabrück 2010.

Tauber, Joachim (Hrsg.): *»Kollaboration« in Nordosteuropa. Erscheinungsformen und Deutungen im 20. Jahrhundert*, Wiesbaden 2006.

Traba, Robert (Hrsg.): *Polnisches Berlin. Semi-Stadtführer*, Paderborn 2016.

Tusk, Donald u. a.: *Einst in Danzig*, Gdańsk 1997.

Urban, Thomas: *Deutsche in Polen. Geschichte und Gegenwart einer Minderheit*, München 1993.

Urban, Thomas: *Schwarze Adler, weiße Adler. Deutsche und polnische Fußballer im Räderwerk der Politik*, Göttingen 2011.

Vetter, Reinhold: *Nationalismus im Osten Europas. Was Kaczyński und Orbán mit Le Pen und Wilders verbindet*, Berlin 2017.

Vetter, Reinhold: *Polens eigensinniger Held. Wie Lech Wałęsa die Kommunisten überlistete,* Berlin 2010.

Vetter, Reinhold: *Wohin steuert Polen? Das schwierige Erbe der Kaczyńskis*, Berlin 2008.

Wat, Ola: *Der zweite Schatten*, Frankfurt am Main 1990.

Weber, Claudia: *Krieg der Täter. Die Massenerschießungen von Katyń*, Hamburg 2015.

Wolff, Karin: *Hiob 1943. Ein Requiem für das Warschauer Getto*, Berlin 1983.

Wolffsohn, Michael/Brechenmacher Thomas: *Denkmalsturz? Brandts oKniefall,* München 2005.

Zaremba, Marcin: *Die große Angst. Polen 1944–1947. Leben im Ausnahmezustand,* Paderborn 2016.

Zernack, Klaus: *Polen und Rußland. Zwei Wege in der europäischen Geschichte*, Berlin 1994.

Ziemer, Klaus: *Das politische System Polens. Eine Einführung*, Wiesbaden 2013.

Zitzewitz, Lisaweta von: *5mal Polen. Mit 17 Abbildungen und 4 Karten*, München 1992.

# Ortsregister

## A

Adria 126
Afghanistan 174, 194, 210
Allenstein 48
Angers 82
Annaberg 41
Asien 283
Athen 213
Ausschwitz *siehe* Oświęcim

## B

Baranowicze 49
Bełżec 88, 96
Berchtesgaden 77 f.
Bereza Kartuska 65 f.
Berlin 10 f., 17, 19, 29, 32, 57,
  71–73, 75, 77, 79, 88, 107, 135,
  161, 167, 182, 192, 198–200,
  203, 219, 247, 262, 268, 271,
  274, 277, 279, 281, 292, 295
Bessarabien 79
Białystok 94, 253
Biskupin 283
Böhmen 285
Böhmerwald 283
Bonn 153, 199, 261, 269, 276
Brandenburg 48
Breslau *siehe* Wrocław
Brest 35, 47, 82, 286 f.
Brest-Litowsk 35
Bromberg *siehe* Bydgoszcz
Brüssel 221, 242, 247, 295
Budapest 134, 144, 159, 262

Bug 21, 82, 239
Bulgarien 21
Bydgoszcz (Bromberg) 80, 86,
  176, 185

## C

Charkiw 85
China 122, 144

## D

Dąbrowa 52
Dänemark 284, 288
Danzig *siehe* Gdańsk
Den Haag 39
Deutsche Demokratische
  Republik (DDR) 12, 23, 139,
  159–162, 173, 180, 182, 192,
  194 f., 197, 200, 253, 275
Deutsches Reich 14, 27–29, 31,
  39–41, 57, 61, 69, 71 f., 75, 78,
  82 f., 269, 271, 274, 283, 292
Deutschland 9, 12–22, 24 f.,
  27–30, 34–42, 48, 55, 57, 67, 69,
  71–75, 77–79, 81 f., 87, 89, 94,
  97, 100, 104 f., 111–113, 115 f.,
  122 f., 147, 153 f., 160, 182,
  197–200, 209–211, 213 f., 219 f.,
  223 f., 242, 247, 261 f., 266,
  269–271, 274, 277, 279–281,
  290, 293
Dnjepr 288
Donbass 114
Drittes Reich 75, 292

# Personenregister

# Die wichtigsten Ausspracheregeln im Polnischen

| | |
|---|---|
| ą | nasales »o« wie in Bonbon |
| ę | nasales »e« wie in »Cousin« |
| c | wie »z« in »Zug« |
| ch | wie »ch« in »Wache« |
| cz | wie »tsch« in »Tscheche« |
| ć, ci | »tch« etwa wie in »Entchen« |
| i | wie »i« in »Isabel« |
| j | wie »j« in »ja« |
| ł | etwa wie »u« bzw. der Anlaut im englischen »water« |
| ń | wie das spanische »ñ« bzw. das »gn« in »Kognak« |
| ó | entspricht dem polnischen und deutschen »u« |
| r | wie »rrr« (Zungen-R), etwas weniger »gerollt« als im Spanischen |
| rz | stimmhaftes »sch« wie in »Garage« |
| sz | stimmloses »sch« wie in »Schule« |
| ś | wie das »ch« in »ich« (stimmlos) |
| w | wie »w« in »Wasser« |
| y | wie »i« in »bitte« |
| z | stimmhaftes »s« wie in »saufen« |
| ź, zi | wie das »ch« in »ich«, aber stimmhaft |
| ż | stimmhaftes »sch« wie in »Garage« (vgl. »rz«) |

Doppelkonsonanten (wie »nn«, »łł«) werden ähnlich wie im Italienischen gedehnt oder in schneller Abfolge einzeln gesprochen.

Betonung: Mit sehr seltenen Ausnahmen auf der vorletzten Silbe des Wortes.